名人，這一天

資深媒體記者　蔡漢勳—著

好讀出版

自序

見學「這一天」

資深媒體記者　蔡漢勳

《名人，這一天》（初版原書名：《今天的名人》）是筆者在《中國時報》連載全年的專欄累牘，對於這本作品的集結出書，除感謝報社惠撥固定篇幅長期發表外，同時也感謝晨星出版集團社長陳銘民之厚愛，使此一勵志書籍得以付梓問世。

回顧過去三十餘載的筆耕生涯中，整理歷史上的今天所發生過之點點滴滴記事，始終抱持無以言由的興致盎然，因此，以後也在電視、報紙、雜誌乃至於網路上寫過類似專欄，並且樂此不疲，總認爲朝此方向筆耕，非但可在思路上鑑往知著，還可望臻於英國詩人勃朗寧所說的「要用今日點亮明日」（Light tomorrow with today）觸類旁通之境。

其實，回顧古今中外所發生過的點點滴滴，特別是偉人在其有生之涯的一言一行，往往都會產生指標性的功能，激發人類與生俱有的「有爲者亦若是」潛能，從而造就個人生涯高峰，登峰造極者更有可能創造歷史，因此，品味及師法歷史上偉人的行事風範和經驗告白，厥爲擷取人類智慧結晶的終南捷徑之道。

這本含括全年三百六十六天的每一日六百字上下之拙作，意在提醒庸碌生活作息中要好好把握「這一天」！甚且正視每天沙漏般消逝的八萬六千四百秒，企盼大家活在當下，是爲序。

二〇〇一年九月九日

（按）

這本書的第一次付梓，是以當年在《中國時報》連載之專欄名稱「生活日記」爲書名，首刷一萬本係送給公益團體義賣；隨後隔了十餘載，承蒙陳銘民社長青睞而得以修訂再度面世，除了內頁加上圖片及改成橫排外，並接受編輯建議改名成「今天的名人」，經過十年，非常感謝編輯部之厚愛，建議改回原先直排版本，並在內容上略作修刪，且在封面上「改頭換臉」，三度以嶄新書貌上市，這可眞創下拙作紀錄！居然在二十餘年間，「跨世紀」得縱橫台灣出版界。爲了感念昔日栽培之先進，特將本書第一次問世時之「壓卷」的李嘉先生「緬懷與展望」亦附於底頁。

推薦序

喚醒你知道今日何日

知名歷史作家　莊永明

幾年前，我在《中國時報》生活版執筆「臺灣第一」專欄，每週一篇，一年「叫停」，接下我的「棒」者即是本書內容，如果時報讀友在欣賞漫畫之餘，也先後注意及這兩個每次五、六百字的專欄，想必會有「心懷鄉土，放眼天下」的收穫吧！

而今，「生活日記」刊載期滿，即將再以《名人，這一天》爲名重新出版，作者要我出來說幾句話。

《名人，這一天》是「世界性」的資料，它本身的累積就很豐富，有了不少檔案資料可查尋；但是正由於它「多」，則必「難」，因此非得落實的下工夫去翻箱倒櫃整理不可，作者能用心去完成此一「世界性的歷史日記」整理工作，值得大家去重視。功利主義掛帥的今日，大家忙於追逐利益，容易忽略了歷史上的「今天」，今日何日？相信多數人都茫然無知。對「今日」的遺忘，也就是對「歷史」的遺忘。本書無疑的可以讓得到「歷史健忘症」的我們，能夠很快從中找出了歷史上的「每一天」！喚醒大家對「今天」的重新認識！也許你還可以因爲找著了一位「世界級」偉人和你一起過生日，而「與有榮焉」、甚且因而「見賢思齊」，以「有爲者亦若是」的精神，也在歷史中寫下一天！

喜愛歷史的朋友，不妨以本書爲起點，再去找尋相關的歷史、傳記，則獲益必然不少，深信這將是一本「入門書」、一本「拋磚引玉」的好書。

最後，我套用一句諾貝爾獎得主紀德的話，對此書將帶給人們的好處，濃縮在此：「我讀『名人，這一天』（原文爲《作家的創作》），不僅從中得到意念，而是跟他一起出發、一起出遊。」

推薦序

歷史鏡頭，無限天地

散文作家　林文義

很少看到這樣用字簡鍊，卻又包容萬象的人物描寫。

作者每天用短短的六百字，配合近代世界歷史上赫赫有名之人物在當天所發生且足以引起世人驚訝、憤怒、哀愁的世界性大事，作一番生動而內幕性的描述，實在不得不教人敬佩於作者的觀點博大，以及資料蒐集的專精。

作者曾經在《中國時報》生活版、《自立晚報》副刊發表轟動遐邇的「歷史上的今天」和「時空隧道」等專欄，除了文字翔實外，那些難得一見的歷史相片也令讀者嘖嘖稱奇。

本書是作書在《中國時報》生活版每日一篇的傑作結輯，每每在拜讀時，驚嘆於作者資料蒐集之豐碩、齊備，引證精確，文字流暢得令人讀之一氣呵成，難以釋卷；我感覺，這每日六百字的歷史人物大事已非茶餘飯後的隨筆小品，而是一些雋永的生命眞理——譬如作者在三月二十四日介紹一位「曾經締造一日之內賣掉一萬五千多部詩集佳績」的美籍詩人朗費羅，寫他在三月二十四日當天因爲自忖大限之日已至，將住在老遠的胞妹喚來，在說完「我相信我的病症一定很嚴重，否則，不會連妳也給叫來了……」此句話後，終於嚥下最後一口氣而長眠不醒。如斯給予讀者一種「任人生在世，再璀璨也終難逃一死」的警惕，這毋寧是十分貼切於現實的人類心靈；作者以歷史人物鑑照今人，可謂用心良苦，內含深意無限。

另外，本書對於古今歷史人物，不論獨裁者（如希特勒），功勳蓋世的軍事領袖（如麥克阿瑟），作者都是以「人」爲出發點，在他筆下，這些顯赫於昔日歷史舞臺上的人物，作者客觀地敘其舊事，把價值的判斷權利交予廣大讀者，與讀者一起思考、研究並探訪這些歷史的公案或陳跡，突破時光的範疇，而與古人共榮共悲，說來也是一段美好的文字因緣，作者等同於這因緣的架橋人。

本書中提及的歷史人物，有很多是作者所架的橋，令我們初次邂逅的。那麼多曾經造成歷史之海波濤萬丈的昔日人物，他們之中有軍事人物、有藝術工作者、有文學作家、有發明當時最尖端科技的科學研究人員……，在我感覺，本書的功能足以替代百科全書有關歷史人物的一部分。人類畢竟是有智慧的，從他們的功過成敗，幾乎能夠深切印證我們生命中種種的軌跡。而只要是人類，人性差距不會太迢遠，我們從其中看到人類的過去，並且在讀後可以深思自己，幾乎是面對未來整個人類的問題。這該也是作者苦心積慮要訴求給我們的吧？

本書作者，昔日曾經是雜誌界的一匹黑馬，今日《名人，這一天》呈獻給我們一個歷史的小鏡頭，卻是無限廣大的天地。這本書即將再度由好讀出版社改版發行，欣以爲序。

目錄
CONTENTS

1月

2月

3月

4月

5月

6月

7月

8月

9月

10月

11月

12月

1月名人

屋大維
李時珍
秋瑾
史蒂芬·佛斯特
海爾曼·戈林
洪秀全
辛克萊·路易士
董顯光
周恩來
伽利略
薩繆爾·摩斯
柯立芝
黃興
卡斯楚
海約翰
喬治·歐威爾

諾曼·梅勒
廣田弘毅
普希金
安妮·法蘭克
菲希德
曼絲菲爾
金納
羅勃特·波以耳
斯丹達爾
培根
列寧
顏生
保羅·塞尚
拳王阿里
陳其美

January

1月1日

喬治・歐威爾
George Orwell

1903～1950

《一九八四》啟示錄

時光回溯到一九八四年的一月一日，對於這一年的三百六十五個日子，一位誕生於一九〇三年的小說家兼評論家，卻早於一九四九年便已如先知般預言了一九八四年會發生的事，他就是原名叫艾瑞克・亞瑟・布萊爾（Eric Arthur Blair）的喬治・歐威爾。這本藉由一則故事來批評納粹主義的評論小說，書名爲《一九八四》，也是他的最後一本著作。

歐威爾是出生於印度的英裔「偉大之人道主義者」，早年飽受世態炎涼、人情冷暖，因此當他把這段際遇寫成《巴黎和倫敦的落魄生活》（*Down and Out in Paris and London*）一書後，旋即聲名大噪；隨後應聘採訪西班牙內戰，不久就因受傷而入院就醫。這段戰爭帶給他很大的影響，使他的人生觀有了轉變。事後，歐威爾曾經表示：「自一九三六年以來，我的每一字句都是爲了反抗極權主義而寫」，因此，凡是戕害與摧殘人性的極權體制，他莫不口誅筆伐；以致《一九八四》一書問世後，連羅素都讚揚該書是「誠値吾人深自警惕之未來預言小說也」。

歐威爾不但提醒世人：「文明是不可能建立在恐懼、憎恨與殘暴上面的……我們應打倒美麗的謊言，以重現人類昂首的世界」；他還衷心地期望在《一九八四》這本書裡，人們會重新尋回失落的傳統美德，發揮守望相助、實現人權、言論自由、法律公正等情操，使地球眞正臻於人類一家的大同世界之境。

1月2日

海約翰 John Hay

1838～1905

「門戶開放」是誰受益？

一九〇〇年一月二日，美國國務卿海約翰首度針對世界列強在華強取豪奪、鯨吞蠶食的現象，提出了所謂「列強在華利益均霑」的中國門戶開放政策。當時，中國大陸東北及長城內外已遭俄國所盤據，長江流域則被德國控制、黃河流域爲英國所操縱、西南一帶遭法國霸占，而日本亦強據福建沿海，使得像秋海棠葉般的中國領土呈現分崩離析景象，「中國」儼然已成爲地理名詞，而非主權獨立的國家。

海約翰曾擔任林肯總統的私人祕書及美國駐英大使等職，當列強勢力在中國各地蔓延之際，他叫出了這個響亮的口號，主張「各國在華之勢力範圍內，應該排除異己的壁壘，維持各國商業均等和公平競爭的原則，甚而進一步維持中國領土與主權的完整」，空谷足音，果然不同凡響。

不過，當後來日本向美國質疑俄國利用拳亂擴大地盤時，海約翰卻聲稱：「除非美國在該處利益受到直接損害，否則概不過問。」因而導致日本認爲有機可乘便出兵山東，甚至得寸進尺發動「九一八事變」、「一二八事變」等侵略行爲，致使美國這項對華政策的完美性受到懷疑。因此，這項政策在後來雖被證明並非有益於中國，但是它在當時對各國的瓜分行爲卻意外達到防阻效果，對苦難中的中國多少有所裨益，這倒是一項不爭的事實。

1月3日
卡斯楚
Fidel Castro
1926～

大鬍子卡斯楚

一九六一年的一月三日，正當古巴慶祝卡斯楚執政兩週年時，美國政府突然宣布與這建交長達半世紀之久的鄰國斷交；緊隨其後的發展是中南美洲的祕魯等六國亦相率跟進，致使這個盛產蔗糖和菸草的小國，頓時成爲全球矚目的焦點。

造成這種劍拔弩張局面的導火線，主要是卡斯楚揚言美國企圖武裝入侵古巴，而且還訴諸聯合國要討回公道；以致美國自辯「由於一連串的困擾、無稽的指控與誹謗，促使自尊心所能忍受的限度已達極限」，因而斷然宣布撤回駐哈瓦那大使。不久，便相繼爆出「豬玀灣事件」、「飛彈危機」等震驚世界的風波，令身陷其間的卡斯楚因此在國際間的政治行情節節上漲，更儼然成爲第三世界不結盟國家的領袖之一。這位素以頭戴軍帽、面蓄大鬍爲其標誌的古巴頭子，出身蔗園地主世家，曾做過律師，後來在政治生涯裡，先後坐過牢、被放逐、打過游擊戰，最後祭出「民主和民族改革」的口號，終於在一九五九年奪得古巴政權。

一九六七年，卡斯楚倡導「武裝鬥爭」路線，使古巴民衆懾服於其威嚇而動彈不得。後來在出訪智利時，他又大放厥詞地表示：「革命並不是一種可以由一國輸到另一國去的東西」；孰料言猶在耳，卡斯楚不久後就奉俄國主子的指令，出兵非洲，把革命「外銷」出去。類似種種事件的發生，均十足顯示出卡斯楚反覆無常、不擇手段的性格。

1月4日

黃興

Huang Hsing

1874～1916

八指將軍的衷心期望

「八指將軍」黃興是在一九一三年的一月四日，聯合陳天華、宋教仁等人，在長沙組成湖南的第一個革命團體「華興會」，從此展開他被孫中山先生譽爲「一身爲同志之所望，亦革命成功之關鍵」的血性生涯。

華興會組成初期，黃興曾另設「同仇會」來結納會黨，發動首次長沙起義的甲辰之役，不料事敗被捕；於是在獲釋赴日時，憤將原名「軫」改爲「興」，並命字爲「克強」，以示「興我中華，興我民族，克服強暴」之意。後來，黃興在東京結識孫中山先生，旋即和蔡元培的「光復會」與「興中會」共同組成「中國革命同盟會」，他在「同盟會」的幹部名銜雖是執行部庶務部長，但由於孫中山先生奔走四方籌募經費，所以實居副總理地位。除曾親身參與六次起義活動外，更須顧及東京總部的煩雜會務。因此，「同盟會」內曾有人倡議改選黃興爲總理，但馬上被其嚴詞糾正：「孫總理德高望重，諸君如求革命得有成功，乞勿誤會，而傾心推擁，且陷興於不義。」才讓「同盟會」未曾分裂，而黃興也博得「革命實行家」的稱號，爲後人樹立公忠體國的典範。

及至民國肇建，黃興亦全力輔佐孫中山先生，並力拒袁世凱的威脅利誘，這些犧牲小我的作爲，黃興曾爲此而下過妥切的註腳：「總期望大眾常把『中華民國』四字放在心中。」但黃興卻在一九一六年十月底病逝上海，享年僅四十二歲。

1月5日

柯立芝

Calvin Coolidge

1872～1933

循規蹈矩過一生

由於貫徹自由放任主義，致使美國能達到前所未有的自給自足境界，造就國勢空前繁榮的第三十任總統柯立芝，因心臟病猝發，不幸在一九三三年一月五日長眠不起。

這位享年六十二歲的美國卸任元首，生前素以清廉、節儉享譽於世，他所領導的政府，亦因他的作風而成爲有口皆碑的「節約政府」；每年單在預算控制方面，柯立芝總統便以提高行政效率爲手段，在初次掌政時就替政府省下二十億美元的公帑，使得老百姓爲之感戴不已，但是他卻謙遜地說：「這都是拜自由放任之賜，因爲少管閒事的政府，就是最好的政府！」

柯立芝總統早年熱心公共事務，據稱是爲了多認識一些人以使他的律師事務所業務能熱絡些。後來，他出任麻州州長時，直言道出波士頓勞工聯盟發動的大罷工之觀感：「任何人在任何時間、任何地點，都沒有權力利用罷工行動來危及公共秩序」，引起久受罷工之苦的民眾共鳴，致使聲譽大增。擔任副總統時，哈定總統遇刺身亡，促使柯立芝總統一躍成爲美國最高領袖。

生性內向怕羞的柯立芝總統，後來出人意料地自動放棄連任的機會。他在自傳中曾這麼自我剖析：「循規蹈矩的生活是最充實且平靜的，也是最令人嚮往的一種生活！」這番告白，顯已道出他眞正的人生觀。

1月6日

薩繆爾・摩斯

Samuel Morse

1791～1872

摩斯電碼之父

利用短點、長畫等記號碼和間號碼所組成的電波訊號，然後經由電磁場的電流作用，使文字或數目能在短時間達成長距離的通訊功能，這便是「電報」在近代科學領域的重大成就。

發明這種劃時代通訊機器的摩斯在四十一歲之前，原本完全潛心於繪畫天地裡，甚至還曾特地負笈英倫專攻美術。沒想到在學成返回美國的途中，竟然在郵船客艙中邂逅了法國科學家傑克遜，經過一番談話後，摩斯被玄妙的科學所深深吸引，返美後便毅然拋下畫筆，全心專注在實驗研究上。

經過十二年的焚膏繼晷，摩斯總算有點成績，可是國會不但拒絕補助，一般的生意人甚至還笑他：「你想叫我把錢丟在玩具上嗎？」摩斯四出尋求補助卻到處碰壁。所幸後來找到了巴爾的摩市的維爾先生答應幫助，此時，美國政府也予以協助。一八三八年一月六日，成功的將人類史上之第一份電報順利地從紐澤西州莫理斯頓發出，電報的內容是：「上帝創造了何等奇蹟！」

當眾人向摩斯恭賀時，這位「電報之父」曾有感而發地說道：「這發明是從幻想中拿出來的，我不曉得創造奧祕會引致這麼多懷疑，如果這事能變成眞實，那麼實在應該以電報上這句虔誠的驚嘆來作最適合的比擬。」

這位把電報技術推向更高境界的摩斯，於一八七二年四月二日逝世。

1月7日
伽利略
Galileo Galilei
1564～1642

科學家要從知覺和證明出發

一六一〇年的一月七日，被後人譽爲「物理學之父」的伽利略，把荷蘭製的望遠鏡改良成「觀天之利器」，從而發現木星以及緊隨周圍的四顆衛星移動情形，證實衛星是繞行星轉動，同時行星又環繞太陽的理論。由此使得世人對於先前哥白尼所提出的「地動說」再度掀起爭議。

這位首先以數學語文來表達物理定律的學者，將衛星移動的驚奇發現撰成《來自星球的訊息》一書，藉此表示支持哥白尼學說；不料卻引發科學界有史以來的最大討論聲浪。人們對該書褒貶不一，但伽利略不管世人無謂的議論，繼續昂首瞭望星空，同時他還發表〈天文對話〉等報告肯定「地動說」的書籍，致使義大利政府不得不下令禁售他的著作，同時將伽利略移送到宗教法庭審判，逼令其宣誓放棄「邪說」，並將他軟禁於佛羅倫斯「閉門思過」達八年之久。可是，對眞理的熱烈追求，卻繼續鼓舞伽利略對天文學的探索，儘管後來所寫的《新科學對話》不准在義大利出版，但他還是耗盡苦心把它安排到荷蘭問世，其目的爲「僅想建立一個非常新的科學，來討論非常古老的題目」而已。

直到一六四二年一月八日因爲雙目失明逝世，伽利略依然堅決認爲：「在科學領域裡，並非該服從《聖經》的權威，而必須從知覺和證明出發。」事實證明伽利略是對的。一九八三年，羅馬教廷終於正式承認：三百五十年前宗教裁判對伽利略審判是錯誤的。

1月8日

周恩來

Chou En-Lai

1898～1976

激進青年

在中共血腥的建「黨」史上，原籍紹興，但卻出生於江蘇淮安的周恩來，自民國十一年加入共產黨以來，歷經多次殘酷的政爭而始終不倒；最後仍逃脫不過癌症的折磨，終在民國六十五年的本日病死。

這位早年化名爲「伍豪」、「胡必成」的中共頭子，打從青年時代就相當激進。他曾經在日本大學旁修，讀過天津南開大學，後來又遠赴巴黎工讀，就在留法期間被國際共黨總部派爲「旅歐中國共青團書記」，正式成爲共產黨員。

民國十三年，周恩來返國，由於他在巴黎時亦曾加入國民黨駐法支部，因此黃埔軍校在開創初期特地延聘他出任政治部主任；可是他卻不改共黨本性，在校內勾結林彪等學生組織歧異集團。迨至「中山艦事件」爆發後，遂被免職，之後投入共黨陣營，當起中共中央軍事部長的差事，溜到上海鼓動工潮、製造事端，曾被捕判處死刑，後經國民政府寬大爲懷，在他宣誓投誠並於《申報》上刊載脫離共黨啓事後，執政黨才將他開釋。

周恩來之後仍策劃「南昌暴動」等事件，繼續其行動。在坐上中共政權高位之後，還曾出賣多年交情的林彪，十足擅於鬥爭。

1月9日

董顯光

Tung Hsien Kuang

1887～1971

一個中國農夫的心靈告白

以報人從政而卓然有成，同時還曾奉派為我國首任駐日大使及駐美大使的「記者大使」董顯光，由於中風長達十載，卒以八十四高齡在民國六十年一月九日病逝美國。

董顯光是畢業於美國密蘇里大學新聞學院第一期的中國留學生。出身於浙江省一個農耕世家，由於父親的支持，使他得以遠赴上海就學，進而改變了他一生的命運。

十八歲那年，董顯光因為父喪家貧而輟學，只好回到浙江奉化的龍津中學教英文，因緣際會成為先總統蔣介石的啓蒙老師。後來又在因緣際會下赴美深造，開始走上新聞工作的道路，曾任英國《泰晤士報》駐北京記者以及新聞局局長等職，期間並獲得美國哥倫比亞大學新聞研究所頒贈的「偉業獎章」。

董顯光雖然一生履歷甚豐，但他始終未曾忘記自己的出身，經常自稱是一個「中國農夫」，以示永遠無法忘懷家鄉那塊土地。此外，董顯光熟知世故人情，見識廣博，因而常有超人的見地，人們可從他的日記《萬年長青》中，處處見到其充滿睿智的話語，如：「當你舒暢和深思之時，你給你最內在的力量一個最好的顯現機會。不斷的行動和發表，等於支用你的精神存款。若欲繼續增加和積蓄有益的思想，你應該常有精神舒暢、專心和靜默的機會，謹防匆忙和浪費的現代趨勢。」

1月10日
辛克萊・路易士
Sinclair Lewis
1885～1951

美國「唯一的文人」

爲美國贏得第一個世界文壇最高榮譽，同時也首開諾貝爾文學獎頒給記者紀錄的辛克萊・路易士，係在一九五一年的本日於羅馬逝世，享年六十六歲。

路易士在一九三〇年以「機智、諷刺的文筆，透過敏銳觀察力來剖析美國社會與美國人」，從而博得瑞典皇家學院的青睞，公認他確爲「具有嶄新性格及繪畫般強烈描寫力與創造力」的作家；但在頒獎典禮上，他卻出乎意料地反而大加批評美國人心目中只認得錢，書評界也有萎縮傳統、假斯文和學院派的虛矯作風。因此，除了詩人惠特曼對他嘉許爲「唯一的文人」外，其他的美國人及輿論界都對他不甚諒解。

對外界的批評及責罵，路易士絲毫不在乎，他只強調所作所爲但求無愧於心而已，並期盼美國人都能自許做個爽直而誠實的人。難怪路易士的成名作《大街》會博得大英百科全書描述爲「美國人在首次世界大戰後，對其民情風俗有了嶄新自覺後的產物」。

由於路易士創作態度嚴謹，常常爲了字句的推敲而動輒關在房內老半天，有時甚至連覺也不睡，只是振筆疾書。正由於他誓將人生百態以活生生的方式加以描寫，且視唯一方法即在動筆前盡量和人生接觸，無怪乎他的作品會如此精緻細膩，使眾人打從心底產生共鳴。

1月11日

洪秀全

Hung Hsiu-Chuan

1814～1864

太平天國揭竿起

創立十五年，勢力遍及中國十八省的太平天國，不僅在中國近代史上有過輝煌記錄，同時也間接促成清末的維新改革及民國的肇建。太平天國所造成的影響，可謂至深且鉅。

這個在制度和統治方面均富含政教合一色彩的王朝，係於清道光三十年一月十一日在廣西省桂平縣金田村發跡。這一天，恰好也是起事者洪秀全的三十六歲生日。由他所領導的上帝教門徒，群聚集會以「恭祝萬壽起義，正號太平天國元年」而推擁他爲天王，從此展開驅除滿人、重生中國的志業，創下亙古未見之典制與事蹟。

洪秀全首先派命首義五傑：楊秀清、蕭朝貴、馮雲山、韋昌輝、石達開爲「天兵主將」；繼而發難進擊清軍，沿途並張貼布告，指稱此舉是爲「將各州縣之賊官狼吏，盡行除滅，以救民於水火之中」。所到之處望風披靡，不久便攻下南京，據爲國都，改名「天京」。領導起義的洪秀全，原名火秀，是廣東花縣人，曾參加四次科舉皆落第。返鄉後，自謂是「天父上帝眞命天子」，於一八四三年開始傳教，自此聲勢漸大。定都天京後，洪秀全又立法天條十款，倡行均田制、男女平等、文學改革等。遺憾的是，不久卻因內訌，再加上清廷派出曾國藩等名將進剿，終於導致洪秀全服毒自戕，而太平天國也在湘軍、淮軍、英國常勝軍、法國常捷軍的圍擊下潰亡。

1月12日

海爾曼・戈林
Hermann Göring

1893～1946

連希特勒也受不了

曾經被希特勒指定爲「副手、國家、黨、軍隊，和一切職務繼承人」的戈林，無疑是所有納粹戰犯中最受矚目的焦點。

戈林出生於一八九三年一月十二日，十二歲即入軍校就讀，二十二歲成爲正式軍機駕駛員，曾於第一次世界大戰中擊落二十架敵機而聲譽鵲起。後因德國戰敗，一度在「航空馬戲團」等處謀生餬口，直到一九二二年加入納粹黨，這才在政壇上開始嶄露頭角。

戈林協助希特勒登臺掌政，受派任爲內政部長，創建了「蓋世太保」（即祕密警察）系統。接著他又被外調擔任新創的空軍總司令，僅兩年時間即陞至上將，並受封爲國家元帥，成爲紅極一時的人物。他所創造的「閃電戰術」，迄今仍爲世人津津樂道；然而戈林好大喜功、目空一切的言行，卻已逐漸腐蝕他的事業。例如他出掌軍校時，便驕傲地說：「假若有敵機能飛臨德境，我就不叫戈林，你們大可稱我爲騙子。」又如他常掛在嘴邊的口頭禪：「交給我們德國空軍來辦就行了！」他的狂妄自大，埋下其日後悲涼下場的種子。

德國在第二次世界大戰戰敗後，希特勒於自焚前特別交代：「在我死以前，我開除以前德國元帥戈林的黨籍，並撤銷與他協議所有權利的命令。」同時還把一切失敗責任推給他，致使戈林於紐倫堡大審中被判處絞刑，於一九四六年十月十五日行刑前私自服毒身亡。

1月13日
史蒂芬・佛斯特
Stephen C. Foster
1826～1864

老黑爵黯然歸赴天國

被譽爲「美國民謠鼻祖」的佛斯特，由於雙親猝逝的打擊，致使他精神不振，終日酗酒買醉，不慎在醉眼惺忪時，絆倒了酒店中的洗臉瓷盆，碎裂的瓷片嚴重傷及他的面頰和脖頸，加上多年的肺結核宿疾也在此時發作，遂於一八六四年一月十三日下午，不幸逝世在紐約貝里塢醫院中。

佛斯特生於維吉尼亞州，從小就對音樂有特別的偏好，儘管家道中落，母親仍在他七歲時安排其修習短笛，而熱心照顧他的黑女傭，則於禮拜日帶他上黑人教堂，這些教會詩歌音樂給予佛斯特的心靈啓發與震撼相當大。因此，當他十四歲創作長笛合奏圓舞曲《帝歐卡華爾滋》，以及在十六歲譜出《戀人，開窗吧》的詞曲時，隱然已有黑人吟遊的韻味。

由於家境艱困，佛斯特長大後曾到外地謀事，在匹茲堡貨倉擔任驗收棉花綑的行員，每天接觸到不少黑人苦力，聽他們哼唱小調自娛，於是便抓住機會努力討教，同時將這些黑人土語改編成英語並注入新血，譜進淺俗簡易的優美旋律裡，因而在二十一歲那年，就以無師自通創作音樂而聲名大噪了。

諸如《老黑爵》、《蘇珊娜》等著名歌曲，皆是出自佛斯特手中。由於佛斯特的作品大都描述思鄉的濃郁人情，曲中瀰漫著醉人韻味，以致聽者無不動容，故其作品也就歷久而不衰。

1月14日

秋瑾

Chiu Chin

1875～1907

中國女權革命第一人

「世間有最悽慘、最危險之二字，曰：黑闇。黑闇則無是非、無聞見、無一切人世間應有之思想行爲……我國女界之黑闇更何如？我女界前途之危險更何如？予念及此，予悄然悲；予乃奔走呼號於我同胞諸姐妹，於是而有《中國女報》之設。」

這段振聾啓聵的創刊告白，是革命先烈「鑑湖女俠」秋瑾在民國前六年的一月十四日，於上海創刊發行的報紙《中國女報》上所撰寫的發刊辭。

這位在三十二歲即壯烈成仁的女中豪傑，生前致力倡議女權，非但創辦《中國女報》來鼓吹風潮，還四處演講厲聲疾呼說：「我的二萬萬女同胞還依然沉淪在黑闇十八層地獄，一層也不想爬上來……生活是做著一世的囚徒……天下這奴隸的名兒，是全球萬國沒有一個人肯受的，爲什麼我姊妹卻受得恬不爲辱呢？」秋瑾的這番苦心，顯然無法破除五千年來「女子無才便是德」的閉塞思想。

《中國女報》只印了三、四期便因經費不足而停刊，她最後只好轉向興學及革命事業方面發展；不料革命事跡敗露，於民國前五年六月十五日壯烈犧牲。秋瑾女士終生致力於中國女權運動之提倡。她曾說：「男女平權天賦就。」於今更可看出她的先知灼見！稱她是「中國女界革命第一人」，斯不爲過。

1月15日

李時珍

Li Shin-Zhen

1518～1593

神農再世

本日（一月十五日）爲藥師節，而提到藥師，就不能不提到影響中國醫藥甚深的《本草綱目》一書作者——李時珍。

李時珍，字東壁，號瀕湖，籍隸湖北，他是中國明朝卓越的藥物學家，也是當時最偉大的科學家之一，平生以堅強的意志，蒐集到大量藥物資料，並修訂了古藥書的疏漏，最後還寫出中國最完備的藥典《本草綱目》，西方人稱這部書是《東方醫學巨典》，把中國醫藥科學事業推進一大步。

李時珍的父親及祖父都是醫術高明的民間醫生，自幼在這樣的環境薰陶下，李時珍少年時代就對醫學產生莫大的興趣，從二十四歲那年開始，遂正式跟隨父親行醫，由於他刻苦鑽研，不久就成爲當時的名醫。

中國古代醫學雖尙稱發達，但仍有許多的分類錯誤及混亂、甚至分辨不清的情形發生。在這種情況下，有許多病人因爲用藥錯誤而死亡，因此李時珍決定重新編寫一部新的藥學書。在整整的二十七年歲月裡，他爲了編寫《本草綱目》，參考一百多種書籍，爲了實際蒐集這些藥物、請教別人，他更步上萬里路，記下幾百萬字的筆記，經過三次校稿後，終於完成舉世聞名的《本草綱目》。當這本書完成時，他已經是白髮老翁了。

《本草綱目》首先傳入日本、朝鮮，後來又陸續被譯成拉丁文、法文、俄文、德文等多種文字，堪稱影響遍及世界。

1月16日
屋大維
Gaius Octavius Thurinus
63 B.C.～14 B.C.

「奧古斯都」的文治武功

西元前二十七年的一月十六日，羅馬帝國元老院將字義上解釋為「尊聖者、神聖、高貴」等意義的尊號「奧古斯都」（Augustus），呈奉給締造輝煌戰績的屋大維。

屋大維本是慘遭放逐的沒落貴族後裔，只因為母親是凱撒的姪女，而凱撒沒有子嗣傳承，屋大維的母親便將他過繼給凱撒做養子。十九歲時，屋大維受凱撒敕令封為繼承人。後來，統治羅馬五年半的凱撒不幸遇刺身亡，屋大維遂聯合安東尼、雷比達出面討伐叛黨，而後三人各自割地稱雄；可是，屋大維卻不滿意當時情況，於是在攻克希臘、馬其頓不久後，即逼令盤據北非的雷比達遜位，又出師擊潰安東尼，兼併埃及，完成統一天下的大業。

掌握大權後的屋大維，繼續運用他手上的常備軍轉戰各地，不久，便建立起橫跨亞歐非三洲的大帝國：東起幼發拉底河、西至大西洋、北起萊茵河和多瑙河、南抵撒哈拉沙漠的疆域。這塊版圖在屋大維統治下，都很巧妙的以天然屏障為界，此舉使他得以放手來整頓內部，而毗鄰羅馬帝國四周的邦族也因此安定了兩世紀。由於屋大維深悉「一個狂熱之徒往往會成為煽動者和迫害者，導致善良者都成為犧牲」，因此他極力穩定和內斂，而使文學也藉著安定而得以輝煌發展，致使拉丁文化在歐洲從此獨樹一幟，迄今餘蔭猶存。

1月17日

陳其美

Chen Chi-Mei

1878～1916

丈夫不怕死，怕在事不成

被尊爲「爲創造民國而生，爲保障民國而死」的陳其美（字英士），是於民國前三十四年的這一天，誕生於浙江省湖州府。陳其美爲了分擔家計，自十二歲起便在當舖做學徒，一待便是十二年寒暑；直到弟弟自日學成歸國，告之世界潮流演變，陳其美這才拿定主意，決意赴日深造。

他先是就讀東京警監學校研習法律，不久加入同盟會；次年，轉學東斌學校研習軍事，以便爲實行革命大業預作準備。後來返國從事革命工作，創辦《中國公報》、《民聲叢報》，並參與《民立報》、《太平洋日報》、《民國日報》等，致力革命事業文宣的鼓吹。

迨至黃花崗之役勃發，陳其美所主持的長江革命運動更是屢建奇功；因而曾被孫中山先生嘉許讚爲「最有力而影響於全國最大者」。後來，他對袁世凱稱帝的陰謀首先發難，不幸功敗垂成；但也引致袁世凱不滿，旋於民國五年在上海遇刺身亡，享年才四十歲而已。噩耗傳出，孫中山先生親自趕去撫屍痛哭，蔣公亦出面爲其治喪，並親撰祭文道：「而今而後，教我勗我，愛我扶我，同安同危，同甘同苦，而同心同德者，殆無其人矣！」

陳其美這種「求仁得仁」的犧牲，我們不難從其題贈給友人的字帖中得知。他的字帖是這樣寫的：「丈夫不怕死，怕在事不成。」

1月18日
拳王阿里
Mohammed Ali
1942～

我是常出現在拳壇的幽靈

在世界拳壇史上，「穆罕默德・阿里」（原名克萊，因信奉回教而改名）的名字似乎是塊金字招牌。因爲他自一九六〇年在羅馬奧運會贏得輕重量級拳王以來，體壇上只要是有關拳賽的報導，總是少不了他。當初，阿里之所以走上拳擊這條路，緣自於他在十二歲那年，因爲痛恨竊走其自行車的小偷，遂勤奮練拳準備「修理」偷車者。他這種「發憤圖強」的行動，被警佐馬丁發覺，於是撥冗教導阿里正確練拳方法，自此奠下阿里精湛拳術的基礎，遂使他在高中時代便已嶄露頭角，隨後並在拳壇叱吒風雲二十載之久。自拳壇崛起後的阿里，一反常態地經常口不擇言，不是自詡爲「最清潔、有機智、最明亮的拳王」，便是破口大罵對方，引起全球體壇爲之側目不已；但牛津大學文學院院長卻情有獨鍾，認爲阿里在拳賽中的嘀咕，是極難得的「戰鬥詩」，例如：「我將用雙拳打倒一切，讓所有的人見識我的雷霆萬鈞和泰山壓頂的無敵之拳！」或「我將是常出現在拳壇的幽靈……」等均是難得的詩作。可是，出生在本日而名利雙收的阿里也曾表示過：「我不贊同年輕人走這條路，除非他眞有這方面的天分；否則，我倒鼓勵他去接受更多的教育。人是應該好好訓練自己的思考力的！」一九九六年的美國亞特蘭大奧運會上，特地請來晚年罹患帕金森氏症的阿里點燃會場聖火，世人看著阿里顫抖的手緩緩點燃聖火，與會者無不爲之動容起立鼓掌，阿里堪稱是運動家精神的最佳典範。

「立體畫派」的開山始祖

1月19日

保羅・塞尚

Paul Cézanne

1839～1906

獨霸二十世紀畫壇多年，且被後人譽爲「現代繪畫之父」及「立體派先驅者」的塞尚，於一八三九年一月十九日誕生在法國南方的艾克斯城。

塞尚自幼家境富裕，由於生性熱愛繪畫，便向銀行家父親不斷爭取，遂由法律轉學美術；但在一八六二年時，塞尚參加巴黎美術學院的入學考試卻意外落榜，以致遭到重大打擊，幸經摯友左拉極力勸導安慰，這才另謀出路考入瑞士藝術學院，在畢沙羅、莫內、雷諾瓦等印象派大師門下研習，獲益匪淺。經由老師指點，塞尚融會了美學上有關色彩與光線的理論，並以幾何造型構成嚴謹的畫面而獨樹一幟，終使傳統的繪畫天地，得以進入前所未有的「立體派」世界。

造成塞尚得以躍爲近百年來最偉大畫家的地位，除了他堅持「要使印象主義的藝術，能像美術館內的藝術品一樣，具備堅實性和永固性」的信念外；更重要且難能可貴的是，塞尚不喜歡交際應酬，酷愛獨自在靜默孤寂及平穩安逸中揣摩發展，因而沒有感染到世紀末頹廢和浮華的陋習。所以他的作品在獨創的「畫家是根據素描和色彩來覺察自己，同時將自我體認具體化以繪出眞實來表現個性」的理念下一枝獨秀。

生前能夠堅持純良的藝術熱度去勤奮創作，難怪在塞尚逝世後，他的作品迄今仍使全球驚嘆不已！

1月20日
顏生
Johannes Vihelm Jensen
1873～1950

講求科學寫小說

由於第二次世界大戰席捲全球的影響，舉世矚目的諾貝爾文學獎因此停辦了四屆之久，直到一九四四年砲火接近尾聲時，瑞典當局才正式宣布該年得主爲丹麥的顏生。

這位出生於一八七三年本日的北歐作家，其所創作的詩、散文等作品包羅萬象，故在歐陸各國又有「創造力最強者」的雅譽。而在顏生全部作品中，堪稱爲「畢生力作」者，當推那部描述人類進化故事，前後耗時十六年歲月才完成的《漫長旅程》。從首卷的「冰河」至第六卷「哥倫布」，顏生生動而有趣地描繪人類所生存的時空環境，氣魄空前。

顏生生性嗜好旅遊，他的父親又是家鄉受人尊重的獸醫，因此從小就感受到「達爾文對生物進化論所作的貢獻」。後來由於受到德國詩人海涅所影響，在大學接受醫科教育時，終於忍不住發表文字的欲望，結果，他那富有詩意與豐饒的想像，不久就使其文名四播，雖然還沒畢業，卻已小有名氣。

顏生一直認爲：「寫作必須講求條理，不可聽從迷信，要賦予理智」，縱然是「寫憑空想像的小說，也應合乎科學的原理才行」，由於他這種實事求是的下筆態度，難怪迄今仍被奉爲北歐文壇的宗師。

1月21日

列寧

Vladimir Ilyich Lenin

1870～1924

殘暴的革命狂

被赤色王朝捧爲蘇聯共產黨「締造者與組織者」的列寧，是在一九二四年一月二十一日，正值莫斯科召開全俄蘇維埃代表大會時，因動脈硬化痲痺而遽逝。這位馬克斯主義的信徒雖然只活了五十四年，但由於畢生「只知革命、只想革命、連做夢也是革命」，終而造成他毫無人性、不擇手段的諸多破壞行爲。

原名爲「弗拉基米爾．伊爾奇．烏里揚諾夫」的列寧，出生於俄國辛比爾斯克（今日的烏里揚諾夫斯克）一個知識分子家庭。童年時期曾目睹鄰居貧農備受壓迫的慘狀，再加上他唯一的哥哥因爲參加「人民黨恐怖隊」而遭沙皇判決絞首，遂使他年甫十七歲，便已拿定主意：「在原則上，我從未放棄恐怖，而且也絕不放棄恐怖。」因此，一當權後，他的所作所爲自然就令人怵目驚心了。譬如：當列寧在倡議「新經濟政策」時，代表軍人階級的委員曾經提出一些質疑，他當下便斬釘截鐵地說：「如果軍隊在進行可能導致士兵跑散的撤退時，就該架上機關槍，同時下令『開槍吧！』，這樣做永遠是對的！」

然而果眞對嗎？事實證明這是極端恐怖而罪惡的。列寧生前殘暴、不擇手段的蠻幹作風，非但千秋萬世得不到世人的原諒，甚至連號稱是俄國「馬克斯主義之父」的普列漢諾夫，也曾感慨萬分地說過：「列寧所要的黨的團結，只是像把一塊麵包徹底呑入腹中！」

1月22日

培根

Francis Bacon

1561～1626

讀書獲取智慧，循智慧養成天性

代表英國「文藝復興」時期具有近代精神的哲學家培根，是在一五六一年的這一天出生。由於他生平主張學習研究均應以徹底考察爲基礎，並推崇現代科學的實證歸納法，終而留名於史冊。

培根的父親是伊莉莎白女王的掌璽大臣，故而家境富裕，除了在劍橋大學三一學院受教之外，並曾赴法留學。學成歸國後曾任律師、下議院議員、大法官等職，並被冊封爲伯爵。

英王詹姆斯一世上臺時，培根因呈上著作《學問之增進》而得國王垂青，並譽「此書不但爲成熟心智之極致表現，亦且爲十六世紀學問復興之一大總覽。」此外，他預言科學烏托邦的《極樂島》一書，也引發英國皇家學會的創設，而培根所有的著作，眞可說是部部鉅構。

對於上述諸多成就，培根謙遜地認爲純是拜讀書所賜。他在首創英國小品文風氣的隨筆中，曾在本身所寫過的〈談讀書〉一文中言及：「人們在談話時，最能表現出讀書的文雅；而在判斷或處理事務時，則最能發揮由讀書所獲得的能力。……讀書使人淵博……讀書能陶冶個性，非僅如此，讀書並且可以剷除一切心理上的障礙。」培根之所以倡談讀書，主要是循此可以獲取智慧；而智慧予人之功用，即如培根所曾說的：「由智慧養成的習慣，必能成爲人的第二天性，裨益甚大。」

1月23日

斯丹達爾 Stendhal

1783～1842

活過‧寫過‧愛過

一七八三年的一月二十三日，世界著名小說《紅與黑》的作者斯丹達爾誕生在法國，他原名「馬利‧亨利‧培爾」（Marie-Henri Beyle），由於七歲喪母，自幼與父親又無親密感情，所以童年生涯是在愁雲慘霧中度過。一七九九年，斯丹達爾遠赴巴黎尋求發展，適逢拿破崙發動政變，乃投筆從戎轉戰歐陸；不料隔沒多久拿破崙就失敗，使得斯丹達爾流落於義大利的米蘭鬻文維生。好在從戎期間，斯丹達爾便開始熱中於創作與戀愛，尤其在米蘭的這段日子裡，使他嘗盡苦戀的滋味。這是由於他迷戀起一位將軍的分居少妻，但卻得不到青睞，因此多次自殺未遂，並完成了《戀愛論》一書。書中不但首創所謂的愛情「結晶作用」這個名詞，並作結論：「從戀愛開始，無論多聰明的男人，都無法眞實看清對方。」

遭到愛情打擊後，斯丹達爾潛心創作，完成鉅著《紅與黑》、《巴馬修道院》等書，他匯集了法國古典的單純與浪漫的想像，成爲文壇心理分析小說的鼻祖。對於這些成就，斯丹達爾曾經有感而發地指出：「我們很瞭解，人是不願面對現實的，換句話說，就是不願對現實再做進一步的思考，而以無知爲理由來逃避現實，這實在是罪過啊！」

斯丹達爾於五十九歲那年去世，他在自撰的墓誌銘上如此寫著：「此處躺著一個曾經活過、寫過、愛過的人。」藉此聊表他實在不枉此生。

1月24日

羅勃特・波以耳

Robert Boyle

1627～1691

科學就是人類的手臂

有「現代化學之父」美譽的波以耳，是於一六二七年一月二十四日誕生在愛爾蘭里斯摩爾。由於他的父親是位伯爵，所以自幼家境富裕，受到相當優良的教育。

波以耳一生發明甚多，自一六六〇年首先發表〈空氣彈性學及機械之新實驗〉後，即已聲譽卓著，緊接著，他又出版《懷疑的化學家》一書，直接闡述元素是單一而純粹的物質，一掃延續兩千年的水、火、土、氣四元素之科學謬論，從而奠定化學元素科學的定義。

在摒除傳統煉丹者謬說的同時，波以耳更將「分析」概念引入化學語彙，改革當時的研究方法，使化學成爲純科學領域的一支，貢獻甚鉅。一六六二年，他提出「理想體積定律」的新說，闡明恆溫時的氣體壓力與體積是成反比的。世人爲了尊崇其焚膏繼晷的研究實驗精神，遂將這項發明稱爲「波以耳定律」，藉此以示尊崇。

除了上述跨時代創舉外，波以耳還曾自木材中提煉酒精、引用植物液識別酸鹼，或在鐵上雕刻、銅鍍銀等方面下過工夫，唯對英國皇家學會推擁他擔任會長一事卻始終力辭不就，此舉頗使眾人感到納悶，波以耳則有其獨到見解，他堅決確認：「科學是人類手臂，挽著我們步上光明前程，但名利卻是撒旦魔掌，將我們推入黑暗淵藪呢！」

1月25日
金納
Edward Jenner
1749～1823

以牛脾氣力克天花

遠在十八世紀，天花曾經大肆流行，奪走了六千多萬個歐洲人的性命。當大家束手無策時，有位名叫金納的英國鄉下醫師，於一七九六年一月二十五日前往格洛斯特郡的酪農場，在已感染牛痘的擠乳女工娜梅斯身上抽取些微的牛痘膿胞液體，並注射到一名八歲男童費浦斯的手臂中。兩個月後，金納發現「牛痘和天花的膿極爲相似，而那個男孩竟然對天花產生抵抗力。」這一發現，可謂石破天驚；殊不料金納的這番苦心，竟引起保守的醫學界及宗教界群起反對。

面對這些幾近無理取鬧的瞎起鬨，金納以不變應萬變的態度來面對，同時還甘冒大不諱地將其試驗心得撰成《牛痘研究專冊》，在一七九八年正式發表。結果馬上引發全面熱烈討論的風暴。每次遇到刁難者無理詰問時，金納即不慌不忙地施展牛脾氣和對方力辯，這是因爲他堅決認爲：只要能拯救生靈，個人榮辱又算得了什麼！

金納這種不爲勢劫的執著，不僅博得美國總統傑佛遜高度讚譽：「由於消滅人類史上最可怕的疾病，金納這名字將永遠活在人類的心中。」而英國政府也在事後追封他勳位，並錦上添花地犒賞金納三萬英鎊研究費。金納在醫學界的不朽地位，至此總算確立。

1月26日
曼絲菲爾
Katherine Mansfield
1888～1923

用完整的愛驅逐恐懼

在歐美文壇的唯美印象派作家中，出生於一八八八年本日的曼絲菲爾，堪稱爲舉世罕見的奇葩。這位誕生在南半球紐西蘭威靈頓的女作家，由於罹染肺炎絕症的緣故，所以不及三十五歲便猝逝在法國的楓丹白露，雖然紅顏薄命，卻「給苦悶的人間幾分藝術化精神的安慰」。

生前著有《喜悅》、《前奏曲》、《花園宴會》等小說的曼絲菲爾，從小便自認有四種偏好：自然、人們、奧祕，而第四種則是一般人所無法理會到的「寫作」。秉持這種天性，在她被銀行家的父親送到倫敦入讀皇后學院後，曼絲菲爾不多久便嶄露頭角，除了擔任校刊總編輯外，她更在小品文的創作方面表現傑出，後來又拜王爾德爲師，度過一段自由自在的藝術生涯，不久即邂逅摩雷結爲連理，夫婦倆並創辦《旋律》文學雜誌來獎掖提攜後進。

在此期間，促成曼絲菲爾崛起文壇的主要理念，除了她自認「一個人必須放棄他所明白而想引用的長篇大道理，而只著重事實眞理的寫作……而且要在靈感消逝之前盡可能抓住那瞬間」；及至染患肺炎後，她的身體雖然飽受病魔折磨，但卻益發堅信逃避現實是根本無用，確認「我們必須坐直身體、睜大眼睛、準備應付；此時最要不得的就是恐懼，而一份完整的愛，是必能驅逐它的」。循此意志而傾力著作，終爲世間留下不朽的精品。

1月27日

菲希德

Johann Gottlieb Fichte

1762～1814

正義善行是生活原動力

被德國人尊奉爲「國家英雄與民族先知」的哲學家菲希德，由於感染傷寒，不幸在一八一四年這一天逝世，享年才五十二歲。

菲希德出身貧困的麻繩工人之家，自幼聰穎伶俐而受鄰家貴族賞識，資助他讀至大學。後因他酷愛哲學，與貴族希望他畢業後當牧師的看法有所出入，以致斷絕經濟援助。幸得哲學大師康德協助，方得出版《天啓的批導》、《思想自由退還的要求》、《道德與體系》等書，終而聲譽日隆。

一七九九年，菲希德受無神論案波及，被迫轉至柏林發展；繼而碰上普法戰爭，一度亡命哥本哈根。直到一八〇七年返國後，菲希德再也壓抑不住滿腔的熱血，遂不顧個人生命危險，在法軍占領期間正式發表了他那震鑠千古的〈告德意志國民書〉。

菲希德在這十四篇演講中，開宗明義地指出「德國之所以亡，是由於整個德國國民把自私自利的企圖，增高至最高的結果」。他刻意強調這種亡國之痛，正是以激勵和擴發大家去建設新世界，唯必須切實考察和認清這種慘痛，並循此把麻木不仁和自私自利的心情去掉！

此外，他更呼籲「要自視爲永遠之物，透過教育去除肉慾及恐怖，而代之以對正業和善行的快感，並使這種快感成爲一切生活之唯一而實際的原動力」。這種言人所未曾言的睿見，使菲希德之英名得以萬古流芳。

1月28日
安妮·法蘭克
Anne Frank
1929～1945

猶太天使——安妮

安妮曾在一九四四年一月二十八日的日記中記述了下面一段話：「……對於那些盡全力幫助我們的人們，我們是絕對不會忘記他們恩情的。」一九四四年八月初，德國祕密警察進入安妮一家人躲藏的密室，在這一天之前的兩個月，安妮和他的父母親及姊姊、加上另外五個人，全部躲在荷蘭阿姆斯特丹運河旁一棟房子三樓的密室裡，當祕密警察一到，除了逮捕他們送到集中營外，還搜刮許多原本屬於他們的財物，起初，他們發現安妮的日記時，尚不以爲意丟在一旁，事後才被隔壁鄰居撿起來。當時的集中營並沒有設置毒氣室或各種殘害猶太人的方法，但是仍然有許多人死於飢餓、傳染病或凍死。

一九四五年時，安妮因傷寒死於集中營裡。事後，她的一位朋友回憶說：當時曾經看到安妮的屍體被毛毯裹著丟在屍體堆邊，雖然她試圖將安妮的屍體藏起來（因爲曾傳出集中營裡有人會飢餓到去吃屍體），卻沒有成功。一直到現在，仍遍尋不著安妮屍體的下落或可能的墓地。

等到戰爭結束，原本躲在密室中的八個人只剩下安妮的父親存活，有人將安妮的日記交還給她父親，才正式曝光。一位荷蘭政府的研究員，在這幾年研究、蒐集有關二次世界大戰猶太人被迫害的資料時，曾對《安妮的日記》說過如下一段話：「在我研究過那麼多猶太人家庭的資料時，從沒有一個家庭像安妮的家庭一樣，如此的和諧，實在了不起。」

普希金

Alexander S. Pushkin

1799～1837

俄羅斯生活的百科辭典

一八三七年一月二十九日下午，俄羅斯民族文學的創造者普希金，因與情敵挑戰而不幸中彈，延遲醫治無效後，卒以三十七歲英年早逝！

這位被杜斯妥也夫斯基讚譽爲「一切渴想教育和發展的人們之結合點。因爲他比世上所有詩人更富藝術性，故其作品也是最純樸、最迷人、最能令人瞭解的，因此他正是大眾所激賞的大眾詩人」，由此即不難管窺普希金地位之崇高了。

造成普希金得以引發世人共鳴的緣由，當然該歸功於他那一手膾炙人口的詩，以及他所確立之俄國文體的散文小說傑作。其中，耗費普希金八載歲月而克竟全功的《永恆戀人——歐涅金》，更是俄國第一本寫實的韻文體小說。他在文內詳述十九世紀社會各階層實況，同時描述誠摯感情與道德勇氣的可貴，因而博得該書是「俄羅斯生活的百科辭典」之美譽。至於其他佳作如：《鄉村姑娘》等作品，普希金亦深刻描述中下階層的悲慘境遇，不僅開創批判性寫實小說的先河，而且也普遍獲得廣大群眾的由衷推許。

普希金在一七九九年的六月六日出生於莫斯科，父親是古老的俄國貴族，自幼便因祖母的文學修養而飽受薰陶，成名後又歷經放逐、特赦、修史，生活經驗豐富而繁複，奠下寫作的雄渾基礎。總結其所以能開創出如此局面，主要是靠他引以爲豪那份「沉著鎮靜」的定力，促使他成爲「近代俄羅斯文學之父」。

1月30日

廣田弘毅

Hirota Kouki

1878～1948

三原則難逃死刑臺

在盟軍審理戰犯的「東京裁判」中被判處絞刑的七名死刑犯，唯一被日本國民同情而發起減刑署名運動者，就是在一九三六年本日辭卸首相職務的廣田弘毅。

這位在審判中由於一票之差（以六對五票被宣告死刑）而遭到絞首下場的昭和政壇知名外交官，當年亦即日本「安定遠東」政策的擘畫者，他除了在任內曾與德國簽訂反共協定外，同時還在國會演說中，強調了中日外交之間的所謂「廣田三原則」。

「廣田三原則」表面上雖係冠冕堂皇的聲明對外不侵略、不威脅、主善鄰，並謀與中國接近的姿態；可是底子裡卻極陰狠險毒，企圖以概括而不具體的原則誘使中方入其圈套，然後逐步控制以達干涉中國獨立自主外交的目的，難怪會禁不起時局考驗而分崩瓦解了。

正由於廣田弘毅是如此地工於心計，所以檢察官在起訴他的四十八條罪狀時，特別強調其在「職業外交官生涯中，完全係以侵略陰謀爲目的而不擇手段，係日本軍國主義下領導階層的最有力指導者」，實在是罪無可逭，死有餘辜，所以儘管日本民眾發起所謂的「減刑嘆願書」簽署運動，企圖扳回一票使其改判終身徒刑；但已於事無補，廣田弘毅罪惡的一生，最後還是終結在絞首場的臺上。

1月31日
諾曼・梅勒
Norman Mailer
1923～2007

自學勤讀另成一家

首先把第二次世界大戰中有關人性的吶喊透過小說手法寫成《裸者與死者》而引起世人矚目的美國文壇新秀諾曼・梅勒，是在一九二三年本日誕生於紐澤西州。

諾曼・梅勒是俄裔猶太人，曾兩度榮獲普立茲文學獎，然而梅勒早年在哈佛大學卻是攻讀航空工程學，對文學並無特殊喜好；直到他大學快畢業時，才對文學創作產生興趣，不但寫了幾篇小說引起外界好評，而且他也因此才開始關注發生在周遭的各種文學材料。

一九四三年，梅勒應召前往菲律賓呂宋島服役，親睹戰爭的恐怖慘狀；隨後又奉調轉往日本駐防，於是利用閒暇時間寫成《裸者與死者》而睥睨文壇。自此梅勒便全心投入文學創作，先後完成描述各階層的《鹿園》、《總統公文》等諷刺小說或報導文學，促使他聲名大噪，儼然成爲時代的代言人。

人們對於諾曼・梅勒的異軍突起，都不約而同地投以訝異眼神，而且也都無從臆測他這手本事從何學來。梅勒爲了紓釋群疑，曾謙遜表示過完全是靠自學和勤讀之賜！因爲他筆下傳達感情的手法是學自海明威的作品，而象徵技巧的使用則仿自湯瑪斯曼的《魔山》。這兩位大師與他都是緣慳一面，但梅勒卻透過書本的溝通來拜師，遂使他也自成一格得以躍爲寫實主義派的巨匠。

2月名人

聖華倫泰
華格納
達爾文
聖保羅
艾克加雷
翁俊明
維爾諾
狄更斯
莫菲
比利
丁汝昌
孟德爾頌
喬伊斯
王雲五

羅西尼
巴金
伊麗莎白・泰勒
維多・雨果
威廉・福克納
格林兄弟
梁啓超
叔本華
斯賓諾沙
安東尼・艾登
哥白尼
蔣渭水
普契尼
班傑明・富蘭克林
盧特

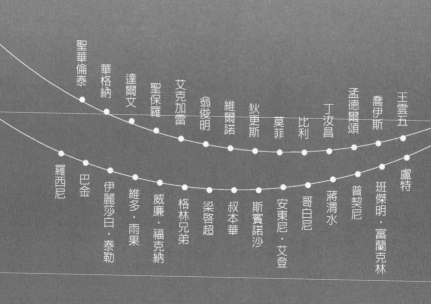

February

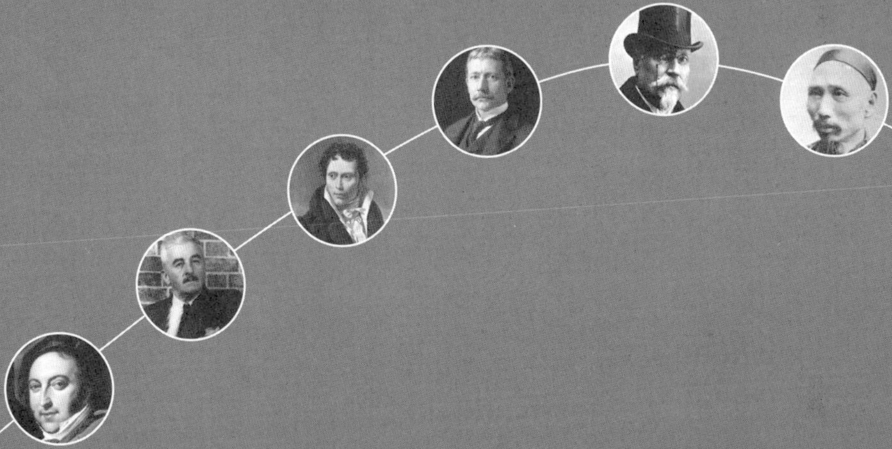

2月1日
王雲五
Wang Yun-Wu
1888～1979

出版鉅子的做事原則

曾經躋列世界四大出版社之一的「商務印書館」，是在民國前十五年二月一日在上海創辦。當時主要的出資人雖有四位：夏瑞芳、鮑咸昌、高鳳池、鮑咸恩，但使「商務」這塊招牌發揚光大者，則是人稱「博士之父」的王雲五。

一九一四年，「商務」正式成爲完全由本國人集資營業之公司。一二八事變前後，創辦人夏瑞芳遇刺身亡，而全部印刷工廠、紙棧房、書棧房、存版房、總務處，以及收藏外文書刊雜誌甚豐的圖書館等，全遭到日本飛機炸燬，甚至連圖書館的編譯所、研究所內的全部譯稿和圖片，亦於民國二十一年的二月一日慘遭日軍焚掠一空。所幸，以學徒出身而苦讀成功的王雲五，拿定「解決困難也就是最優的獎勵」主意，堅苦卓絕地苦撐，終使「商務」得以浴火重生。

王雲五曾任「商務」的編譯所所長、總經理兼編審部部長等職，在位期間，首倡「四角號碼檢字法」，並創製中外圖書統一分類法，印製價廉便利的萬有文庫，致使全國賴此成立千餘所圖書館。其後，他又斥資編印中文版大學叢書，促使當時最高學府得以一改往昔依賴外文課本的習慣，對中國的學術獨立貢獻甚大。

「商務」即因王雲五堅持「始終爲文化奮鬥之誠意」，故而曾在中國及世界出版史上得以大放異彩！

2月2日

喬伊斯

James Joyce

1882～1941

文體的魔術師

喬伊斯一生雖然只寫了六本書，但其作品在布局、人物、風格所引發的革命性突破，卻爲他博得了現代小說「意識流」的開創者之雅譽。

這位被文壇公認爲「文體魔術師」的奇才，是於一八八二年二月二日誕生於愛爾蘭首府都柏林。童年時代因爲就讀教會學校，一度想從事神職工作；又因歌喉不差，也曾想做個聲樂家，後來在大學時代屢獲徵文比賽大獎，遂將志趣轉移到藝術領域。然而在二十歲那年，卻又莫名其妙地想到巴黎學醫，結果又因生活貧困而放棄此一「奢望」，如此舉棋不定了好幾年，才終於在一九〇七年出版《室內樂》一書而正式投入現代文學潮流。

登上文壇之後的喬伊斯，命運十分不如意，過著四處流浪的日子，然其強烈的創作欲望卻毫不止息，先後寫出了《都柏林人》、《一個年輕藝術家的畫像》等書而備受矚目。一九二二年，《尤里西斯》正式發表，這部現代奇書雖僅七百多頁，但在運用意識流及內省獨白的手法方面，卻爲現代小說另闢一條嶄新的途徑。

這部書裡，喬伊斯強調出「人對於一切痛苦都要逆來順受，並需以忍耐來勇敢地在苦痛生活中捱下去」。這種理念或許也就是他雖然身經兩次世界大戰，但卻令讀者始終無從在其著作中找到半點戰爭影子的原因吧！

2月3日
孟德爾頌
Felix Mendelssohn
1809～1847

虛榮心是藝術進步之敵

年甫十七歲，便已創作出享譽迄今而不衰的《仲夏夜之夢》序曲等不朽樂章的孟德爾頌，是於一八〇九年的二月三日在德國漢堡市呱呱墜地。

孟德爾頌的家境非常優渥，父親是富有的猶太銀行家，祖父是著名的康德派哲學家，因此從小便延聘名師調教，九歲舉辦公開演奏會時，即已博得「十九世紀的莫札特」之讚譽。當初，孟德爾頌的父親之所以讓他學音樂，主要用意是希望藉此培養他的高貴氣質，以便將來克紹箕裘時能夠適應上流社會，沒料到孟德爾頌會成爲集鋼琴家、作曲家、指揮家於一身的全才音樂家。因此，儘管歌德讚賞他的即興演奏直如奇蹟；舒曼認爲他只要以《仲夏夜之夢》一曲便可名垂不朽；甚至厭惡猶太裔的華格納亦不得不承認他的作品的確是「第一流」；但這些溢美之詞並未取信於孟德爾頌的父親，他堅持帶著兒子遠赴巴黎給音樂學院院長客觀評鑑，確認孟德爾頌是株樂壇奇葩，他的非凡一生才得以底定。

雖然音樂之旅是一帆風順，然而孟德爾頌在名師捷爾特的引導下，卻能極力避免受到有「藝術進步之敵」的虛榮心所毒害，終於發展出他那細膩清新、雅潔飄逸的樂風，所譜出的作品，幾乎包含了浪漫派的所有優點，可謂卓然有成。

但是，這位樂壇天才卻很可惜地在一八四七年十一月四日逝世，享年僅三十八歲。

2月4日 丁汝昌
Din Ru-Chang
1836～1895

守至「船沒人盡」而後已

引發中日甲午戰爭的眞正導火線，並非一八九四年的朝鮮東學黨反亂，而是發生在一八九五年本日的「旅順防禦戰」。

這場備受世人矚目的艦隊殊死戰，係由日軍二十餘艘艦隊，會同其所占領的威海衛南幫砲臺發動攻擊而揭開序幕的。當時，戍守在劉公島及港內的北洋艦隊，因受海陸夾擊，致使主力艦「定遠」、「靖遠」、「鎭遠」、「來遠」、「威遠」、「經遠」等悉爲日方所燬，負責統率的水師提督丁汝昌，在事發之初即曾仰天長嘆：「天使我不獲陣也！」而日軍將領伊東亦曾派人勸降，並特准他暫遊日本；但丁汝昌卻計劃率艦突圍以背水一戰；可是，手下諸將非但不聽指揮，甚至還企圖挾持他倒戈。處此險境，丁汝昌只好被迫採行下下之策的「沉船夷砲臺」，豈料各將領又以炸藥用罄爲藉口來百般阻撓，唯丁汝昌仍堅持「雖計窮援絕，必死守至『船沒人盡』而後已」，直到最後實在是逼不得已，遂望闕叩首，服毒壯烈殉國。

丁汝昌既死，殘艦全部歸降，清廷慘澹經營數十年的海軍至此全軍覆沒，日軍乃乘勝追擊，攻占遼東半島與澎湖等地，直到議訂《馬關條約》之後，方才罷手。倘若北洋艦隊當時能夠上下齊心，或許丁汝昌不致殉國，《馬關條約》也不必簽訂，近代中國人的苦難也不必如此深劇。亂世忠臣，有志難伸，誠足浩嘆！

2月5日
比利
Pelé
1940～

學習過程絕非一蹴可幾

被譽爲「世界足球王」的巴西國寶比利，在宣布退休的同年，亦即民國六十六年的二月五日，首次蒞臨臺北訪問三天。

比利原名「愛德生．亞倫特．杜．納西明多」，幼年生長於巴西米納格瑞斯州的貧困家庭，從小幫人擦鞋和販賣花生餬口。不過，他的父親卻異常熱中足球，從小就利用閒暇時間教授他踢球的技巧和正確的觀念，不時對比利灌輸：「學習過程絕非一蹴可幾，別想一次就記住全部，要成爲出色的球員，必須學會平均左右腳，而且還要使其不經過考慮地成爲一種自然反應。」在父親身教言教的監督下，比利的球技一日千里，十二歲便贏得了「神射手」的美譽。長大後，在代表巴西角逐世界盃的幾場比賽中，他敏捷俐落的身手，更使他的國家勇奪三次冠軍，贏得了永久保有「雷米金盃」的最高殊榮。由於屢建奇功的比利身材中等、腳力出眾、射門準確，並具有卓越的判斷能力，所以大家都叫他「黑珍珠」。

在正式參賽的一千三百二十場球賽中，比利前後踢進了一千二百五十八個球之多，締造足球體壇空前紀錄，難怪在他告別巴西代表隊的最後一場比賽中，現場的十八萬觀眾會不約而同地齊聲大呼：「留下來！留下來！」場面極爲感人。而成就比利獨步足球場的原因，據稱是被巴西古諺所說的「上帝是巴西人」所激勵，這句話或許也是他奪標歷程中，建立信心的原動力。

2月6日

莫菲
William Parry Murphy
1892～1987

科學精神首重劍及履及

備受國際所肯定的研究肝病醫療機構，是由誕生在一八九二年本日的莫菲所主持的「哈佛大學肝病研究中心」。

莫菲早年就讀奧勒岡大學時，本是專攻數學及物理的，他的數理成績非常優異，前途看好。但是，由於他有不少親友均因感染肝炎而病逝，那一張張無助的哀容，時刻縈繞莫菲心頭，促使他終於放棄數理，轉而專攻醫學，期望能藉此去援助飽受肝病之苦的人們。一九二〇年，莫菲終於取得哈佛大學的醫學博士學位；其後並利用懸壺濟世的機會，潛心鑽研肝病，不出六年光景，他便儼然是肝病專家了。

後來，他結識了兩位在這方面有著眞知灼見的杏林長者，三人攜手連袂埋頭苦幹，終而卓然有成。但在奮鬥過程中，卻也發生不少令人氣餒的情況，其中尤以他的專論被人所誤一節，深令莫菲感到遺憾。他在當時曾慨然嘆道：「我耗盡心血所寫的一部肝病書籍，由於出版商爲了愼重起見，特地將原稿拿給某位前輩校閱。結果，這位專家竟然將稿擱在桌上，一放就晃掉整年。他這種『科學』研究態度，難怪會讓肝病猖獗了這麼長久的時間！」

由於莫菲對科學精神首重劍及履及的實踐以及全心全意的努力，終使他在一九三四年獲得諾貝爾醫學獎的空前殊榮。

2月7日

狄更斯

Charles Dickens

1812～1870

好好去做值得的事

被後世譽爲「寫實主義開山鼻祖、人道主義宣揚者、盎格魯・撒克遜民族中最偉大的作者，乃至於全世界最受歡迎的文學家」等尊崇的狄更斯，是於一八一二年的二月七日誕生在英國樸茨茅斯港鄰近的蘭卜特。

這位平生著有《孤雛淚》、《雙城記》、《塊肉餘生錄》等鉅構的文豪，早年因爲父親坐牢而家道中落。因此儘管他替人擦鞋補貼家計，但在唸過三年書後，便被迫於十二歲那年赴外地謀生，先後做過各種苦工。由於自身奮發向上，十九歲時居然自學成功被應聘爲記者。因此，貧苦百姓在英國自由民主最盛時期的放任政策下，生活中的各種陰鬱悲慘，都在狄更斯的心版上烙下了難以磨滅的深刻感觸，並藉由筆尖表達出來。

二十一歲以後，狄更斯開始努力創作，陸續有小說刊載於文學讀物上，到了一八三六年發表《波茲隨筆》在文壇聲譽鵲起。此後，更憑藉他那與生俱有的敏銳觀察力，透過筆端，爲貧弱大眾伸張正義，對於英國社會制度的改革，誠屬功不可沒。難怪在他逝世之時刻，全國上下會如此難過無比，《泰晤士報》甚至疾呼務必將他安葬於西敏寺，可謂備極哀榮，狄更斯生前堅守信奉的一句話是：「如果這件事是值得做的，就應該好好地去做。」循此理念隨時鞭策自己要活像「一匹在自己影子前面奔馳的馬」，執意去追求理想與完美，終而博得後世由衷的敬仰和尊崇。

2月8日
維爾諾
Jules Verne
1828～1905

想得出來的便能做到

科學小說的開山鼻祖維爾諾，是在一八二八年二月八日誕生於法國南部的一個小鎮。由於維爾諾就讀的小學是由一位船長遺孀所主持，因此他自幼便常聽到許多海上傳奇故事，對於奧祕的大自然充滿了興趣。十一歲那年，維爾諾曾想要駕船出海，結果被執業律師的父親從中阻止，只好轉而透過各類書籍臥遊來滿足夢想。因此，儘管他生長的空間侷限在法國境內，心靈卻早已雲遊四海了。

一八四八年，維爾諾奉父命到巴黎深造，首次接觸到文藝界，曾經一度想做個戲劇家，但在碰到一位發行兒童冒險故事的出版家後，受到他的慫恿，維爾諾這才全心投入科學小說的領域。他先是出版了翱翔天際的《氣球漫遊記》；後來又創作了在冰島火山內的《地心探險記》、近乎神話的《月球歷險記》，以及橫越全球兩萬多浬長的《海底潛航記》等書。直到一八七三年創作出《環遊世界八十天》鉅著後，維爾諾的聲譽才臻於巔峰狀態，連小說被改編成的電影，竟也奪得五項奧斯卡金像獎殊榮，足見他的作品在多方面廣受歡迎的程度。

對於其所描述和臆測者，維爾諾確信「凡人所能想像出來的東西，其他人便可使之實現」。結果，真的不出他所料。

2月9日
翁俊明
Weng Chun-Ming
1891～1943

頂天立地三要件

以「集中一切臺灣革命力量，打倒日本帝國主義、光復臺灣、與祖國協力建設三民主義新中國爲宗旨」的「臺灣革命同盟會」，是於民國三十年二月九日正式宣告成立。這個統一抗日力量的領導人，便是被譽爲「臺灣光復先驅」——翁俊明。

翁先生是在民國前二十年出生於臺南市石門腳，當他就讀臺灣醫學院時，便受辛亥革命成功的影響而加入中國同盟會，後來憤於袁世凱竊國陰謀，曾與杜聰明連袂共赴北京謀刺，雖然下毒刺袁之事未成，但途中曾在日本神戶晉見孫中山先生，由此益發堅定「反抗日本，光復臺灣」的信念，並且終生信守不渝。民國四年以後，翁俊明定居廈門行醫，除支援「臺灣文化協會」外，他還積極引據史地文獻來建議國民政府必須透過國際力量，據理力爭收復臺澎地區，而且還力斥美加所謂的「國際共管」謬論，無怪乎在他的追悼會上，博得當局如下的嘉許：「臺灣重返祖國懷抱，本省諸先進雖與有力，但翁先生精神的感召，是這種行動的原動力。」

由於翁俊明生前學醫，因此在鼓吹抗日時最重體格健全，他曾說過：「人類的一切工作能力都自身體發生出來，故身體力量與工作能力呈正比。如欲做『頂天立地之人』，強健身體爲第一者，不浪費體力是第二者，不抵消國民總力爲第三者，若三者兼備，則自然就會成爲優秀的國民了。」

2月10日

艾克加雷

José Echegaray y Elizaguirre

1832～1916

行行皆狀元

被歐美文壇公認為「具有技師、財政家、政治家、劇作家、詩人等多重才華」的艾克加雷，於一八三二年本日誕生在馬德里。

艾克加雷生前除了博得「西班牙國家戲劇詩最光耀時代革新者」之雅號，同時也贏獲一九〇四年諾貝爾文學獎殊榮，這與他童稚時母親的耐心教導有關，因為在青少年時期或成年後，他專攻數理，一心想做個土木工程師。期間並曾參與皇宮設計，表現甚佳，也曾在大學執教，並積極提倡自由貿易；結果因成就輝煌，遂於一八六七年被女王敕令出任教育大臣。

艾克加雷步入宦海後，歷任公共事業部長、工業大臣、財政大臣等職，並創建西班牙國家銀行，兼寫劇本；及至一八七四年財政部長任內，以筆名發表第一部劇作《支票簿》，備獲好評。後來急流勇退，離開仕途而專事著作，先後發表六十四齣劇作，為西班牙的劇場帶來一片生機。

由於艾克加雷見廣識博，故而作品甚獲人心。他曾指出自身創作泉源即是秉持「人生就是一場奮鬥，而意志正是使人產生能力去征服」的念頭下筆，所以在他的作品中，每個角色都埋有引人深思和頓悟的炸藥，隨時點燃觀眾心境來正視現狀並計劃未來。這種震撼力所造成的衝擊，使得艾克加雷在國際文壇名垂不朽。

2月11日

聖保羅

Saint Paul

10 A.D.～ 67 A.D.

永不止息的愛

一九二九年的二月十一日，義大利政府正式簽署《拉特朗條約》，終於承認了梵蒂岡教廷的國際地位。這面積僅有四十四英畝大的磁土山丘，是首任教宗聖彼得殉難的聖地。這位生前被耶穌指派爲「磐石」的宗教領袖，是在羅馬城被暴君尼洛焚燬之後遭人誣陷入罪，而於西元六十七年在這塊聖地上被倒釘十字架殉教成聖的。其後，聖保羅受到感召繼續宣揚教義，促使天主教得以發揚光大。聖保羅在佈道時，常常鼓舞教友們「凡事包容，凡事相信，凡事盼望，凡事忍耐，愛是永不止息的」，並提出「樂觀者在無光處看到燈光，而悲觀者爲何要吹熄它？」等見解，因此，儘管在他犧牲之後的三個世紀裡教難不斷，朝奉者依然絡繹不絕地前來憑弔。

西元三一三年，君士坦丁終於下敕《米蘭詔書》宣示天主教友可以自由信仰，還同意歸還過去教難中所沒收的財產，至此，梵蒂岡的地位終被認同，後來雖又歷經義大利領土統一而爆發的「羅馬問題」等主權之爭；然而執政者懍於聖保羅偉大精神的感召，最後還是促成了梵蒂岡城邦的立國地位。

教宗庇護十一世在簽署《拉特朗條約》時，曾經驕傲地表示：「我們有權認爲它是全球最偉大和最珍貴的一塊土地，因爲在這裡，我們可以自豪地看到聖彼得大殿等無價的人類豐碩遺產，而它的地下，更埋有天主教聖人的遺骸！」這也無怪乎梵蒂岡的另一個代名詞是「聖潔之城」。

2月12日

達爾文

Charles Darwin

1809～1882

不敢浪費片刻時間

當達爾文把搭乘「獵犬號」環遊世界探險五年的心得，經過二十年漫長歲月考證研究，在一八五八年首次發表自然淘汰的「物種源始論」時，他在科學史上的空前卓越貢獻，已然毫無疑問地勢必被世人所肯定了。

可是，儘管他首倡的「進化論」學說證據充分，這位大器晚成的生物學者，卻仍然謙遜地表示：「觀察之前，推理是必要的；觀察之後，推理是有用的；但在觀察之中，推理則是極端的錯誤。」於是再兀自埋首一年，才將這份被比喻成猶如穀倉一場大火般驚人的科學論文正式揭櫫於世。

結果，如他所料地馬上震驚各界，其中，宗教界以其學說和《聖經》的創世紀故事嚴重牴觸，還會掀起一陣不小的反對風暴。針對教會質疑的聲浪，達爾文爲了避免「物種源始論」橫生枝節，在文中刻意不談人類起源的敏感問題，直到外界塵埃落定，這才引述大量證據，撰成《人類的子孫》來答辯，致使反對者也提不出反對的論證，甚至在他死後入葬西敏寺時，教廷還不得不派員主持儀式來表示最後的敬意。

對於這位誕生在一八〇九年二月十二日的偉大科學家，其畢生所爲之所以能博得世人一致的禮讚，若追根究柢，則「一個膽敢浪費片刻時間的人，即是未曾發現人生價值者」的理念，該是他會成功的因素之一吧！

2月13日
華格納
Richard Wagner
1813～1883

萬事皆為祖國做

被譽爲十九世紀末最偉大的音樂天才，同時也博得條頓民族中泛神論道德及浪漫情感代表的劇樂巨匠華格納，因爲罹患氣喘，不幸於一八八三年本日溘逝。

華格納年甫半歲便喪父，八歲時繼父又撒手西歸，命運乖舛。但由於這兩位父親對歌劇都有偏好，使他幼時即能浸淫於音樂環境中而發揮天賦，奠定日後的深厚音樂基礎。

長大後，華格納決心將舞臺劇和音樂凝成一體，成爲一種綜合藝術，秉此意念全力奮進，二十歲那年，便發表了歌劇《妖魔》，次年即被聘爲市劇場指揮；後來遭人陷害被迫流亡巴黎，完成《漂泊的荷蘭人》一劇後才重返故土。歸國途中，華格納望見祖國的萊茵河時，竟感動得熱淚盈眶，並由衷發下誓言：「我雖僅是一個窮困的藝術工作者，但永遠要爲德國效死盡忠！」

返回柏林後，華格納毅然揚棄傳統歌劇的表現，轉而發展開創樂壇新紀元的《無限旋律》及樂劇。未幾，遂以《羅安格林》等劇而聲名大噪；不料又因政治立場問題而被王室放逐到瑞士，自一八四八年後便一直過著流亡生活，在流亡的飄零歲月裡，他竟也完成了《尼布龍根指環》歌劇以及《藝術．革命》等鉅構，震鑠千古。對於這些成就，華格納僅是謙遜地認爲：「萬事都該爲自己是德國人而做。」

2月14日

聖華倫泰

Saint Valentine

?～269 A.D.

成人之美的華倫泰

歐美人士將二月十四日定爲一年一度的「情人節」，藉以紀念聖華倫泰的殉難。據傳，這位甘冒殺身危險而爲情侶們證婚的主教，由於觸怒當權者而慘遭殺身之禍，後世戀愛中的情侶們爲了感念他偉大的「成人之美」精神，遂將本來奉祀的情人節女神朱諾改以他來取代，同時亦將這一天命爲「聖華倫泰節」來權充情人節的代名詞。後來，在一四七七年時，有位男士在寫給他戀人的信上，竟不稱呼對方芳名而直以「致我最可愛的華倫泰」來取代，大英博物館在無意間收藏了這封信箋並予以公開展示，於是，「華倫泰」這一主教的稱呼又搖身一變爲「女戀人」的泛稱。幾個世紀以後，竟又在歐洲演變成一種「亂點鴛鴦譜」的尋伴活動。

這種在「聖華倫泰節」才舉行的遊戲，是由參加的未婚女性先將本身名字寫在卡紙上，放置在箱內，然後由未婚的男性輪流抽出一張，被抽到的女性，就是那個男子的「華倫泰」，她必須陪著對方度過這一天；而男方爲了表示感謝，也必須在次日送給女方一份珍貴的禮物；如果雙方情投意合，則可能就此結爲連理，否則便在次日分道揚鑣。這種廣爲流傳的風俗民情，其主要作用是在傳播「有受有施，愛就無所缺失」的情懷，洋人循此結識對象，似乎較諸中國傳統的拋繡球招親還有彈性呢！

2月15日
盧特
Elihu Root
1845～1937

以「民胞物與」為念

「我們並非要到中國報仇或尋釁，發兵的目標純係針對庸愚的慈禧太后個人，其他所有的中國人都是無辜而不應受到傷害！」這是義和團事變爆發時，美國國防部長盧特指示該國遠征艦隊的命令。他後來在受膺爲國務卿時，對於大量移民加州的日僑所產生的種族差別待遇問題，亦係採取類似的方式來和平解決。難怪這位榮膺一九一二年諾貝爾和平獎的得主，在美國人心目中會被視成「如果那位總統未得盧特輔佐，則其必無顯赫功業」。

博得如許崇高殊榮的盧特，係於一八四五年本日誕生在克靈頓。他的父親是紐約一所學院的資深教授，觀念非常開明，因此盧特年輕時便有相當超卓的獨立見解，早在三十歲以前，便已成爲美國知名的公正律師。

一八九九年，麥金萊總統仰慕盧特之名而敦請其出掌國防部長，他走馬上任便立刻建立起增強戰鬥力的軍制和創設參謀長制；後來，老羅斯福總統請他擔任國務卿，盧特亦不負所望，促成泛美會議的圓滿召開；其後應聘海牙國際法庭永久法官、卡內基和平基金會主席，乃至於主持華盛頓裁軍會議時，他都表現傑出。對於這些功績，盧特曾毫不諱言表示：「眞正熱愛國家者，必然會對全體同胞有民胞物與的情感，時時祈求他們能過快樂富庶的生活。」

2月16日

班傑明・富蘭克林
Benjamin Franklin

1706～1790

力行十三項箴言

富蘭克林多彩多姿、多才多藝的生涯，實如華盛頓所說的：「你應該感到欣慰，因爲你的一生並沒有白活。」

富蘭克林是研究電學的先驅，一七五二年他進行震驚世界那項用風箏吸引天電的實驗；在光學、化學、熱學、聲學等方面也做出了重要的貢獻。一七五八年二月十六日，富蘭克林發表了他的自傳，剖析一個藉藉無名的學徒到成爲後人尊稱當代最偉大美國人的心路歷程，這本法文版自傳，細膩地刻出了他成功的軌跡。文中，富蘭克林除了闡述「挺身捍衛自己的權益時，可千萬別踩在別人腳趾上」等睿智看法之外，還詳細列出他力行不輟的十三則處世箴言：一、節制飲食：食不過飽，飲不過量；二、沉默是金：非人或於己有利者勿言，同時避免瑣談；三、生活規律：物歸定位、事有定時；四、決心：決心爲其所當爲，事既決定，則貫徹到底；五、切莫浪費；六、勤儉耐勞：忌浪費時間，常從事有益的工作，且避免不必要之行爲；七、眞誠：思無邪、行無詐；八、公正：莫爲惡去善而損人；九、溫和：不走極端且逆來順受；十、清潔：在身體、衣著、住處均須保持；十一、平靜：莫爲繁瑣或無法避免的事件所困擾；十二、貞操；十三、虛懷若谷：效法耶穌基督和蘇格拉底的謙遜精神。憑藉這十三項德行的修養，使得富蘭克林產生驚人的苦幹精神，也由此昇華而臻於世所罕見的傑出行爲，能留芳千古。

2月17日

普契尼

Giacomo Puccini

1858～1924

步行十三英里而確立人生

一九〇四年二月十七日，義大利歌劇名作《蝴蝶夫人》在米蘭的歌劇院首次上映，爲這齣流行近百年的歌劇揭開序幕。而這齣歌劇的作者就是義大利繼威爾第後最偉大的作曲家——普契尼。普契尼，在一八五八年生於一個音樂世家，家中共有五代、長達二百年的宗教音樂創作歷史。雖然普契尼的父母嚴格要求他努力學習音樂，但調皮任性的普契尼卻老是跑出去鬼混，甚至還爲了要偷抽菸而在當地小酒店彈琴，來賺取抽菸草的零用金。

這個任意揮霍自己音樂天分的小音樂家，在十八歲那年有了巨大的人生轉折。當時，他爲了聆聽威爾第歌劇名作《阿依達》，便步行十三英里到比薩市一睹盛況，觀賞後爲此受到激盪，大受感動的他，終於下定決心一輩子獻身給歌劇事業，從此確立了他的人生志向。

普契尼下定決心後，果然努力學習音樂。即使這期間他窮途潦倒、三餐不繼，但仍勉力完成學業。不過，這段時常身無分文的日子也讓他的身體因而長期衰弱。之後，普契尼的音樂創作大受歡迎，而《蝴蝶夫人》就是他自認爲最成熟的創作。首次上映後雖遭樂評無情批評、嘲笑，民眾卻極爲熱愛這齣歌劇，而他在樂壇上的地位也更上層樓，因而確立了他在歌劇史上的成就。

2月18日

蔣渭水

Chiang Wei-Shui

1891～1931

不用槍桿的抗日健將

成立於民國十六年的「臺灣民眾黨」，由於參加群眾日益增多，再加上該會曾向警務局長抗議鴉片公賣制度，同時還向日內瓦國際聯盟提出控訴、以及內部穩健勢力派林獻堂等制衡的一方退出，導致該黨在民國二十年二月十八日，慘遭日本官方的取締，由臺北警察署長親持結社禁止命令予以解散。

當時，臺灣總督府所恐懼的是由蔣渭水所領導的抗日派勢力過於龐大，因而不得不使出殺手鐧來禁止結社，同時還當場收押蔣渭水等十六人偵訊，直到次日始予釋放。「臺灣民眾黨」經此打擊便告瓦解，而帶領的蔣渭水也因此憂憤成疾，旋於同年七月臥病住進臺北醫院，隔月五日即因傷寒不幸撒手溘逝，享年僅僅四十歲。

這位生前未能親睹臺灣光復的抗日志士，由於在世時曾經參與助長臺灣文化發展的「臺灣文化協會」，後來又創設了銷售漢文書爲主的「文化書局」，並屢屢撰文鼓吹，對本省新文學運動所做的貢獻至鉅，故曾博得「社會運動家、革命家，也是報告文學驍將」的美譽，甚而還曾被稱讚爲「臺胞非武裝抗日運動最具影響力、又能發揮民族運動影響力者」。

對於這種中華血性男兒，日本自是恨之入骨，因此在蔣渭水追悼會中橫加干擾，除了撤除輓聯外，還查禁悼辭，手段至爲卑劣；可是，到底還是無法抹煞蔣渭水在臺灣人心目中的動業和影響力。

2月19日

哥白尼

Nicolaus Copernicus

1473～1543

擇善固執，兩百年不晚

被世人公認尊奉爲「天文學之父」的哥白尼是在一四七三年二月十九日誕生於波蘭。哥白尼早年即對宇宙體系的星象深感興趣，當他負笈義大利教會大學時，更深入地鑽研有關星象學的知識，尤其對於托勒密所發表的「地球爲宇宙中心」理論，心中頗有疑問，只是在當時閉塞保守的環境下，哥白尼沒有公開質疑，只是將滿腹「歧見」埋藏在心裡。

一五〇三年，當哥白尼學成歸國擔任牧師職務後，他再也按捺不住新觀念的驅使，於是就近利用環繞教堂的護牆權充觀測臺，因陋就簡地運用簡單而原始的天文儀器，獨自靜悄悄地仰首觀察了整整三十年的漫長歲月。他這種孜孜不倦的耐性和毅力，後來便慢慢地傳揚開來，於是才有德裔學者李迪斯卡聞訊而向他求教，同時還慫恿哥白尼要勇於發表心得；否則不啻徒勞無功。哥白尼考慮再三，遂將這六卷畢生血汗的成績呈獻教皇，並再行縝密考證後，始將《天體運行論》這份劃時代的新獻公諸於世。結果，如哥白尼所惶恐的事終於發生了，《天體運行論》除了遭致馬丁路德等人的嚴厲批評外，該書還被教廷列爲禁書達兩個世紀之久，可是，這套重建星系理論的鉅作，最後還是獲得所有最高級形容詞都失去作用的空前嘉許，哥白尼焚膏繼晷的努力終究是沒有白費的。

2月20日

安東尼・艾登
Anthony Eden

1897～1977

宦海浮沉，剛毅不改

艾登在英國政壇上的浮沉，是一件頗令人玩味的事。一九五七年一月，艾登在遭到嚴厲抨擊下黯然下臺，辭卸了首相的職位。與在一九三八年二月二十日第一次辭職時，情況完全相反。當時，英國首相張伯倫對德、義的侵略一意姑息，艾登卻堅持主張聯合美、法與之對抗，在擇善固執又不獲得認同的情況下，艾登毅然辭去外相職位。此種不苟合的態度，使得艾登廣受人民好評，連邱吉爾在聞知艾登辭職消息時，亦爲之失眠，後來還在回憶錄中動容地記述道：「我橫躺在床上，充滿了難過和恐懼的情緒。因爲這裡有位堅強的年輕人，他似乎屹立在對抗那種浮動和屈服的，以及計算錯誤和衝動微弱的冗長、懶怠、陰鬱的潮流裡……他代表英國民族的生命希望……」

聲譽極佳的艾登於一九三九年重入張伯倫內閣。重新展開宦途。事隔十八年後，由於埃及強人納瑟悍然宣布「蘇伊士運河收歸國有」，致使當時緊張的中東紛爭再增添一劑火藥。事發之後英國民眾普遍要求採取強硬措施以維護英國在蘇伊士運河的既得利益，因而促成當時擔任首相的艾登於一九五二年十二月聯合法軍出兵埃及，沒想到由於盟邦的不予支持而使形勢轉壞，最終，艾登在一片詬罵之聲浪中宣布辭職。後來，有人以此挖苦道：「對他們領袖忘恩負義，是強大民族的特徵。」藉此來刻劃艾登辭職的實質意義，說來或許不無道理吧！

2月21日

斯賓諾沙

Baruch de Spinoza

1632～1677

只要真理，不要金錢

著有《倫理學》、《愛替卡》、《笛卡兒哲學理論》、《智力改造論》等書的荷蘭籍哲學家斯賓諾沙，在歷經窮苦和困頓生活的折磨後，終於在一六七七年二月二十一日逝世，享年僅四十四歲而已。

斯賓諾沙早年因爲鑽研笛卡兒哲學而不從猶太傳統教派，結果招致教會顧忌而被驅逐；同時，猶太長老爲了杜絕其「歧異思想」蔓延，還企圖以每年贈他一筆鉅款來交換其保持緘默，但卻被斯賓諾沙嚴詞糾正：「既然上帝賦予我一顆心及一種願望來表達思想，我在有生之年便不該收取賄款而束手就擒。」

後來，斯賓諾沙父親過世，留下一筆財產，孰料親姊妹竟想全部據爲己有，姊弟倆於是對簿公堂，結果斯賓諾沙勝訴，沒想到在取得所有財產權之後，他出人意表的將全部遺產送給姊姊，藉此表示他對金錢的鄙視。斯賓諾沙就是這般放得開的一條「人窮志不窮」的漢子。

他這種特立獨行的個性，沒多久就受到皇室的青睞，於是派人遊說他接受年俸，但卻遭斯賓諾沙「很不識相」的回絕，因爲他「無法向一個自己並不崇拜的人說些恭維話」！

斯賓諾沙如此灑脫作風，誠如他生前最喜歡的言論：「個人的生命與永恆的宇宙相較，只不過是一粒微塵而已，如欲止於至善，則必須使心靈與永恆相結合。」

2月22日

叔本華

Arthur Schopenhauer

1788～1860

二十七年如一日

十九世紀時，被譽爲「創作德國典型文體」的哲學家叔本華，是於一七八八年二月二十二日在但澤（今日波蘭的格但斯克）誕生。

叔本華幼年生長在富裕的商賈之家，父親從小便灌輸他經商的理念，而他對於從事商業活動也非常有興趣，所以，在二十歲之前，叔本華時常接觸商業社交活動。直到一八一〇年進入大學就讀，研究到柏拉圖和康德的作品後，他這才在思想理念上起了改變，透過形上學，發展出其鉅作《意志與表象的世界》一書的思想體系。

在叔本華漫長的一生中，最令世人矚目的言行，莫過於他每天千篇一律的作息（包括每天下午四時至六時必會不顧晴雨地外出散步），而他最令世人咀嚼再三的雋語，也就是在這種常達二十七年卻始終一成不變規律生活之歲月時空中所醞釀出來的。

叔本華對「天才」和「讀書」的見解，更是引人叫絕。他說：「天才不爲金錢工作，因爲他很少獲得金錢；他也不爲名譽忙碌，因爲名譽太不確實，而且也太沒價値，嚴格地說，天才的工作是出自於一種本能，循由這種本能，致使他不得不以持久之工作來表達自身的所見所聞。天才千萬不可謙虛，因爲對天才而言，謙虛就是一種虛僞！」而對於讀書，他則認爲：「想讀好書的先決條件是不讀壞書。」頗能一語中的地道出其扎實的底子。

2月23日

梁啓超

Liang Chi-Chao

1873～1929

海天遼闊立多時

梁啓超，今廣東人，字卓如，號任公，別號滄江，筆名有「飲冰室主人」、「中國之新民」等。他在一八七三年二月二十三日出生於新會縣，他的父親是一位飽讀詩書的地方鄉紳，幼承家教，十一歲中秀才，十六歲中舉人，在地方上有神童之稱。十七歲那一年，經由介紹拜康有爲爲師，受到康有爲的改良民族思想，在當時有康梁的並稱。

一八九八年，梁啓超前往北京幫助康有爲變法，參加百日維新，戊戌變法失敗以後，他流亡到日本，在東京組成政聞社，介紹西方階級社會、政治、經濟學說，對當時經濟界產生很大的影響。一九〇九年，梁啓超回國，辛亥革命後，他支持袁世凱，可惜袁世凱復辟失敗，梁啓超也隨即消沉下來，之後專門從事學術研究，在清華園講學，桃李滿天下，在北平逝世。

梁啓超的一生正好是清代末期、民國初年正值動亂不堪、政策不定的時候，他在「五四運動」時期反對階級鬥爭，反對馬克思主義的傳播，梁啓超正好是那個時代搖擺跌撞摸索前進的象徵。做爲近代思想啓蒙家，梁啓超的成就大於康有爲，梁啓超也因而有輿論界「驕子」之稱。他在〈自勵〉一詩中自我評價說：「獻身甘作萬矢的，著論肯爲百世師。誓起民權移舊俗，更研哲理牖新知。十年以後當思我，舉國欲狂欲語誰？世界無窮願無盡，海天遼闊立多時。」讀此詩使人感到一代哲人的形象躍於紙上。

2月24日
格林兄弟

傑訶伯・格林（Jacob Grimm, 1785～1863）
威廉・格林（Wilhelm Grimm, 1786～1859）

生氣勃勃的童話故事

舉世聞名的《格林童話》故事集，是德國在十九世紀的重要兒童文學鉅構，迄今仍然享譽全球。這部被嘉許成「兒童世界之聖經」的童話鉅著，是由研究法律出身的格林兄弟連袂合作的智慧結晶。其中老大傑訶伯爲知名的語言學者，曾著《德國神話學》等書，他擅長構思和搜集資料；而弟弟威廉則是傑出的小說家，整部《格林童話》的主體是由他執筆完成的。因此，有關這部原名《兒童及家庭》的著作雖是兄弟倆署名共同完成，但威廉才是眞正的作者，只不過兄弟倆感情實在過於親密，故全書都不分哪篇是由誰所寫，以致後人也無從考據。在還沒有創作《格林童話》之前，格林兄弟還曾應國王之聘，編寫了一套流傳千古的《德國辭典》四卷，爲學術界留下璀璨的一頁。

後來，因爲兄弟倆認爲「童稚時期的純眞無邪之心，確是人間難能可貴的至寶」，於是才將研究重點轉注於兒童，並以十六年的工夫，完成了這兩百多篇家喻戶曉的故事。當時，兄弟倆在著手進行這部百年鉅作時，曾遭受時人和學界的嘲諷，但在出生於一七八六年二月二十四日的威廉堅持下，並勸導他的哥哥要像兒童般持有「久遠的勃勃生氣」，終於才爲後世留下這筆可貴的豐碩文化遺產。

2月25日

威廉·福克納
William Faulkner

1897～1962

百分之九十九定律

「我的一生、我的葬禮和墓誌銘上的話，只消交代簡單的兩句就夠了——這個人寫過一些好書，這個人死了。」

雖然「文人好名」是人盡皆知的事實，但這位作家卻說出上述異於凡夫俗子的話，儘管世界文壇曾封他爲「小說家中的小說家」，但他在生前卻一直死不承認，僅係虛懷若谷地說：「只不過因爲我知道了很多事情，並且爲了講故事而活著罷了。」

不過，儘管如此虛懷若谷，後人卻仍然肯定他做爲一個小說家的條件，並且在他還活著的時候，於一九四九年頒給他一座諾貝爾文學獎。這位作家特立獨行的舉止，早在成名之前便可窺見，他曾因酷愛課外書籍而在高一輟學，大學時也遭退學。浪蕩江湖許久，好不容易混到郵政局長的職位，沒想到卻因爲「如果要我非對每個購買兩分錢郵票的混蛋唯命是從，我可才真是大混蛋！」的理由而掛冠求去。

也就是如此憤世嫉俗，才使他體驗了許多作家無法體驗的非凡生活，並講出了「百分之九十九的才氣加上百分之九十九的訓練、再加上百分之九十九的工作」這條成功的公式。

這位有生之涯曾寫出《軍餉》、《聲音與憤怒》、《當我躺下等死》、《熊》等二十餘部傑出小說的作家，就是誕生在一八九七年本日的威廉·福克納。

2月26日

維多・雨果

Victor Hugo

1802～1885

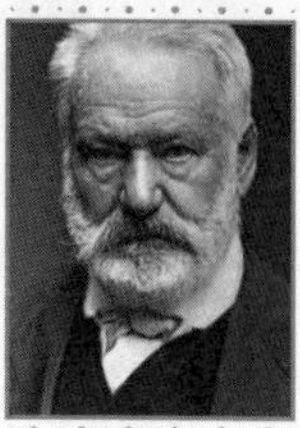

屬於人類的愛國主義者

「凡是男子愚昧無知或陷於絕望之境；凡是女人爲了一塊麵包而賣身，以及兒童因爲沒有書籍和取暖的痛苦地方，我的《悲慘世界》便會敲門找上你了！」

這是在一八〇二年二月二十六日誕生的法國浪漫主義泰斗，亦是十九世紀中葉的文壇「霸主」雨果，於其名著《悲慘世界》中所作的序言，一語道出他的文學觀和淑世的精神。

這位舉世聞名的詩人、小說家、劇作家，年甫十七歲便創辦《文藝保守報》半月刊，二十四歲時出版處女作《短歌與長歌》，贏得巴黎文化界的好評。次年，他發表《克倫威爾》長篇史劇，躍居浪漫派領袖地位，及至一八三〇年時，雨果劇作《赫爾那尼》公演成功，使他儼然成爲文壇的一代宗師。不久，雨果便順勢轉往政界發展，曾當選上議院議員，但也曾慘遭拿破崙三世放逐長達十九年之久，直到一八七〇年帝制失敗，雨果才得以重返家園。

而他的著名歷史小說《巴黎聖母院》及《心聲》等詩集，便是在這段顛沛流離的歲月中完成的。雨果自許是「全人類一名優秀的愛國主義者」，並願分擔全人類的痛苦，以及試圖減輕這些痛苦。正由於他是秉持這般苦行僧式的創作理念，無怪乎在他死後，法國政府會爲他舉行國葬，並讚譽他是「十九世紀最完美的文學家」。

2月27日

伊麗莎白・泰勒

Elizabeth Taylor

1932～2011

結婚，為啥？

被世界影壇稱爲「玉婆」的女演員伊麗莎白・泰勒，是在一九三二年二月二十七日誕生於美國。

這位打從十二歲起便獻身第八藝術的超級巨星，除以優異演技著稱外，並以緋聞和多次的婚姻而聞名。玉婆登記在案的婚姻紀錄前後計有八次，這些正式的入幕之賓分別是：希爾頓、企業小開康拉德、英裔演員米高・韋定、影劇界名流陶德、歌星艾迪・費雪、天王巨星李察・波頓、前海軍部長華納等人。其中尤以和李察・波頓的兩合兩離，最受世人矚目，並且廣被議論紛紛。面對外界種種猜疑，泰勒一向頗爲鎮定，這在她的回憶錄中，便曾談及箇中緣由。泰勒認爲理由極爲簡單，她與波頓不過是想圖個「像黏在柏油上的雞毛般地永遠愛在一起」。

此外，她也認爲李察・波頓深具固特異輪胎的優點：耐磨、不洩氣、使用時間長，因此才會兩度下嫁。泰勒似乎對於多次婚姻引來的異樣眼光頗能自處。她常以「只有在結婚時，他們才瞭解我不但在身體上，而且在心理上更是一個純潔的處女」等詞來應對。久而久之，人們也習慣於她不斷再婚的消息，反正她永遠就像火鳳凰般可以時時重生。似乎只有天曉得這位曾贏得奧斯卡影后的著名女星，下任丈夫將又會是誰？

晚年的泰勒對於公益事業不遺餘力，時常可以看她出現在類似慈善晚會的場合。雖然曾經因罹患腦癌而剃光頭髮接受治療，但我們相信善良的女性最美麗。

2月28日
巴金
Ba Jin
1904～2005

理想夢，夢難圓！

據日本《每日新聞》引述大陸《文匯報》的消息，一九三〇年代擁有最多青年讀者的作家巴金，在一九六八年二月二十八日被證實遭致整肅。中共當局對這位以作品《激流三部曲》、《愛情三部曲》、《革命三部曲》而享譽文壇的資深作家，指控他是反革命分子等罪嫌而加以下放農村勞改，使他飽受折磨。

別號「芾甘」的巴金，原名李堯棠，早年出生於四川成都的一個舊式大家庭。一九二七年，巴金赴法留學，受到無政府主義的思想影響而崇尚倫理、主張互助，這可以從他在民國十八年發表的處女作《滅亡》中窺知一二。因此這種作品中所流露的自由、博愛、正義、奮鬥等精神，自然與共黨的馬列教條格格不入。

巴金對抗戰勝利後的政局曾冷靜地分析道：「國民黨只要稍微占到便宜就大肆渲染，吃了大虧總是悶聲不響；共產黨恰好相反，占了便宜絕不講話，吃了一點小虧就哇哇大叫。結果，人們卻誤認爲共產黨是弱者而予同情。」遺憾的是，巴金本人也被中共假象所惑，竟然在大陸淪陷時昏庸投靠秧歌王朝。落水後的巴金，當然無法再堅持他自己所提倡的「人是爲了理想而生活」，更不可能再高呼「忠實的生活，熱烈的愛人」。因此，這位被提名爲諾貝爾文學獎的候選人，似乎注定抱憾而終了。

2月29日
羅西尼
Gioacchino Antonio Rossini
1792～1868

傳奇的波隆那天鵝

影響歐陸樂壇達半世紀之久的曠世大作曲家羅西尼，係於一七九二年本日在義大利中部的培薩隆誕生。

羅西尼四歲那年，即因父親言論不當入獄而被迫隨母遷移至波隆那，自幼過著顛沛流離的童年生涯，直到十五歲時，他優異的音樂天賦才被人發掘出來，經安排進入該地的音樂學校深造，這才正式踏上人生的坦途。

甫入學校，羅西尼便有出類拔萃的表現，翌年即執筆創作歌劇，隨後又以一首暢銷曲贏得「快筆作曲家」的美譽。一八一二年，他在《試金石》公演成功後，挾其餘威又再創作出《唐克來悌》，奠定了其在義國音樂界的新秀地位。

一八一六年，《維利亞的理髮師》首次上演，沒想到卻遭致同業惡意的破壞而一敗塗地；然而這位已經博得世人暱稱爲「波隆那天鵝」的大師卻不爲所動，仍然繼續維持努力，終以這齣名劇東山再起，其後即一帆風順，受聘爲巴黎歌劇院監督、波隆那樂校名譽校長等職，名利雙收。

綜觀羅西尼的一生，轉捩點當是十五歲那年在無意中接觸到海頓和莫札特的作品，感動了他那浪蕩不羈的心性；再加上有朋友適時借給他名劇《魔笛》等總譜，於是羅西尼徹夜窮研，將理譜心得與海頓等作品比較，終於洞悉箇中奧妙，從而奠定其在二十歲便卓然有成的扎實基礎。

3月名人

詹姆士·麥迪遜
拉斯普丁
高爾基
梅特涅
杜魯門
房龍
馬志尼
尤里·加加林
瑪麗·沃斯頓克洛芙
白里安
惠特曼
貝登堡
凱撒
羅福星
郁達夫
洛克斐勒

笛卡兒
梵谷
岳飛
艾森豪
吳新榮
林語堂
吳稚暉
朗費羅
希特勒
袁世凱
孫中山
尹仲容
李文斯頓
康有為
戴笠

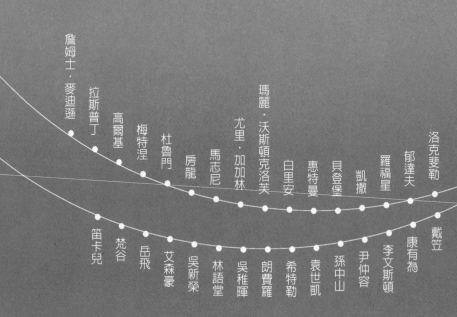

March

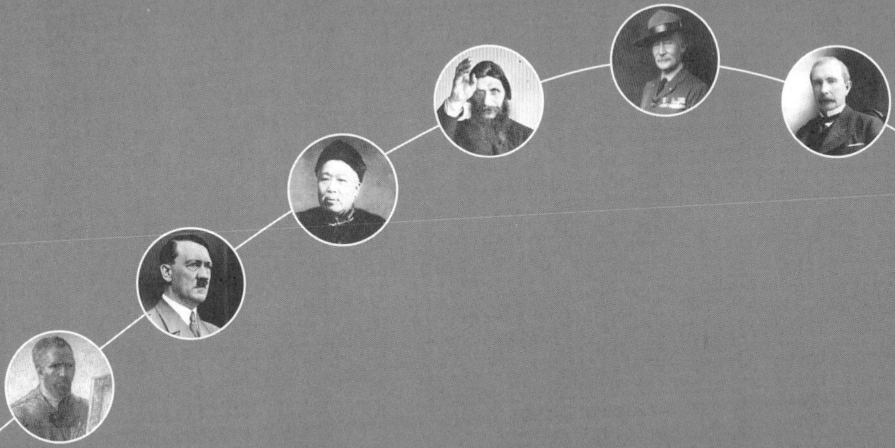

3月1日

洛克斐勒

John Davison Rockefeller

1839～1937

聚富與散財的高手

被公認爲十九世紀最偉大的企業家，同時對於推動美國工業現代化貢獻至鉅的洛克斐勒，雖然生平毀譽參半；可是世人對於他在一九一〇年三月一日慷慨捐出五億美元來設置基金會，並還以實際的行動援助大學和醫學院研究等創舉，則是異口同聲地叫好。

洛克斐勒出身於貧窮的佃農之家，六歲時便得上山砍柴和下田種菜，直到十七歲離家做學徒，並利用夜間在補校進修，他的努力爲自己存下不少的積蓄。當一八五九年賓州發現石油時，他當機立斷地傾其所有，投注在這個新興行業上，風險至大；結果，在虧損四年後，洛克斐勒終在二十五歲那年掙得他的第一筆財富。兩年後增資創設石油精製廠，一八七〇年更大膽地集資百萬美元創立「標準石油公司」，隨後再經營輸油鋼管公司。

一八八二年經濟大恐慌時，洛克斐勒順勢跨行到鐵路、礦山、金融及所有的產業部門，總資產躍增到兩億兩千萬美元，堪稱已達「富可敵國」的地位，產油量占全球三分之二，因而被抨擊爲「托拉斯」（壟斷獨占）財閥。

洛克斐勒一向認爲：「對於財富的唯一問題，便是你怎麼去處置它。蠢才也許會賺錢，可是花錢還得要聰明人」，因此在備受抨擊之餘，他毅然捐出財富，並於一九一一年宣告退休。有人問他如何致富時，他則經常這樣回答：「只是努力，不怕嘲笑；爲了生活，只有苦幹！」

3月2日
郁達夫
Yu Ta-Fu
1896～1945

發起左聯，遠離左聯

成立於民國十九年三月二日的「中國左翼作家聯盟」，是一九三〇年代文化界的一件大事，而其發起盟員之一的知名作家郁達夫，事後自認「靈魂潔白、生性孤傲、感情脆弱、主意不堅」，因而又「自動」的把他的名字從左聯中除掉，這在當時也是轟動一時之舉。

郁達夫原名郁文，是一位率性又浪漫的小說家、散文家、詩詞高手、文藝批評家和新聞評論家。早於一九二一年發表成名作《沉淪》時，便曾引起文壇極大爭議。然而，後人對其文章的廣徵博引之功力，則是有口皆碑、相當佩服。一九三八年，郁達夫遠離中國大陸，自我放逐到新加坡謀生，此舉固然與王映霞的感情糾葛有關，但同時也和「先罵後捧、先打後撫、先推後拉、先破後立」的左派文人圈格格不入有關。因此，他以實際行動來表達內心的意念。

遠離中原文壇後，郁達夫在南洋論及「文人」時曾有感而發地寫道：「一個空頭文學家，終不如一個裁縫或泥水匠、木匠等有一技之長的人來得更可尊敬。」此外，他又常常表示：「文人無行，是中國慣說的一句口頭語，但我們應當曉得，無行的就不是文人，能說『失節事大，餓死事小』這句話而實際做到的人，才是眞正的文人。」有此見地的郁達夫，不幸後來慘遭日軍謀殺，沉冤異域，屍骨無存，誠屬千古憾事。

3月3日
羅福星
Luo Fu-Xing
1886～1914

死得其時，死得其所

一九一四年的三月三日，革命先烈羅福星，由於起義消息走漏，遭日本人逮捕而壯烈成仁。

這位出生於南洋的血性好漢，籍隸廣東省鎮平縣，早年曾追隨祖父來臺，就讀於苗栗公學達三載之久。由於親身體驗到日本人的虐政，故在離臺返鄉路經廈門時，毅然奮不顧身的加入革命團體「同盟會」。而後，他受命於孫中山先生指示，積極組織國民黨支部以從事革命工作。羅福星之所以願爲革命事業效死命，除了深感日本苛政而欲「雪國家之恥，報同胞之仇」之外；同時也因爲他認定臺灣若不納入國民革命時代的洪流，勢將永遠無法脫離異族統治的桎梏。故而抱定「雖犯日本之國法，然我事業乃天之所命也」的態度來貫徹「恢復臺灣、鞏固中華」之職志，終至成仁取義。

這位提升臺胞抗日意識的民族鬥士，生前曾感嘆：「人皆不二死，該死不死，汙名留千載；死得其時，垂芳名於百世，此眞男兒也。不死於家鄉，永爲子孫紀念；而死於臺灣，永爲臺民紀念耳。」由此可知羅福星生前滿腔激情與壯志之一斑。

3月4日
凱撒
Julius Caesar
100 B.C.～44 B.C.

愛凱撒，更愛羅馬

「怎麼還有你？布魯特斯！」這句由凱撒口中發出的喟然吶喊，是他在元老院遭到暗殺集團謀弒時的最後一句話。當時，武功過人的凱撒本已奪得尋刺者的武器而準備格鬥，但當他冷不防地發覺自己的親信布魯特斯也參與暗殺陰謀時，這位締建羅馬帝國的武將在傷心至極之餘，遂棄械頹然倒地，絲毫不加抵抗地以袍蒙面，勇敢地死於朋友的亂劍之下。

凱撒這句永留青史的慘絕遺言，是於西元前四十四年三月四日淒然喊出的。被點名的布魯特斯，何以會加入這宗被莎士比亞描述爲「最慘絕人寰的舉動」始終是史學上的千古盲點。因爲，布魯特斯除了被傳聞是凱撒與其戀人薛維利亞的私生子外，他在投靠龐培所組成的反對勢力而被活擒時，凱撒不念舊惡予以特赦，並且還敕封他爲高盧和馬其頓的總督，可謂恩同再造。所以，後人對布魯特斯此舉頗表不解；但布魯特斯事後辯稱，他並非不愛凱撒，而是更愛羅馬，因此爲了避免羅馬走向專制末路，只得被迫刺殺凱撒。凱撒浴血氣絕後，反對他改革羅馬計畫的西塞羅曾稱此事爲「偉大壯舉」，布魯特斯亦自覺已克盡羅馬公民的義務。可是，這兩位自認爲羅馬除害者的政治家，後來都被凱撒部屬毒斃和征伐身亡。

3月5日
貝登堡
Baden Powell
1857～1941

以「永遠準備」的精神享受生命

以「世界兄弟之誼」爲運動的核心，同時秉持「服務他人」爲成立宗旨，並期望參與者各守崗位來促成人類繁榮、康樂、和平、至善的童子軍運動，雖然早自一九〇七年就在世界各地發軔；但我國則晚在二十七年後才創設「中國童子軍總會」，隨後在次年（民國二十四年）三月五日召開的全國訓練會議上，一致決議以這一天爲「中國童子軍節」。雖然，這個節日時間的決定與四月二十三日「國際童軍節」有所不同，但在奉行「仁愛、助人、日行一善」的基礎信念上則是一致的。

創立童子軍的英國貝登堡爵士，獻身軍旅期間曾轉戰各地，功勳卓著，一九〇四年他自旌營退役，遂將軍中訓練少年兵的心得，轉而發展爲童軍活動。貝登堡之所以如此做，可由他的遺囑窺知一二：「我確信上帝把人放在世上是要我們享受一生的，富有、成就、乃至於任性放縱都不一定會快樂。快樂的途徑是必須從小就健壯，等長大後成爲有用之人才能享受人生……而探索自然，將可發現造物者是何等美妙，這便是你可以享用無盡的……能隨時隨地知足便會常樂，要處處樂觀於較有希望的一方面，以此替代那黯然的另一面……眞正的快樂在於能給人快樂；唯有貢獻一份力量使世界進步一點，這才不枉費一生。且讓我們以『永遠準備』的精神來生活得快樂，善終也快樂。」

3月6日

惠特曼

Walt Whitman

1819～1892

我不求好運，因為我本身就是好運

曾公開自我表明爲「民主發言人」，而外國人亦從其作品視他爲美式「民主象徵」的偉大詩人惠特曼，不幸在一八九二年三月六日中風謝世。

惠特曼生長於美國紐約長島，早年因爲家境貧困關係，十二歲時便四處謀生。後來進入新聞界，旋因仗義直言，爲奴隸制度、種族歧視、死刑等問題力辯，以致遭到報社解聘的厄運。往後多次流落街頭，因而被人視爲「堅強獨立意志者」。此外，惠特曼還被世人譽爲「集哲學、宣傳、幽默與詩人之化身」，《草葉集》便是他的著名作品。

惠特曼對宇宙萬物有著獨特的看法，而且在作品結構上亦不講究韻腳，慣以平鋪直述的白話方式表達，獨樹一幟的風格，備受梭羅、愛默生等人推崇至極。他又順此鼓吹美國文學的特色應該是獨立自主的，而且還該反應歷史和環境。這種獨到的見解曾獲得歐陸文學界的激賞，所以當他中風後的十九年漫長歲月，所需費用竟泰半來自英、法等鄰國。對於外人的濟助，惠特曼自是感激萬分，尤其當他知悉那些隔海伸出援手者，大都是被他那充滿對新時代、新事物的憧憬和熱情所感召的讀者時，也難怪這個特立獨行的「單行詩人」在臨終前還會沾沾自喜道：「我不求好運，因爲我本身就是好運！」

3月7日

白里安

Aristide Briand

1862～1932

上臺便做下臺的準備

一九三二年本日，法國政治家白里安與世長辭，享年七十。

這位生前爲伸張人類正義及世界和平而奔走不遺餘力的政治家，對於《凡爾賽和約》、《羅加諾公約》的簽締固屬功不可沒。他還曾獨排眾議地主張讓德國加入國際聯盟，類此種種事功，使他贏得了一九二六年的諾貝爾和平獎。但沒料到在其逝世四週年（一九三六）那天，希特勒卻揮軍強占萊茵區，悍然撕毀了《凡爾賽和約》及《羅加諾公約》。白里安若果地下有知，恐也不得安寧。

白里安早在大學攻讀法律時，便經常打抱不平，屢次訴諸輿論力量來和腐敗的既得利益階層抗衡。學業完成後，他應聘到報社主筆社論，沒多久就因鼓吹政教分離而使得全國鼎沸，迫使當局不得不順應輿情，從善如流，同時也促成了白里安就此踏入政壇。可惜，處在一個動盪的年代裡，白里安的官運一直起起落落，從一九○九年首次奉命組閣到一九二九年宣布隱退的二十年間，他居然先後當了十一任的總理。

這種際遇，固與詭譎的時局有關，但也被其所秉持的原則所影響，因爲他一直認爲：「掌政者常歸咎百姓喜惡無常，其實未必盡然；倒常常反而是在朝著不自覺落伍於時代潮流之後。因此，我每次上臺便做下臺的準備，明眼人絕不該戀棧權位。」

3月8日

瑪麗・沃斯頓克洛芙
Mary Wollstonecraft

1759～1797

三八婦女節發起者

一九〇九年本日在芝加哥所組織的婦運會，並率眾遊行要求男女平等的「湯瑪斯舉動」；或是由蔡特金召集的「國際婦女大會」，於一九一〇年的今天議決通過「男女同工同酬」、「保護母性」等提案；或是德、奧、丹、瑞等國，率先在一九一一年本日隆重舉辦首屆國際婦女節等等活動……嚴格說來，都只是《女權辯論》一書的投影和延伸而已。

這部由瑪莉・沃斯頓克洛芙所撰的鉅構，是於一七九三年發表問世的。文中所強調的論點，在當時的男性社會中，無疑是顆令人措手不及的炸彈。

這位不信服「女人的容貌較法律更有力量，女人的眼淚較辯論更有權威」等花言巧語的新女性，堅決執著地認爲婦女應和男人具有同等機會來發展心智、或履行職業權利，不可再仰賴男性鼻息爲生；否則「婦女永久會被視如無用之物，……年輕時只會耗費時間精神在愛美的表現上，然後經由結婚這條唯一的出路，更加塗脂抹粉地配爲男人玩物。……我深以她們未能追求獨立的生活而深感悲哀」。

支撐沃斯頓克洛芙這種獨具慧眼的看法，主要是她確信「任何一種社會，唯其成員都能享有眞正的平等，才是健康和正常」。所以她敢冒大不諱來向病態的傳統挑戰，終而成爲後繼者認同的一個女權榜樣。

3月9日

尤里・加加林

Yuri Alekseyevich Gagarin

1934～1968

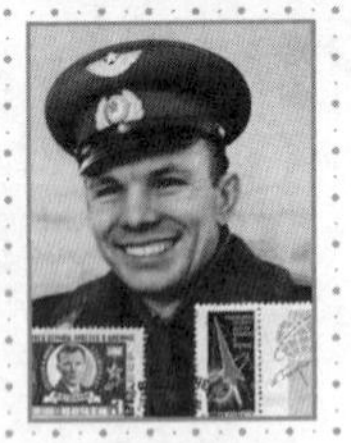

英年早逝的首位太空英雄

第一個踏上月球的太空人雖是美國的阿姆斯壯，但首位進入宇宙空間的卻是蘇聯太空人——尤里・加加林。生於一九三四年三月九日的加加林是在一九六一年四月十二日上午九時七分，乘著宇宙太空船「東方一號」，領先全球進行了這次劃時代的太空任務，爲人類的飛行史開創了新紀元。

他在進入軌道後，以兩萬七千二百公里時速，在離地三百三十公里的高空環繞地球飛行了一周，歷時一小時二十九分，於上午十時五十五分降落在蘇聯境內。這個劃時代的壯舉使他立刻馳名全世界。他不但獲得列寧勳章，更成爲當時蘇聯社會的英雄，包括城市、街道都以「加加林」來命名，甚至廣建紀念碑，後來他還當選蘇維埃最高代表。

雖然他未再擔任飛行任務，不過他仍持續參與蘇聯的太空飛行訓練計畫。而且在他成爲全世界注目的太空英雄之同時，不可避免的，他也成爲了當時蘇聯對外宣傳的一個工具，以標誌蘇維埃的勝利及成功。

在一九六八年，他在蘇聯宣稱的例行飛行任務中，和另一位飛行員駕駛飛機失事，死後骨灰被安放在克里姆林宮，而其故鄉格札茨克亦被命名爲加加林市。雖然加加林三十四歲便去世，但在太空事業異常發達的現在，相信每個人都會記得這個全球首位太空英雄的名字。

3月10日

馬志尼

Giuseppe Mazzini

1805～1872

鼓吹在生活中學習的豪傑

平生與加富爾、加里波底兩人一起被譽爲「義大利統一運動建國三傑」的馬志尼，雖然半生爲復興祖國而顛沛流亡在外，但因個人所持不妥協態度和當道扞格不合，以致晚年定居國內時，竟不得不隱名爲「布朋醫師」，旋於一八七二年本日黯然逝世，享年六十六歲。

這位生長於熱那亞醫師世家的民族運動領導者，由於父母從小就灌輸自由獨立的思想，所以革命的思潮始終在他心中激盪不已。後來，在一八二七年加入祕密組織「燒炭黨」，不幸被捕而慘遭放逐海外達十八年之久。

馬志尼流亡海外時，於法國馬賽創立「青年義大利黨」，號召海外義人爲建設「自由、獨立、統一」的祖國而努力，並鼓吹「大家不僅要在學校學習，尤須在生活中學習」。一八四八年，米蘭爆發革命，馬志尼始得返回祖國效命，惜對法一役失利，使他二度亡命逃到倫敦組黨，繼續鼓吹復國運動，到了一八五九年獨立戰爭終獲成功。孰料馬志尼主張「用武力摧毀封建制度來建立民主共和國」的政見與首相加富爾相左，致被判處死刑而再度遠遁英國。

義國百姓對馬志尼自是推崇有加，故在一八六六年推選他爲國會議員，可是依然不被當政者所認可；只是勉強同意撤銷死刑宣告，默許他返回故土在比薩隱居，一代豪傑便如此了結一生。

3月11日

房龍

Hendrik Willem van Loon

1882～1944

為人類的永恆寫故事

著有《人類的故事》等書而享譽全球的荷裔作家房龍，畢生足跡遍歷歐陸各國，執筆寫盡人生百態之後，於一九四四年三月十一日在紐約壽終正寢。

房龍在十二歲那年，由於叔叔帶他到聖羅倫斯教堂的頂樓去「探險」，從此大開眼界，悟出「那些現在及過去環繞在我們周遭的光榮景象，注予我們一種新的勇氣，使我們在重返日常工作之時，可以面對各種未來的問題」，從此以後，便埋首研究歷史文物。除了先後在康乃爾及慕尼黑大學攻讀相關科系外，房龍並曾委身應聘爲記者，以便身體力行去一窺俄國革命等歷史眞相，由此撰述出口碑載道的《世界史》、《古代人》、《藝術家列傳》等鉅構。其中以《人類的故事》最受好評，除被譯成三十多種版本暢銷全球外，英國等先進國家甚至明列此書爲青年必讀之書。

因爲他在書中的意識，已經略過歷史、超過法典等界限，老少咸宜地闡述了過去與現在，所以備受世人所矚目。在這部三十萬字鉅構的字句行間裡，房龍除了賦予睿智、人情味和幽默感外，在結尾語重心長地寫道：「讓我們期望聯合國能遏阻人類最後一次全球大戰吧！」隱然透視到未來所面臨的空前危機。正由於他具有如此鑑往知著和高瞻遠矚的見地，難怪遺著會永久留名在歷史上。

3月12日
杜魯門
Harry Shippe Truman
1884～1972

以充沛精力辛勤地工作

一九四七年三月十二日，美國第三十三任總統杜魯門提出一項重要的外交政策—「杜魯門主義」，適時嚇阻了共產主義的擴張滲透，並促成自由世界團結反共之契機。

杜魯門是出身密蘇里州拉馬鎮的農家子弟，由於家境不是非常富裕，自高中畢業後，便在郵局、書店等處工作謀生。直到父親過世，杜魯門才返家經營農場，過著一種幾乎與世隔絕的平民生活。

第一次世界大戰的爆發，使得杜魯門平靜的生活有了轉機。他在烽火連天的陣仗裡，因戰功彪炳而官拜上校，後來解甲返鄉參與選舉，於三十八歲那年當上參議員而邁入政壇。一九四四年，他被民主黨推擁爲副總統，結果在上任八十四天後，旋因羅斯福總統猝逝而躍居元首寶座。由於他在任內積極推行「公平政治」獲得大部分黨內同志的讚賞。任期屆滿後蟬聯成功，繼續肩負民主國家抗禦共黨集團的重責大任。

成就杜魯門得以叱吒風雲的緣由，主要是他從小養成的堅毅個性，以及自學甚勤和任事勤勞所使然的成果。這種功力，即如他生前毫不諱言的：「我研究過所有名人的生活，發現那些生活在頂端的人，都是以充沛的精力和熱情在辛勤地工作。」因此，他見賢思齊，卒能大器晚成而有所收穫。

3月13日

梅特涅

Klemens von Metternich

1773～1859

保守主義的犧牲者

由於法國二月革命的影響，引致飽受「卡司貝政令」壓迫的奧國民眾，爲了爭取自由、頒訂憲法以及反抗高壓政治，遂群起鼓譟叫囂，迫使攝政的首相梅特涅辭職，並在一八四八年的三月十三日逃亡到英國避難。

這位獨步歐洲政壇長達四十年的政治家，是聞名全球「梅特涅體制」的濫觴者，也是制衡、保守、和平乃至反動的化身。早年生長在萊茵河畔保守主義色彩濃厚的布林茲堡，後來讀大學時，適逢法國大革命，親睹無政府狀態下的暴民劫掠實況，由此肯定認爲「唯有在極端中尋求平衡，才能使好政府繼續生存」，同時更加厭倦自由主義和開放運動。他在此刻，便儼然以保守主義的中堅自居。

及至梅特涅與前首相孫女結婚而轉入政壇後，他更認爲「最大的公共需求就是生存，其餘都是次要的；因而必須運用穩定、均勢原則來達成」，循此理念來促成拿破崙與奧國公主的政治婚姻；並在維也納會議上，以議長身分極力鼓吹正統主義和絕對專制，又聲援復辟象徵的「神聖同盟」，全然漠視了民族和自由兩大時代洪流。

迨至此起彼落的革命怒潮突起，梅特涅想要回頭妥協時，卻已時不我予了。在困境中，他命中注定得成爲保守主義的犧牲者。

3月14日

高爾基

Maxim Gorky

1868～1936

自學、自愛與自許

被譽爲二十世紀初葉最偉大的俄國作家，同時也被肯定最能忠實反映狂飆年代之風貌者的高爾基，係於一八六八年本日誕生在俄國一個木匠之家。由於他幼年喪父，從小在赤貧中長大，因此生平僅受兩年教育，九歲時便進入社會謀生。所幸遇到貴人相助，蒙受廚師、律師等人指點教引而不致蟄居下層。一八八八年，高爾基曾因精神的苦悶而舉槍自殺未遂，隨後便自我放逐浪跡天涯。四年後，他將流浪全俄的所見所聞發表於報端，以是引起契訶夫和科羅林訶的注意，遂引領他進入文壇，隔沒多久就聲名大噪，儼然已是俄羅斯反偶像的代表。一九〇一年，高爾基因加入列寧組織事發而亡命海外八年；不意返國後又因難以認同階級鬥爭以及爲抗議作品審查等制度而再度逃亡；直到一九二八年方才奉准返國，旋被尊爲「社會主義寫實派的創立者」。他同時也受命爲全俄作家聯盟主席，但卻因拒爲史達林寫回憶錄而被毒斃。

高爾基在文學上的成就，除源自「藝術家是自己國家和自己階層的感官，是它的耳朵、眼睛及心臟，他更是時代的喉舌」外，亦在創作經驗中言及「我們應該知道生活中的黑暗面，就像清楚光明那般的準確，而且應該盡可能知道得多些；因爲經驗越是多樣化，人就越能提昇，眼界也就越爲寬廣」、「除具備良好的知識外，並且要愛自己的材料；正確地說，亦即要欣賞它們！」

3月15日

拉斯普丁

Grigori Rasputin

1869～1916

整垮王朝的「髒狗」

一九一七年三月十五日，帝俄「羅曼諾夫」王朝末代皇帝尼古拉二世下詔遜位並責成其弟繼承皇位；然而詔令竟被拒絕，王朝崩潰在旦夕之間。其所以造成這種四面楚歌的局勢，固與尼古拉二世軟弱性格有關，同時也源於三大敗筆：

（一）一九〇五年日俄戰爭敗北後，俄國二十萬民眾聚集皇宮廣場前高唱《天佑沙皇》，籲請當局提高工資爲每日一盧布、工時降低爲每天八小時；不料卻遭軍警槍擊，造成五百多人死亡的「血腥星期日」事件，致使政權發生難以彌補的裂痕。

（二）一九一四年加入第一次世界大戰後，出兵一千二百餘萬，結果損兵折將九百餘萬人，嚴重影響國勢而元氣大傷。

（三）最致命的導火線，源自宮廷內部的傾軋。當俄皇在前線督戰時，皇后爲了減輕罹患血友病的皇太子病情，竟全然相信江湖郎中拉斯普丁的催眠術，且縱其干預朝政，盡撤自由主義派大臣，換上迷信這位狂僧的庸臣掌權；致使宮廷內部離心離德，所有公忠謀國者都被打入冷宮。

使羅曼諾夫王朝潰亡的狂僧——拉斯普丁，原名諾維克，是出身於西伯利亞的偷馬賊和貧農，竟日酗酒、荒淫無度，並自命爲「髒狗」。他搞得朝廷雞犬不寧，但俄皇卻堅信他是虔誠善良者；如此心盲目瞎的統治者，難怪王朝會斷送在其手上，且還於次年慘遭滅門的曠古悲劇。

3月16日

詹姆士・麥迪遜

James Madison

1751～1836

美國的「憲法之父」

出生於一七五一年三月十六日的美國第四任總統麥迪遜，爲美國的「憲法之父」與共和黨創建者。因爲在麥迪遜擔任眾議員期間，他曾力主政教分離和人權法案；由於表現卓越，被傑佛遜網羅爲國務卿，協助傑佛遜實施首宗稅收法令，使資本家不致取得不合理的財富和權利。循此政見而發展出「傑佛遜黨」也就是現在的共和黨，首創美國政黨政治的新局面。麥迪遜自一八〇九年上臺後，除創制總統間接選舉、國會兩院制，以及行政、立法、司法三權分立互相制衡外，他更積極推展保護農民、開拓西部政策。同時爲了力行「禁運法」，不惜與英國斷交宣戰以爭取海上權益。雖然打了敗仗，在一八一五年簽訂《根特條約》和解，麥迪遜卻趁此整頓全美軍制，將被砲火燬黑的官邸漆成白色，此即「白宮」之由來。但麥迪遜最大的勳業，應在「制定憲法」方面。

他曾與富蘭克林負責起草美國憲法條文，並與漢彌頓詳加闡述憲法法理，前後撰成八十五篇宏文予以宣揚，藉此促成十三州代表在制憲會議中一致同意，終爲美國奠定百世丕基。當時，麥迪遜在事成後曾有感而發道：「這種千秋大業不是個人所能獨力完成的，而是經由許多智慧和雙手合作的結晶。」他循此呼籲全國同舟共濟，促使美國在殘垣斷壁下獲致重生。麥迪遜在一八一七年離開華盛頓，在維吉尼亞州定居並從事農業改良和解放奴隸的工作，一八一九年參與創立維吉尼亞大學，後來擔任該校校長。

3月17日
戴笠
Dai Li
1897～1946

接到這命令，我的頭就拿下來！

民國三十五年的三月十七日，被時人譽爲「中國現代化軍事情報系統創始者」的軍統局局長戴笠，不幸因飛機失事罹難，享年四十八歲。

戴笠是浙江江山人，字雨農，出身黃埔軍校騎兵科第六期；因胡宗南將軍引薦而受到蔣介石賞識，並以優異的諜報工作成績而備受國際所矚目。期間雖然因爲工作性質而行蹤飄忽，但戴笠始終坦蕩赤忠。當他受命任軍統局處長時，曾向領袖誓言：「以生命爲革命犧牲奮鬥，從今天接到這命令起，我的頭就拿下來了。因爲工作做得好，頭一定要給敵人殺掉；做不好，當然要給領袖殺。」而對下屬則要求三格言：秉持領袖意旨，體念領袖苦心；不但要努力，且要勞心；創造光榮歷史，發揚清白家風。他還刻意強調「忍字是一把刀，插在心頭」，務必要能忍氣耐苦，方可體念到「寧靜忍耐，偉大堅強」的境界。

此外，他在生前亦曾語意深遠地表示：「我母親常告誡子弟，一個人死後，要讓人家感嘆一聲『唉！』，而不要人家發出輕蔑地、不屑地、鄙夷地『哼！』。總之，一個人要死得其所，死在光榮中，才不辜負了人生。」其如許警世雋語，頗値世人三思。

戴笠蒙難後，國民政府特別明令褒揚公葬，蔣介石亦親輓「雄才冠群英，山河澄清仗汝績；奇禍從天降，風雲變幻痛予心」，可謂備極哀榮。

3月18日

康有爲

Kang You-Wei

1858～1927

名落孫山外，新政救時弊

在中日議和條約互換之前，發動千餘位舉人向朝廷請願，掀起「公車上書」事件而博得「中國始有群眾的政治運動，實自此始」令譽的清末維新運動倡導者康有爲，是於光緒二十年（西元一八九四年）三月十八日率同梁啓超首途入京考試。

祖籍廣東南海的康有爲，早年便投身於經史理學的鑽研，注力在經世致用的學問，後來遊學上海時，又大量吸收外來文化，因而自成一套理論系統。他曾說「語及國事阢隉，民生憔悴，外侮憑凌，輒慷慨欷歔，或至流涕」，以是有問政之行。可是，全國會試監考官卻認爲康有爲所倡導的理論有悖聖賢之言，因而不予錄取。次年再度應試，復又落榜，於是憤然力倡變法之道，組織「強學會」、「經學會」，並創辦《時務報》、《廣仁報》、《中外公報》等，積極鼓吹維新運動，引起老師翁同龢的重視，乃特案奏請光緒皇帝破格拔擢爲工部主事，並推行了轟動近代史的「戊戌變法」。可惜未竟全功，新政施行僅一百零三天，即被慈禧太后爲首的保守派所破壞而功敗垂成。

導致「百日維新」失敗的因素，除了清廷皇室「母子之爭」外，康有爲亦力陳「八股試士必須廢除」爲變法第一大事，招致極激烈的反對，誠乃最重要之關鍵所在。假如康有爲能於會考中金榜題名，或許便不會有此倡議，而中國近代史也可能爲之全部改寫呢！

3月19日
李文斯頓
David Livingstone
1813～1873

不做任人擺布的家具

一八一三年本日誕生在蘇格蘭的李文斯頓，是十九世紀深具傳奇色彩，也是最傑出的一位傳教士。

李文斯頓自幼貧困，所以早在十歲時便下棉花田做苦役，前後長達十四年之久。雖然歷盡低階層的悲慘生涯，但當他有點積蓄時，便發憤圖強入讀夜校，研習希臘文和醫學等課程，後來更考進格拉斯哥大學深造。畢業後隨即自願到紅十字會服務，藉此實踐青少年時期的淑世救人抱負。

一八四〇年起，李文斯頓爲了照料黑暗非洲更廣大的貧窮病患，遂將全部心力奉獻給這塊未開發的蠻荒土地。除診治黑人外，他還先後發現了人跡罕至的加米湖、維多利亞大瀑布以及馬拉威湖泊等新天地，因此一躍成爲備受矚目的探險家。

李文斯頓的出色表現，不久便引發世人對他的好奇，大家都非常希望他能重返歐陸現身說法一番；不料他還是婉拒外界的這番好意，僅是虛懷若谷地反應說：「一個人活在世上，假若沒有崇高原則或者一丁點理想和信念，則他很可能會隨波逐流而毫無目標，就像是這世界舞臺上的一件家具，沒有生命似地任人擺布，容不得他走自己想走的路，這樣豈不成了環境的奴隸嗎？」

李文斯頓就是這樣固執己見，繼續去尋覓他所想再見的尼羅河源頭；孰料卻在兩年後死於途中，唯其精神迄今仍被後人所稱頌不已。

3月20日

尹仲容

Yin Jong-Rong

1903～1963

闡釋責任

由於近年來國際經濟普遍低迷，使得臺灣這幾年對外貿易不振，引致當權者莫不深以爲憂。

回顧五十三年前的三月二十日，被國內新聞界喻爲「臺灣工業化之父」、「中國的歐哈得（復興西德戰後經濟的巨人）」的尹仲容，經行政院院會派任爲外匯貿易審查會主委一職來力挽狂瀾。甫上任，他即對阻礙臺灣貿易發展的外匯匯率不一致等缺失立下針砭，獨排眾議地建立臺灣一元化外匯匯率，廢止貿易商限額申請重大財經措施，促使臺灣的外匯貿易政策在短短五年間便脫胎換骨地改革成功，從而奠定臺灣在一九六〇年代的經濟蓬勃發展基礎。

尹仲容不僅在財經方面敢作敢爲，同時對企業管理也洞燭先機，曾在經濟部長任內派遣孫運璿等人出國訓練，積極爲國家培植人才。當時，有許多人善意勸他「少做少錯」，但他不以爲忤，反而以「責任」二字的拆字哲理回辯道：「『責』字頭部是一個『主』字，下面是寶貝的『貝』字，只有負責才能產生寶貝的錢財，要是把責任推歸給他人，不就成了『債』字嗎？個人對國家負債，國家也必然弄到對人民負債；不但如此，要是他人的身旁，有了巧言令色之人，連任字也變成禍害了。」

3月21日
孫中山
Sun Yat-Sen
1866～1925

追求百分滿點的孫中山

民國二十九年三月二十一日，國民黨中央常會決議尊稱總理孫中山先生爲「國父」；同年四月一日，國民政府正式明令全國尊稱孫中山先生爲「國父」。至此，這位肇建民國的偉人終於實至名歸。

國父之所以備受國人愛戴，我們可從下列三件小事管窺：

「孫先生求學的用心，實爲我所僅見。平時無論什麼學科，都是滿分。畢業的時候，只有一科是九十幾分。校中教師和監考官，就爲他開了一個特別會議，送給他幾分，使他得到全部滿分的榮譽。」（語出陳少白先生）

「有一次，梅彬林向　國父提出了一個有趣的問題：『你什麼時候生日？』　國父幽默地回答：『革命不成功，談不上生日；革命成功了，天天都是生日。』」（引自項定榮所著之《國父七訪美檀考述》）

「民國十三年，　國父演講這部不朽鉅著《三民主義》時，車子是租來的，最後還徒步數里去演講。當時，連帶一張紙條都沒有，全憑他久蘊胸中的廣博學識和滔滔的口才，作那歷史性的學術演講。」（引自《鄒魯回顧錄》）

上述三事分別代表　國父在求學、革命和鼓吹主義的三階段，純然以身作則地力行其「所要求諸君的，是望諸君提起精神來，一齊協力建設這個新世界的新中國」！

3月22日
袁世凱
Yuan Shi-Kai
1859～1916

袁世凱失算於「龍」

民國肇建以來，北京先後發生過兩次貽笑中外的鬧劇：一次是張勳復辟時，警察忽叫居民要懸掛遜清龍旗，百姓拗不過去，只好以紙糊旗子來應付了事，而一批被溥儀「上諭」封官者，由於臨時找不到進宮的清朝袍褂，竟急就章地向葬儀社借套清服壽衣充數，使得街上空前絕後地出現成群結隊像煞剛從棺材出土的人。這場復辟的民國鬧劇，僅歷時一週，較之「小站練兵」起家的一代梟雄袁世凱稱帝八十三天而言，顯然是小巫見大巫。

這位項城出身的袁世凱，在遜清時代出將入相，不可一世。民國締造後又出任總理、大總統，簡直就是睥睨兩個時代的叱吒風雲人物，但何以會在民國五年的三月二十二日，被迫在人神共憤的情況下，黯然取消洪憲、廢除帝制，並旋即在六月六日斃命。時人曾以二事諷之：（一）袁氏掌政時，有名僕役在其午息時，不慎在臥房內打破了其最喜愛的如意杯，這名僕役恐受懲罰，竟誑稱是因驚睹巨龍臥床而失手，此說頓使盛怒的袁氏「龍心」大悅。（二）當袁氏就職大總統時，鄉人告稱項城中學爲龍穴之地，袁氏遂下令毀校改建袁母墳地，後雖經鄉紳力爭而暫緩執行，但仍強置袁世凱本人「長生祿位」於該校。迷信加上喜聽巧言，已然注定他要飲恨終生的厄運。

3月23日

希特勒

Adolf Hitler

1889～1945

種族歧視即悲劇

發動史上空前浩劫的大獨裁者希特勒，是於一九三三年的三月二十三日，正式經由德國國會授予「獨裁權」，促使他的「德意志第三帝國」美夢成眞。

這位曾經掀天揭地的第二次世界大戰主兇，當他在精采絕倫演說時，常會興奮地捏碎手掌中的眼鏡。此外，他還慣用三枝筆，「用紅鉛筆來給敵人寫信，綠色用來記載朋友間的事，而必須謹愼處理某件事務時就用藍筆」，言行舉止完全異於常人。而大家一直大惑不解的是：爲何希特勒會這麼怨恨猶太人？他在「慕尼黑暴動」被捕入獄八個月中所撰的成名作《我的奮鬥》中，即大言不慚地表示：「難道書籍只能是猶太人的專利嗎？猶太人他們有一個披髮的老騙子馬克斯，他的《資本論》竟被人引用。」因而頗不服氣地在三十五歲坐牢那年寫下這本「改變歷史的書」。

他在書中刻意強調「假如深入觀察猶太人的新聞、藝術、文學、戲劇等文化活動，那映入我眼簾的全是有關猶太人的漫天罪惡，例如：猥褻的文學、冒牌的藝術、荒唐的戲劇，十之八九都是猶太人的罪惡，在一個猶太人也沒有的地方，文化便不會有令人不潔之感」；種族歧視到如此偏頗的地步，人類悲劇的接踵而至自是無法避免了。

3月24日

朗費羅

H. W. Longfellow

1807～1882

老當益壯的蘋果樹

曾經締造一日之內賣掉一萬五千多部詩集佳績的美籍作家朗費羅，於一八八二年本日見到從老遠趕來探病的妹妹，自忖大限已至，遂在說完：「我相信我的病症一定很嚴重，否則，不會連妳也給叫來了……」之後，終於嚥下最後一口氣而長眠不起。

如眾所周知，朗費羅是位鼓吹奮鬥努力和樂天知命精神的浪漫詩人，生前所著《伊凡吉琳》、《哈依瓦沙之歌》及各種詩選，字裡行間優雅流利，對於傷感或情緒低潮者尤能產生慰藉力量。當時，有位讀者在他晚年時即訝異朗費羅於望九之年，兩頰仍是玫瑰般紅潤，且能精力旺沛地創作膾炙人口的詩作。

朗費羅當時就近譬喻，指著身旁一株開花的蘋果樹，說道：「這蘋果樹樹齡很老，但所開的花仍然豔麗芬芳。每年它的樹幹，都會長出一層新木，我相信這些鮮花都是從新木衍生出來的。我個人就像這株『老當益壯』的蘋果樹一般，每年都會長出一層新木。」

後人咸認，朗費羅詩篇之所以成爲名作而流傳迄今，端在他能達觀地將痛苦的人生寫成優美而豐富的人生所致。對於這麼一位樂天知命者，猶難克服眾親友在其臥病時，因爲關心他而所造成的心理壓力，更何況一般常人乎？

3月25日
吳稚暉
Wu Jyh-Huei
1865～1953

教法國人吃豆腐

被國人推崇爲「中國近三百年來四大思想家之一」，且被聯合國教科文組織選爲「世界偉大人物」的吳稚暉先生，是於清同治四年（西元一八六五年）三月二十五日出生在江蘇武進。

吳稚暉先生又名敬恆，由於母親鄭太夫人在他六歲時去世，吳稚暉先生自幼即由住在無錫的外祖母養育，因此，有人以爲吳稚暉先生爲無錫人，他常不以爲忤，總是笑著回道：「謂余武進人可；無錫人可，總之，中國人也！」

吳稚暉先生生平不喜歡慶祝生日，曾對前來祝壽的親友打趣道：「我這人生是偷來的，一旦有人點起蠟燭爲我做壽，驚動了閻王老爺可要被捉回去。」同時，他也是不願居任何名位的，常以「官是一定不必做，國事是一定不可不問」的曠達態度自勉。

吳稚暉先生在民國前四年時，曾與黨國大老李石曾在法國合開豆腐公司，暗中則積極策劃革命，當辛亥起義成功後，國人恭維他功在黨國，吳稚暉先生卻謙遜地表示：「革命，國民之天職也，若必曰我有功於黨國，我之功勞，則在教法國人吃豆腐也！」

吳稚暉先生雖然「布衣傲王侯」，甚至視宦途爲畏途，但對國事則一向都是深表關懷，曾經苦口婆心說過這麼一段耐人尋思的哲語：「理想雖遠，還是非談不可。談了，在將來總有實現的一天；不談，不是便沒有任何希望嗎？」

3月26日

林語堂

Lin Yu-Tang

1895～1976

大智若愚式的幽默

被列爲二十世紀世界智慧人物，且榮膺全球十二大文豪之一的「幽默大師」林語堂博士，是於民國六十五年的三月二十六日撒手西遊。此雖沒應驗其生前所欣羡的邱吉爾式「酒店關門時，我就走」般地灑脫，但迄今仍令人懷念不已，尤其他那獨特的人生哲學，誠爲千古一絕！

猶憶林語堂先生在一九三〇年代，因爲魯迅曾撰文奉勸他應專注於翻譯工作，不要辦些《論語》、《宇宙風》、《人間世》等幽默雜誌來貽誤青年，結果引起一場筆戰而備受時人矚目。及至魯迅逝世，「幽默大師」顧不得「人死爲大」的傳統作風，仍在魯迅出殯前追悼稱：「月之×日，大星隕于××，弟子三千人口之哀。」

後來，林語堂先生「兩腳踏東西文化」而旅居國外，所著《生活的藝術》（書名原擬題爲《抒情哲學》）頗受洋人歡迎。有一天，他穿著長袍馬褂在船上瞧見一位英國紳士正在閱讀這本著作，於是便站到他跟前盯著他瞧。孰料這位英國紳士有眼不識泰山，便不耐煩地對他說：「有啥好看，你看得懂嗎？」並揮手示意他走開。林語堂先生經此一提，反倒漫不經心地訕訕回道：「大概看不懂吧，因爲這本書是我寫的。」

上述兩件小事，似乎完全印證享齡八十歲的林語堂先生自己所曾說過的：「沒有人是完全客觀的，自認客觀的人，只不過在自欺罷了。」

3月27日

吳新榮

Wu Xin-Rong

1907～1967

臺灣浮生六記外一章

臺灣臺南縣的佳里鎮，早在日據時代即被稱爲「鹽分地帶」，由於這個南方小鎮產生過多位詩人，所以又被美名爲「詩人鄉」。近年來，因爲地方人士結合文化界舉辦「鹽分地帶文藝營」，致使佳里鎮儼然成爲本省南部的文化重鎮之一，而該鎮「瑣琅山房」曾係活動的集中地，遂使這座山房的主人吳新榮也連帶地備受時人矚目。

吳新榮先生在《日據時代臺灣新文學作家小傳》中，被推崇爲「鹽分地帶文學活動的靈魂人物」，他雖然早在民國五十六年本日病逝臺大醫院，但生前所著的《亡妻記》曾被譽爲《臺灣浮生六記》而名噪一時。這位生前懸壺濟世的省籍作家，對於醫學和文學均有獨到見地，曾在手著《震瀛隨想錄》中如此寫道：

「……因此，『愛河永浴』四個字，我就換了『愛和永育』四個字了，我不知前者有什麼出典，但『敬愛』和『和平』能夠永久的培育……。」

此外，他對「醫師」也大膽地區分四個等級爲「名醫」、「明醫」、「良醫」、「庸醫」，並略加闡釋：所謂「名醫」是賣名造成的，而「明醫」則是明智造成的，「良醫」是良心造成的，「庸醫」是庸愚造成的。

如此妙筆生花，難怪吳新榮醫師會在臺灣新文學中占有一席之位了。

3月28日

艾森豪

Dwight D. Eisenhower

1890～1969

拙誠可愛的艾帥

美國歷任總統中，唯一以國家元首身分蒞臺訪問的五星上將艾森豪，是於一九六九年三月二十八日蒙主寵召，享齡七十八歲。

這位崛起於第二次世界大戰的盟軍統帥在指揮大軍登陸義大利前，曾事先開誠布公舉行記者會，當場直率表示：「讓各位嘗嘗最高機密的滋味吧！我們將在七月初登陸義大利，由蒙哥馬利指揮東翼，巴頓從南翼搶灘。」當時，有人訝異地質疑，萬一在座記者有人洩露這項代號爲「大個子計畫」的軍事機密時，豈不讓敵軍嚴陣以待？艾森豪應諾，旋即有感而發道：「記者下筆時的任何隻字片語，蛛絲馬跡都會傳到德國情報單位，希望在座各位幫忙分擔『責任』。」結果，這條消息沒有上報，盟軍也順利反攻。

戰後，曾率領近代史上最大軍團的艾帥，在目睹滿目瘡痍的戰場後，曾謂嘆：「戰爭眞是可惡的事情！」如許口吻，可眞不像是出自一位身經百戰的歐洲戰場最高統帥之口呢！隨後，他轉任哥倫比亞大學校長，甫上任，當即倡議廢除校園的種族歧視政策；及至當選總統，他看不慣名爲「香格里拉」的元首渡假場所，執意將它易名爲精神煥發的「大衛營」。諸如這些小節，隱然顯露了一位偉人會被世人愛戴和尊崇的因素。

3月29日

岳飛

Yue Fei

1103～1142

「大小眼將軍」安在？

著有〈滿江紅〉等震撼千古遺作，並締造朱仙鎮大捷等戰績的南宋名將岳飛，是於西元一一〇三年的三月二十九日（農曆二月十五），誕生於河南省湯陰縣的永和鄉。

早年，岳飛本爲北宋名相韓琦的佃客，因母親姚氏勗勉大義，並於其從戎前在背後刺上「精忠報國」四字，終而成就了這位在中國歷史上留下「文官不愛錢，武官不怕死，天下太平矣」之千古名言的偉人。後人對首相秦檜挾高宗之命，連下十二道金牌諭令岳飛班師回朝，隨後在半途又令錦衣衛攔截並宣旨強行押解還都，最後竟以「莫須有」罪名在風波亭上用麻繩勒斃岳氏父子的狠毒作爲，一直感到不解？

後經史家考證：原來在金宋和議時，金人以「必先殺飛」爲釋還高宗之母韋氏皇太后的條件，故而造成這段歷史上的千古奇冤。岳飛犧牲後，韋太后平安回到臨安，由於不知內情而問及迎迓的文武百官，爲何獨不見「大小眼將軍」（岳飛兩眼一大一小）？高宗默然無言以對，及至知情，太后在宮中著道服，儼然表徵如《宋史紀事本末》所評的：「……至於殺岳飛而人道絕矣。」

3月30日
梵谷
Vincent Van Gogh
1853～1890

連畫布都害怕的天才

荷蘭籍的印象派巨擘文生・梵谷，於一八五三年三月三十日誕生。梵谷生平坎坷悲慘，年輕時曾在美術商店任事，由於美學觀點不同，常與顧客爭議而被開除；後來改行充當礦區臨時牧師，又因過度體恤礦工，不能見容於教會而再被革職。四處碰壁之餘，遂決心投入他所醉心的繪畫生涯。

梵谷所住的法國薩爾地區，景觀別致，觸發了他對色彩和光線靈活運用的靈感，終於創出了獨樹一幟的「印象派」風格。自二十八歲那年發憤創作以迄自殺的十年之間，梵谷完成了油畫、素描、水彩等自成一家的獨特作品，共計一千六百九十餘件，這種超乎常人的豐沛創作欲望，至今仍被視爲奇蹟和異數；然而終其一生，他的畫作卻僅僅賣出了一幅而已。

梵谷留給世人的，除了千餘幅畫作之外，還包括他所寫的有關對生命之肯定與領悟的畫簡七百餘封。由於他經常頂著風暴，在深插入土的畫架上辛勤作畫，循此而感悟「所謂藝術，就是塑造大自然的人性，亦即塑造自然、現實、純眞的人性，能附加於自然的，也就是能附加於現實與眞實的，畫家怕空白的畫布，但空白卻怕眞正熱情的畫家」等名言，難怪法國大文豪左拉會譽之爲「基督再世」。

一八九〇年七月二十九日凌晨一時，梵谷在距他持槍自戕後的兩天，喃喃說完「但願我能夠這樣死去」之後，隨即溘然長眠，享年三十六歲。

3月31日

笛卡兒

Rene Descartes

1596～1650

「盡信書不如無書」

以響徹古今之名言「我思故我在」而聞名於世的不朽法籍哲學家笛卡兒，是於一五九六年三月三十一日誕生。

笛卡兒雖曾著有倡議「意志、悟性、想像力以及感覺上的一切作用，全由思考而來」的《沉思集》等書，但他最被後人所尊崇並被肯定爲人類知識史上眞正重要的一本書，卻是他將數學方法應用到科學問題研究上的《方法論》。

該書的基本假設爲「在人類所有事物中，只有『良知』是分配得最均勻」，他同時也不憚其詞列舉《方法論》的四原則：（一）謹愼避免輕率與偏見，以免妄下判斷；（二）審視所有困難所在，以做適當解決；（三）務使自身思想井然有序，以便迎刃而解；（四）徹底檢討每一個案，以臻鉅細靡遺。

這些原則，在三百年後終於得到榮獲諾貝爾文學獎殊榮的羅素之共鳴，羅素發覺「笛卡兒原則」正是大家所最需要知道的原則，直認他是知識領域的先知。唯這位先知在當時卻也曾發人深省地透露：「教育不但未給我帶來有益的知識，反造成許多知識上的懷疑與錯誤呢！」

4月名人

亨利・詹姆士
林肯
西鄉隆盛
羅斯福
梅爾夫人
普立茲
李將軍
甘地
哈瑪紹
拿破崙
麥克阿瑟
馬丁路德・金恩
亨利・魯斯
傑佛遜
俾斯麥

華盛頓
鄭成功
吳佩孚
愛默生
丹尼爾・狄福
克倫威爾
凱德・李士爾
莎士比亞
康德
馬克吐溫
沙達特
松下幸之助
愛因斯坦
李鴻章
川端康成

April

4月1日
俾斯麥
Otto von Bismarck
1815～1898

敢作敢說敢擔當

名震十九世紀的「鐵血宰相」俾斯麥，是在西元一八一五年四月一日出生。由於這位日耳曼籍猶太佬的登場，使得人類歷史爲之改變，也使德意志帝國從此獨霸歐陸整個世紀。

從政以前的俾斯麥，過的是醉臥美人膝的逍遙生活，直到在追求第三位訂婚者時（前兩位均因他素行不良而毀約）竟大膽地在極力反對的女方雙親前，以猝不及防之速度擁吻甫進家門的心上人，造成相愛的事實而令女方家長不得不妥協；而他本人也從這次「終身大事」教訓中振衰起敝，旋即便當選並出任州議員，結果又本性不改地搞得議場雞飛狗跳。後來轉任駐俄、法大使再奉命組閣時，不意在甫任新職時即因發表「天下大問題，不是議會辯論所能解決的，要想解決，唯有鐵和血」的談話而引起軒然大波。結果，他卻因勢利導得而乘機一統德意志帝國，並進而先後征服丹麥、奧地利、法國等國，且還插手調和英、俄之間的衝突。

縱觀俾斯麥得以出類拔萃，一言以蔽之是抓住了「語簡勢強」的精髓所致。因爲他生平最是奉行「無論是如何棘手的問題，只要掌握綱要，三兩下便可解決掉」！

4月2日

傑佛遜

Thomas Jefferson

1743～1826

沒有新聞就沒有自由

起草美國獨立宣言，決意將首都遷至華盛頓，並確立共和體制的美國第三、四任總統傑佛遜，是於一七四三年的四月二日誕生。

上帝似乎注定傑佛遜要與美式民主共存共榮，因爲他逝世的那一天，正好是美國獨立五十周年的紀念日！

一生可謂充滿了傳奇性的傑佛遜，除了爲美式政治制度釐定大原則之外，最爲後人所津津樂道的是有關新聞自由的見地。

當他掌政期間，幾乎成了濫用新聞自由者的攻擊焦點，以致傑佛遜有時不免心灰意冷地反諷道：「我們的報紙只有廣告欄的消息才是最眞實的！」縱然如此，他仍堅持「人民言論縱有部分錯誤，但也能導致眞理」。

有關傑佛遜最發人深省的看法是：「如果有人問我，願意生活在有政府而無報紙的國家？或生活在有報紙而無政府的國家？我寧取後者；但是我得順便聲明，這個國家必得每個人有讀報能力，並且都有報紙可讀。」在此信念下，他促成了「國會不能立法阻礙出版自由」的「傑佛遜修正案」，並列入美國憲法修正案第一條，成就了人類史上最重要的里程碑。

4月3日

亨利・魯斯

Henry R. Luce

1898～1967

一槍命中的經營理念

經營雜誌，一直是被視爲「破產」的代名詞，但對一八九八年四月三日誕生於中國山東省的魯斯而言，卻是名利雙收的生意，因爲他所締造的「雜誌王國」，迄今仍無人能及。

當魯斯在八十八年前創辦《時代週刊》（*Time*）時，他秉持的經營理念是：簡潔地設身處地報導，並冷靜地解析以使大眾了解。同時爲了標新立異，他還精心設計別具風格的倒裝句法，使傳統報導風格全然改觀，創下「時代文字」的新領域，備受世人矚目。

《時代週刊》草創五年即締造三十萬冊的銷路，使魯斯因此更加堅信「一矢中的」之報導方式是最受歡迎的；隨後在一九三〇年創辦《財富》（*Fortune*）、一九三六年創辦《生活》（*Life*）、一九五四年創辦《運動》（*Sport*）……乃至於再創辦《錢》（*Money*）等雜誌，不僅在內容、編採方面延續「時代文字」簡潔的模式，連命名也採同樣簡明的風格。魯斯的雜誌無一不是具大眾化，而他「一槍命中」式的名稱和內涵也眞正做到迎合潮流、領導風尚的境界。

正由於他洞悉這點訣竅，所以他成功了！

4月4日

馬丁路德·金恩
Martin Luther King

1929～1968

不要讓別人擺布

曾經被銷路廣大的《時代週刊》推許爲「黑人喉舌，白人良知」的金恩博士，不幸於一九六八年的四月四日在美國田納西州遇刺喪命。由於這位主張「非暴力」的黑人精神領袖猝世，使美國陷入種族暴動的緊急狀態，不僅華盛頓特區實施宵禁，同時也空前絕後地派出坦克車在市內巡邏。但是，連續十多日的「幹掉白鬼子」浪潮，仍然引致全美一百二十六座城市受到蹂躪，死傷達三千五百多人。

金恩崛起於一場官司，他在蒙哥馬利法庭贏得「公共汽車上異族分座是違憲」的勝訴後，奠定了倡議民權的領導者形象。

當他在三十五歲領取諾貝爾和平獎殊榮時，曾致詞表示：「如果人類心靈沒有相對地成長，則蓬勃發展的物質力量將導致危險境界；而形成近代困境的道德和精神落後問題，是表現在種族歧視、貧窮與戰爭三方面，追本溯源則是出自於人類的『道德幼稚症』使然。」因此，他竭力倡議大家要有「自明之理，人類生而平等」的信念，並打從心底唱出自由之歌，千萬不要讓人家來擺布我們！

4月5日
麥克阿瑟
Douglas MacArthur
1880～1964

老兵不死的悲壯

先後在兩次世界大戰中嶄露頭角並大放異采的麥克阿瑟將軍，是在一九六四年四月五日溘然長眠。

麥帥終其一生活躍於軍旅，被譽爲「本世紀最偉大、最眞實的將軍」，可惜因爲韓戰期間堅持「戰爭唯一目的是求勝利，而不是得無結果」，執意將戰線延伸至中國大陸東北地區，並建議中華民國軍隊投入韓戰與中共對抗；不料未蒙杜魯門總統同意，甚至因此在一九五一年四月十九日被免職而奉召返美，使得盟軍反攻中國大陸的計畫功虧一簣，最後甚至應驗了麥帥所說那句「未能贏取這場戰爭，對自由世界是一項重大災禍」的讖語。

這位曾被蔣介石推崇爲「智仁勇兼備之模範軍人與政治家」，並與蔣公同一日期蒙主寵召的將軍，返美後在一場對國會發表的演說中，曾刻意強調：「自從我在西點軍校廣場宣誓到如今，世界雖然改變了多次，但我仍然記得當年在軍營中最流行的一句歌謠：『老兵不死，只是逐漸凋零』，我正如歌謠裡的老兵，現在結束了兵戎生涯而漸漸凋零了。我是一個老兵，因上帝賜與恩典，所以能認清職責，並能努力盡我的責任。」言下頗有不勝悲壯之意。

4月6日
拿破崙
Napoléon Bonaparte
1769～1821

拿破崙的肺腑之言

被譽爲「凡是一個人憑藉熱情和想像、自信與勇氣、努力與意志而能企及的事物，他都拿得到」的拿破崙，由於征俄失利，被迫在一八一四年四月六日飲恨退位。

這位在西方世界掀起過最波瀾壯闊的人物，雖然曾於一八一五年三月企圖復辟，可惜不旋踵即因六月十八日滑鐵盧之役的潰敗，慘被放逐到大西洋聖赫勒那島來終結他輝煌的一生。

但是，當他黯然退出世界舞臺後，心靈深處所眷念的不再是過去的豐功偉業，眞正讓他迴盪不已的，反倒是歷來各國霸主所忽略的，亦誠如他所自述的：「平生最感榮耀者，既非四十多次的勝利，也非令歐洲在我的腳下慴服，而是我所制定並付諸實行的法典，由於它的簡明扼要和規模宏大，終將使我的聲名千秋萬世永垂不朽。」

拿破崙對此「經國大業」，還刻意在遺囑上苦口婆心的加以闡釋：「出版自由理應成爲政府向全國各角落傳播正確思想和道理的有力輔助工具，不理會出版自由，等於是在理想的旁邊酣睡。」

4月7日

哈瑪紹

Dag Hammarskjöld

1905～1961

追求盡其在我的理想

在歷屆諾貝爾獎得主中，有人得過兩次獎（如居里夫人、鮑林等人），也有賢伉儷同享殊榮（如一九八二年和平獎得主梅岱爾夫人，其夫婿曾膺選經濟獎）；但終究沒有一人像哈瑪紹那般備極哀榮，因爲是迄今唯一歿後才獲獎的例外者。

一九五三年的今天，哈瑪紹經由聯合國大會通過祕書長的任命而正式躍上國際舞臺；在此之前，哈瑪紹僅擔任過瑞典銀行董事長、諾貝爾文學獎評審委員以及外交次長等職。故當聯大安理會首次提名他角逐祕書長一職時，瑞典外交當局還以爲是愚人節的「惡作劇」呢！但從受膺爲「國際殿堂管家」的那一刻起，哈瑪紹卻真正盡到了以匹夫之抗衡五強的艱鉅任務。首先是英、法干預埃及蘇伊士運河國有化時，迫使他不惜以辭職爲手段逼使兩強就範；接著蘇俄入侵匈牙利，哈瑪紹試圖遏阻華沙公約集團而見罪於俄帝；隨後，他又逼令美、英進駐約旦和黎巴嫩的部隊撤離。

哈瑪紹簡直和世界強權全部對上了！以致在聯合國應邀出兵敉平剛果內亂時，他幾乎成了眾矢之的，蘇俄的赫魯雪夫甚而還公然在聯合國要他引咎下臺。爲了驗證他在聯合國最後一次報告中，反對「獨立國家應以武力來獲致和平共存」的陳舊思想，他奔波於各國調解糾紛，直到一九六一年九月十八日在離奇墜機事件中不幸殉職；但是他一生秉持「爲實現理想而遭致失敗，並不意味理想是錯的」信念，卻永被世人所緬懷。

4月8日
甘地
Mohandas Karamchand Gandhi
1869～1948

淡泊而偉大的血肉之軀

「後代子孫很難相信，這個世界上曾經走過這樣一位血肉之軀。」這是愛因斯坦對印度聖雄甘地所作的讚語。

在甘地有若苦行僧的生涯中，曾因反英在牢獄中度過二千三百三十八天，但這還不能算是甘地倡導「不合作運動」的極致表現，甘地在一九四三年四月八日毅然決然辭去國民會議席位，完全脫離「全印政治大權」的磊落心境，才是他登峰造極的歷史性舉動。也正因此他推展的「不合作運動」能成爲有效的「武器」，使印度能夠脫離英國殖民勢力而得以獨立。事實上，在甘地獻身和平之前，他也和凡人一樣犯過不少錯誤。他曾經爲了父母阻止他暢所欲爲地吸菸，一度自殺未遂，及長，赴英留學時，也曾經爲了迎合時尚而熱中跳舞。

成名後的甘地，曾毫不忌諱地表白：「我的地位並不值得欣羨。在沒有人認識我的場合，我可以忍受同樣的待遇；而當我成爲備受矚目的焦點時，我不啻成了盲目群眾狂熱崇拜的犧牲品了。」就因爲他有這樣的大澈大悟，所以會辭去要職而下野去追求眞正的眞理。

4月9日
李將軍
Robert E. Lee
1807～1870

安詳且榮耀的戰敗之將

一八六五年四月九日，羅伯特・E・李將軍代表南部聯邦向北軍遞出降書。美國歷史上一場重要的戰爭在四年苦戰後，於安靜的氣氛下，靜悄悄、簡單地劃上句點，而即使代表南軍投降，李將軍仍以筆挺的服裝、乾淨的儀容來面對這原本是令人難堪的一刻。

李生於維吉尼亞州，排行老三，從小就出類拔萃，並在父親早逝之後，負責照顧生病的母親。軍校畢業後，因爲戰役上的勇猛表現而受到拔擢，雖然有機會擔任整支美國軍隊的司令，他卻基於對維吉尼亞州的忠誠，選擇解甲回鄉。

此後他就爲南方的軍隊效力。他舉止優雅，溫文有禮，待人親切，非常具有領袖魅力。南部各州相繼脫離聯邦之後其實軍事實力並不強，全靠李將軍苦心籌劃發揮其軍事才華，才能夠抗阻北軍達四年之久，最後不支投降時，約僅剩九千兵力。

該年九月李將軍受聘爲華盛頓大學的校長，致力於南方的教育和重建，並成爲南北統一的象徵。他沒有放棄他那受到重創的家園，衷心希望南方整合爲一，而且親身成爲崇高的典範。他在投降後也沒有感到辛酸痛苦，他服從國家的法律，並勸告所有南方人都這麼做。因此，雖是敗軍之將，他仍能安詳、榮耀的度過餘年。

4月10日
普立茲
Joseph Pulitzer
1847～1911

天下沒有獨立可成的工作

由美國哥倫比亞大學每年所舉辦的「普立茲獎」，多年來已經被美國文化界視為最崇高的象徵。而它所紀念的人物——普立茲，一位被肯定為「最偉大的新聞記者」，是在一八四七年四月十日於匈牙利誕生。

普立茲由於年少失學，所以在移民美國新大陸後，英語的發音始終不甚標準，但這並不影響到他對良心事業——新聞報導的狂熱與擇善固執。所以，他大膽地敢在動亂不安的年代裡，運用他所主持的《世界報》，向黑奴買賣行為、掠奪式的詐財方式、受賄的政客，乃至於勢力龐大的「泰瑪尼黨」組織展開無情的抨擊，並且還促成自由女神像運裝紐約的籌款運動，這些無我無私的作為，促使普立茲躍居新聞界的良知領導者。

後人對普立茲轄下報紙「不問成敗，無所畏懼地為社會服務打先鋒，以謀取大眾福利」的作為，嘗美譽為「十字軍運動」。而普立茲為此曾有感而發地表示：「一份工作如果單靠一個人誕生於世上即能完成的話，除非那是一份白癡的工作。」

4月11日

梅爾夫人

Golda Meir

1898～1978

死亡代價何其大

由於以色列國防部長戴陽不經意的一段話：「大衛王子孫將永遠占領西奈半島」，結果導致埃及總統沙達特發動「贖罪日之戰」，促成以色列總理梅爾夫人在一九七四年的這一天黯然辭職，致使中東局勢轉入另一嶄新局面。

「贖罪日之戰」爆發於一九七三年十月六日，這一天適逢週末，所有以色列公民營機構及私人活動，均在這一年一度最神聖的宗教節日裡停止作息，並節食靜默以期淨潔靈魂。不料埃及卻抓住這千載難逢的時機，給予以色列猝不及防的突襲。在兩軍交火的十七天中，以國飛機被擊落一百一十架、戰車被摧毀八百輛、兵員死傷四千餘人，而財務支出高達二十餘億美金，損失不貲。最後，交戰雙方在美、俄兩強斡旋下停火，但以國內部卻引發罷免的政潮。

梅爾夫人在政敵指責中，對以軍陣亡一事深表歉疚，她在記者會上感喟：「戰爭的代價，即使有一人死亡，均將造成莫可言喻的損失。」

雖言「女為弱者，為母者強」，但對人子的肝腦塗地自覺虧欠，卒使半生從政的梅爾夫人，眞正發自內心地引咎下野。

4月12日

羅斯福

Fanklin D. Roosevelt

1882～1945

置之死地而後生

在美國歷史上，連任總統職務四次的羅斯福，是在一九四五年四月十二日因腦溢血在喬治亞州逝世，享壽六十三歲。

這位畢生極富傳奇色彩的第二次世界大戰領袖，早年宦途不甚得意，但在三十歲那年，突因罹患匪夷所思的小兒痲痺症，竟使他的心路歷程有了極大轉機！當時，他甫從紐約州長的角逐中敗陣下來，禍不單行又全身癱瘓；但羅斯福並不消沉，他在病發後對記者打趣道：「我患上小兒痲痺一事，確實很滑稽，但我倒很樂意代我兒子罹患！」由於半身不遂的影響，家族都執意羅斯福退出政壇，可是他卻常對前來探視的友人笑談：「你不要以爲你是來看一位殘廢者，我在任何一個回合中都可擊敗你！」

秉持這份信念，羅斯福在性格上、氣質上幡然大變，連一度想和他離異的妻子也不得不由衷稱讚：「小兒痲痺症爲他帶來堅忍不拔的勇氣與無止盡的活力，而這些都是他過去所未曾擁有的。他自己思索出生活上各種基本的道理，同時也領教了許多難能可貴的教訓——堅忍與弘毅。」

羅斯福病後東山再起，一帆風順地登上紐約州長和美國總統的寶座，一直到卒於總統任內，羅斯福都不曾離開政壇，也不再退縮。

4月13日

西鄉隆盛

Saigo Takamor

1827～1877

功臣和賊臣

一八七四年（清同治十三年）的四月十三日，日本在臺灣設置「臺灣事務局」，積極展開具體謀臺的野心行動。促成此一事件的，即是有一世梟雄之稱的西鄉隆盛。

對日本而言，西鄉隆盛是明治維新時，統一日本並企圖征服東亞的一大功臣與戰神，曾博得「沒有西鄉隆盛，便無明治維新」的盛譽。而在明治四年和六年發生臺灣「牡丹社事件」及「卑南事件」後，西鄉隆盛便曾公開發表征臺之論調：「清國之未來，其不爲外國屬領，終亦禍亂相乘，無時或已。當此之時……設能取得或清國一省之地，此一形勢將影響萬國，而國內外日本形勢亦將爲之大增！」

爲了達成此一目的，西鄉隆盛先是任命其二弟西鄉從道擔任臺灣事務總督，並設侵臺軍事基地於長崎，所需軍費由他全權負責。此外，還指派後來出任首位臺灣總督的樺山資紀加入征臺軍，並令其專程來臺偵察。如此處心積慮設計，卻以清廷在「牡丹社事件」賠銀五千萬兩，並賦予日本在臺「行動自由權」而急轉直下，乃至暫告一段落。

一八七七年，西鄉隆盛發動反政府的武裝叛亂，史稱「西南戰爭」，不幸戰敗並死於鹿兒島城山。這位一向最愛標榜「愛自己是一件壞事」，但所作所爲卻大相逕庭的西鄉隆盛，雖然未能得遂其侵臺野心，但仍埋下爾後日本侵略中國以致失敗的種籽，致使他死後聲望大跌，一度還被貶爲「明治賊臣和國賊」。

4月14日

林肯

Abraham Lincoln

1809～1865

林肯的金屬性格

解放黑奴並達成全國統一的美國第十六任總統林肯，在一八六五年內戰結束三十五天後的四月十四日，不幸在戲院觀賞節目時遇刺死亡。

林肯一生除了締造民有、民治、民享的共和政體外，他也是美國歷任總統中軼聞最多的一位。

比如，林肯爲了應付接踵而來的求職者，常常向對方講述如下的故事：從前有位國王，打獵時邂逅了一個能預知下雨的農人，當場要禮聘農夫取代觀看天象的占星家，農夫據實相告「公驢耳朵豎向腦後即表示要下雨」，於是國王便指派農夫的公驢當星象官。事隔沒多久，國王便發現這項派令是他畢生的錯誤，因爲，所有的公驢全被主人牽到皇宮來求差事了。

由於林肯深刻體會到「派出一項職位只得到一位朋友，卻可能招致一百個敵人」，於是他謹守著成功理財者的「金屬性格」，此性格具有四大屬性——手掌是金質的、舌頭是銀質的、臉孔是銅質的，而心臟卻是鐵質的！對於求職者始終採取「一直睜著一隻眼睛睡覺，除非是謀差事的找上門，才同時閉上雙眼」之鐵石心腸的態度處理。

4月15日

亨利・詹姆士

Henry James

1843～1916

不努力生活便是錯誤

在歐美文壇中，一門三傑是頗不尋常的組合，而詹姆士家族卻是箇中翹楚。首先，老詹姆士爲著名的神學和哲學家；威廉・詹姆士繼承父親衣缽，亦爲知名的哲學兼心理學家，更是美國實驗主義的創始者；威廉的弟弟亨利・詹姆士則首開現代心理小說寫作之先河，躋身世界文壇大師之列，且被譽爲小說理論之始祖。

誕生於一八四三年四月十五日的亨利・詹姆士，自幼身體孱弱，十九歲那年，因腰傷得以豁免入伍參加南北內戰，並順利地進入哈佛大學深造，奠下日後寫作的深厚基礎。在長達半世紀的寫作生涯中，從一八七五年發表處女作《韓德森》、登峰造極心理小說的《金盃》等二十餘部長篇，以及《小說的藝術》等理論經典和數量龐大的劇本、遊記、信札、傳記等。

體質虛弱的小詹姆士，何以具有如「拿破崙衝動」般的創作力呢？這是後人研究他的「盲點」之一，即使因《詹姆士傳》一書而榮獲美國普立茲傳記文學獎和美國國家書籍獎的作者艾德爾，亦百思而不得其解，直到最近公開的詹姆士書信集，眞相才算大白。原來，因爲友人不經意的一段話，使得詹姆士一生靈感泉湧不輟，此話是：「努力生活！不這樣，就是錯誤！當你活在人間，便該熱中於你所做的事。」

4月16日
川端康成
Kawabata Yasunari
1899～1972

小說家的「實驗」

以《雪國》、《古都》、《千羽鶴》三書榮獲一九六八年諾貝爾文學獎殊榮的川端康成，一九七二年四月十六日在自宅附近的公寓，口含瓦斯管自殺。事發後，川端在送醫途中還對救護車司機說：「路這麼擠，眞辛苦你了！」最後仍然回天乏術而病逝。

這位日本文壇新感覺派的世界級文豪，是繼印度泰戈爾之後五十五年來，成爲亞洲第二位諾貝爾文學獎受獎者，川端康成之所以獲獎主要是因爲「以犀銳的感受性，細緻提煉地表現出日本人的精神」。

在川端康成前往瑞典斯德哥爾摩領取諾貝爾獎所發表的「日本的美與我」頒獎演說中，曾引述自己在一篇隨筆中所寫的：「無論厭世到何種地步，自殺終究不是澈悟者所該有的行徑；自殺者縱然生前德高望重，但了卻殘生後距離大聖領域即遠矣！」這段隨筆，是受到在三十五歲英年自殺的芥川龍之介震撼有感而發，篇名含有「臨終所見」之意，引自芥川遺書，文內嘗提到：「最卓越的小說家往往就是實驗者……『臨終所見』雖也是一種『實驗』，卻與死亡的預感常有一脈相通之處」。作品充塞「生之虛無」的川端康成，終於在發表隨筆的半世紀後，亦以自殺方式來印證「死之完美」。

4月17日
李鴻章
Lee Hong-Chang
1823～1901

李鴻章的「滾」字用人哲學

影響中國前途至鉅的甲午戰爭一役，戰敗的清廷在光緒二十一年（西元一八九五年）四月十七日被迫簽下臺澎地區永遠讓與日本的《馬關條約》。

簽署臺灣「賣身契」的清廷全權大臣李鴻章，因爲此條約而廣爲萬夫所指。當消息傳出後，除了清廷奏摺「臺灣何罪何辜而淪爲異域」外；康有爲和梁啓超亦爲此發動「公車上書」，此舉曾被後人稱爲近代中國學生的首次愛國行動。

而臺灣本土全民「誓不從倭，百方呼籲」，並成立「臺灣誓死不二，不與賊臣俱生之臣民」的組織來向《申報》、《滬報》投書表示心聲：「我臺民與李鴻章……不共戴天，無論其本身其子……悉數殲除。」

出身翰林而有軍功的李鴻章，同時也是一位洞悉「中國士大夫沉浸於章句小楷之積習，武夫悍卒有多粗蠢而不加細心」者；但何以會在甲午之役一敗塗地呢？後人認爲主因是他用人失當，譬如在平壤陸戰、黃海海戰慘敗的丁汝昌和衛汝貴，俱爲李鴻章一手栽培的淮軍將領。當時記載的軼聞曾寫道：「淮軍中晉謁求位者，如果李鴻章色霽禮恭則絕無指望；設若被李鴻章罵詈斥辱大呼『滾』者，則隔日可得差事。因而有人戲稱：一字之滾，榮于華褒。」

4月18日

愛因斯坦

Albert Einstein

1879～1955

成功的最高原理就是閉上嘴巴

由於在「光電理論和理論物理學上的卓越貢獻」而榮獲一九二二年諾貝爾物理獎的愛因斯坦，是在一九五五年的四月十八日與世長辭。

這位被譽爲本世紀四位「人類良知」之一的科學家，早在一九〇五年便已發明震驚全球的「質能轉換」公式；十二年後又因確立新萬有引力論，推翻《牛頓定律》的科學革命，致使愛因斯坦躍登「人類思想史上最偉大成就之一」的崇高地位。成名後的愛因斯坦，不免會捲入世俗漩渦中，爲此，他曾在著作《我的信仰》中懇切表示：「對我個人而言，外表的成功，出盡鋒頭和奢侈生活都是無聊的，我深信純樸和隨遇而安的生活態度，這對每個人都是最好的，不僅對身體如此，對心靈亦然。」

有時，他也會透露說：「我之所以快樂，純是因爲我無求於人。」儘管他的處世哲學如此單純，但眾人仍不時向他請益成功的最高原理。愛因斯坦拗不過去，只好以公式來回答：「假如A等於成功，那麼成功的原理可用 A=X+Y+Z 來表示，其中X代表工作、Y代表娛樂……」求教者大都會趕緊接問「Z」代表什麼呢？愛因斯坦往往會不疾不徐地回答：「那就是閉上嘴巴！」

4月19日

松下幸之助

Matsushita Kounosuke

1894～1989

經營之神的青春觀

原定民國七十二年四月十九日首度訪華的日本松下電器株式會社創辦人松下幸之助，雖已屆九秩高齡，卻仍被視爲「青春偶像」，此事乍聽之下似乎有背常理，但對松下而言卻是名副其實。原來，松下每週都到京都眞眞庵小住，庵裡壁上貼有一則語錄，寫著：「青春是精神上保持年輕，充滿信念、希望和勇氣，每天不斷地迎接新的活動，那麼，青春就永遠屬於他！」

這位被譽爲「經營之神」的日本最大綜合電器公司的老闆，每次看到這則語錄都有所感悟，並將它化爲自己所服膺的座右銘來自我期勉，同時還推己及人與他人分享、喚醒人們心中的青春氣息。與「青春」同義的就是年輕，年輕就是本錢，但也可能是少不更事。

做爲一個鼓吹青春的成功經營者，松下也不曾忘記苦口婆心地強調以下的經營理念：「當從業員只有一百人時，自己要站在最前頭，做到任你罵他、打他，他們也會跟著你走；但如果屬下成長到一千人時，你就不應該站在第一線了，必須要站在中間和他們打成一片；假如成員超過一萬人時，你千萬得要退居後面，只要很謙虛地感謝大家就好了。」

4月20日

沙達特

Anwar al-Sadat

1918～1981

土地永遠不會死

一九七九年的四月二十日，埃及舉行了歷史性的全國公民投票，結果百分之九十九點五的人民贊同備受阿拉伯國家排斥的《以埃和約》，執政者沙達特的歷史地位終於因此被肯定。

這位被季辛吉譽爲「自俾斯麥以來最偉大的外交家」的已故埃及總統，在其掌政十年間，除了締造全球矚目的「贖罪日之役」輝煌戰績外，更將整個國家的政策從保守轉爲開放、從親俄驟變爲親美、從阿拉伯集團倒過來和世仇以色列友善。類似這些三百六十度的大轉變，令人措手不及。世人對於其所作所爲的背後原動力多半不甚了解。沙達特因此在其回憶錄中刻意提及，他那位不識字的祖母曾經告勉他：「你是這塊土地的子孫，而土地永遠不會死，它裡面蘊含著創造萬物的奧祕。」當時沙達特便由此肯定其信念爲：「我永遠都不會走偏，因爲我深刻了解我的根是深深扎在土地裡，和樹木及其他植物一樣，都是從土地中生長出來的。」

一生中所追求都是爲了祖國土地的沙達特，不僅從以色列手中取回中東六日戰爭所失去的埃及屬地，他個人亦因義無反顧的行止，在一九八一年十月七日遇刺身亡，適得其所地死於他所熱愛的土地上。

4月21日

馬克吐溫

Mark Twain

1835～1910

天堂裡才有幽默

作品被海明威譽爲「從《頑童歷險記》開始，才有美國文學」的馬克吐溫，是於一九一〇年四月二十一日逝世於美國康州雷定城。

這位專以美國民間故事爲題材，擅長使用美式土語的幽默作家，不僅行文詼諧，即連筆名「Mark Twain」也是取自水運領航員在警告船隻駛進觸礁邊緣時的吆喝術語「二噚深」。馬克吐溫幽默的處世態度，由此可見一斑。

原名山姆・蘭霍恩・克華門斯的馬克吐溫，作品頗能代表美國民主精神和冒險生活經驗，其生平代表作《頑童歷險記》被文壇封爲「世界性偉大的兒童故事書」；但由於這本小說充分反映民情，在當時竟然遭到社會名流的排擠。《小婦人》一書的作者奧爾科特便曾指責說：「既然想不出更好的事物來講給青少年聽的話，那麼就該封筆。」迫使馬克吐溫在原文中刪改許多眞實情節才付梓，箇中辛酸眞是「心事無人知」。

其實，馬克吐溫對世俗的嘲諷或對舊文化的大不敬，並非僅止於幽默或調侃的浮面表現而已，人們往往忽略了其文字間流露的莊嚴態度與深刻涵義。難怪乎這位大文豪生前會感慨地說：「幽默本身的祕密泉源，不是歡樂而是悲傷，只有在天堂裡，幽默才會存在。」

4月22日

康德

Immanuel Kant

1724～1804

三點半的哲學家

著作被叔本華等人譽爲「德國文學中最重要作品」的哲學家康德，在一七二四年的四月二十二日誕生於哥尼斯堡（今之加里寧格勒）。

這位籍隸蘇格蘭的教授，生平除創造震驚全球的「形而上學」外，還著有《純理性批判》、《實踐理性批判》、《判斷力的批判》及《永久和平》等重要論著。其中，他在《純理性批判》中大膽揭櫫「自由意志、不死靈魂和恩賜的創造者，絕不能以理論來證明」的看法，激惱了德國傳教士，不僅引來嚴重的抗議，牧師們甚至集體將畜養的狗呼以「康德」來洩怒！而康德的經典之作《永久和平》，也招來全歐陸的一片嘲笑，有些報紙甚至刊登教堂公墓的漫畫來諷刺。儘管康德的思想引起眾怒，但仍擁有不少知音，如樂聖貝多芬即是；而出生在百餘年後的美國總統威爾遜，更因《永久和平》的思想影響，還促使第一次世界大戰戰後成立「國際聯盟」的組織。

康德的哲學思想對人類造成無以倫比的影響，但是這位自二十一歲起便皓首苦思到五十七歲才寫成《純理性批判》的思想家，卻因爲執著於學術研究而先後失去兩次婚姻機會，終生未娶。由於沒有枕邊人的緣故，他的生活極爲規律，據說，當康德外出散步時，鄰人便不約而同地校正鐘錶時間爲三點半，足見康德律己之嚴了。

4月23日

莎士比亞

William Shakespeare

1564～1616

莎翁眼中的女人

著有《哈姆雷特》、《羅密歐與茱麗葉》等名劇及無數詩篇的曠世文豪莎士比亞，據傳是於一六一六年的四月二十三日離開人世。

英諺有云：「我們寧可丟掉一百個印度，也不願意失去一個莎士比亞」，可見莎翁在世界文壇上的崇高地位。由於他生前寫出許多超乎常人的創作，以致有人懷疑莎士比亞是否曾經存在於這個世界上。此外，還有人大膽猜測莎士比亞是另一位名劇作家馬洛的化名，也有人說是培根的筆名，甚至有人訛傳他是德國人。後來經過求證，人們才肯定這塊瑰寶確實來過地球，而且由於他在十八歲時即與二十六歲的情人結婚，致使人們對他的「女人觀」尤是好奇，尤其那句「弱者，妳的名字是女人」名言，更被謂爲千古絕響。

莎翁洞悉「女人的憂愁總像她的愛一樣，不是太少，就是過了量」；「出門像圖畫、進房像響鈴、下灶像野貓，設計害人時裝得像菩薩、人家冒犯妳時像母夜叉」；「說誑是女人天性、諂媚也是她、欺騙也是她……凡是一切男人所能列舉地獄中所知道的罪惡，全都是屬於她們的」，諸如此類數落女人的話語，眞是妙不可言。儘管如此，莎翁還是娶了老婆並生了兩個女兒（唯一的兒子夭折）。冥冥之中，彷彿老天故意捉弄他，無怪乎他只活了五十二歲。

4月24日

凱德・李士爾
Claude-Joseph Rouget de Lisle

1760～1836

皇帝拿《馬賽曲》沒辦法

音樂的力量，誠如托爾斯泰所說的：「它足以使人對無法感覺的事有所感覺，對無法理解的事有所理解，並使不可能的事轉變成爲可能。」而在世界樂壇史上，最足以代表這句話的，毫無疑問的是於一七九二年四月二十四日問世的《馬賽曲》。

法國人爲了紀念這首令人精神奮發的名曲，同時也爲了紀念革命發祥地，遂將《萊茵戰士的戰歌》易名爲《馬賽曲》，同時更在一七九五年七月十四日，經由法國國民會議決議通過定爲國歌，後來在拿破崙和路易十八接掌政權時，曾一度禁止這首名曲到一八三〇年，且於拿破崙三世上臺後又再禁唱，法國皇帝對「音樂爲庶民之眞正語言」可眞畏懼三分。儘管如此，全國民眾依舊緬懷這首世界名曲，促使它於一八七九年法國人民的三度平反下，終被奉爲法國國歌迄今。

這首歌詞曲的作者凱德・李士爾，是位名不見經傳的小人物，他是於奉召返國出任工程士兵隊隊長途中，在波瀾洶湧的海上有感而作。同年七月四日，當五百一十六位敢死隊員立誓廢帝時，這才發覺缺乏一首悲壯激昂的進行曲，於是李士爾自告奮勇地將這首戰曲獻出，後來在經過聲樂家米洛引吭高歌，頗受民眾欣賞，並使起義的士兵們鬥志昂揚，終於一舉成功，旋踵於同年九月達成法國革命。

4月25日

克倫威爾

Oliver Cromwell

1599～1658

據實描繪的肖像

在英國憲政史上，曾經出現過兩位權傾一世的克倫威爾：十五世紀的首相克倫威爾，最後被英王亨利八世處死；而十六世紀的護國主克倫威爾，則把英王查理一世給宰了。後面這位克倫威爾係於一五九九年的這一天誕生。

這位被基督徒斥爲「啓示錄之獸」的清教徒克倫威爾，本是牛津大學高材生，二十九歲那年問鼎政治，正式開展他悲歡交合的歲月。首先，他組織鐵騎兵在一六四二年擊潰英王的御林軍，同時將這位簽過「權利請願書」的國王處死，並宣布成立共和政體，先後平服英倫三島，旋於一六五三年就任「英格蘭、蘇格蘭、愛爾蘭共和政體護國王」職位，實行獨裁統治，頒布航海條例來和荷蘭在海上爭霸，並與西班牙開戰，對英國影響至鉅。

克倫威爾爲了遂行其獨裁政策，除關閉國會外，並置英王帝位懸缺，以致群情憤慨、眾叛親離。而克倫威爾並非毫不知情，但他是一個講求實際利害者，這可從其請名畫家李里繪製肖像的指示管窺。當時，克倫威爾係親口下令要將他臉上粗糙部分等細微處都要毫不含糊地翔實畫出，否則分文不付。結果，這幅圖果眞表現出他堅毅臉型、具體的意志，和長年處於緊張狀態所呈現的神經質模樣。克倫威爾看後，不覺嘆道：「我眞想做個森林裡的牧羊人，而不願再擔負如此的政府啊！」

4月26日

丹尼爾・狄福

Daniel Defoe

1660～1731

做為一個魯賓遜，乃是人類必然的命運

蟄伏六年才出版《魯賓遜漂流記》的英國小說創始人狄福，於一七三一年的四月二十六日與世長辭。

狄福在撰寫這部世界文學經典之作以前，生活顛沛困頓，小時候只受過三年多的教育。一七〇四年創辦《觀察報》鼓吹民權思想，結果卻因「用詞不當」而身陷囹圄多次。辦報期間，雖然發表過的文章可歸類爲二百五十餘冊書籍；但狄福並不爲這些單行本利益著想，反而在這時候靜下心來創作小說，終於寫下已有八百種版本和譯本的《魯賓遜漂流記》。這部被英王欽定爲「全國學生必讀刊物」的小說，可謂之「以赤裸裸人性來應付人生最平常而又緊急之問題」的現代小說前驅作品。誠如舉世聞名的英國小說家吳爾芙所指稱的：「狄福運用生花妙筆的描述天才，他出神入化的成就，幾可與偉大散文大師並駕齊驅。」此外，書中主角主宰自然的寫實亦深獲人心。

著名的文學史家艾倫便曾針對此點表示：「這本書幾可譬喻爲每一個人生活的書，因爲在人生最後旅程中，我們每一個人都命中注定要過孤獨的生活，當魯賓遜孤伶伶在島上搏鬥時，狄福對這種人生孤獨的情況即予以強烈的象徵化。嚴格說來，我們全部都是魯賓遜，因爲做爲一個魯賓遜乃是人類必然的命運。」

4月27日

愛默生

Ralph Waldo Emerson

1803～1882

善用這一個鐘頭

被譽爲美國最偉大的自由主義者，同時也是十九世紀文壇巨擘的愛默生，係於一八八二年的四月二十七日闔眼謝世。愛默生自幼失怙，在家鄉波士頓完成教會的拉丁語教育後，再入哈佛大學深造，畢業後在波士頓教堂服務一段時間，即因違反教義而卸除神職工作，正式展開他四處旅行演說的生涯。

這位集詩人、散文、哲學家於一身的演講高手，在美國文學史上曾開兩項風氣之先：倡導自然哲學引發人們新的靈感；闡明思考獨立理念開發創造精神。此外，愛默生所著的《論文集》，文筆之凝鍊與深刻，亦博得「充滿成熟智慧」的盛譽。而且《論文集》所蘊涵的主要思想「超精神」，使人相信「當它透過智能表現時，便是天才；當它透過意志表現時，便是德性；當它透過感情表現時，便是愛」。

愛默生生平一直強調：「歷史的全部利害關係，全都在窮人的命運上，人們所獲得的學識、道德、權勢，都是克服窮困後的勝利品。因此，個人眼前的不幸或失望，應該認爲有助於心性的成熟與堅強。而上帝所給與者，永遠是加重的擔子，只要能夠發展天賦才智，能夠獨立無畏把握自己，則必然有很高的成就！同時，千萬不要在疑慮和恐懼中浪費生命，應把全部精力用在眼前的工作上，堅信善用一個鐘頭的責任，就是爲接踵而來的歲月做了最好的準備。」

4月28日
吳佩孚
Wu Pei-Fu
1874～1939

四不老人的三不原則

在軍閥橫行的民國初年，卻有一位秀才出身的軍人，不僅志行堅貞，而且深具書生本色，以致他逝世後，非但博得當時《大公報》譽為「中國舊軍人之最後一個典型」，並被國民政府追贈陸軍一級上將褒獎！這位令人敬重的人物，就是吳佩孚。

吳佩孚是山東蓬萊人，本為深受儒家學說影響的一介書生。但在甲午年間，因為目睹日寇侵擾家鄉，鄉紳卻依然紙醉金迷，遂決心投靠軍旅，自保定武備學堂畢業後，入伍期間便屢建奇功，僅十三年光景便陞至上將，足見他深具統御才華。他同時是直系軍的中心人物，曾在一九二一年四月二十八日與張作霖展開「直奉戰爭」，由吳佩孚獲得勝利，而他在軍旅中素以不愛財、不怕死見稱，並有「孚威將軍」、「常勝將軍」的稱號。除了沙場揚威之外，他在政壇的言行亦深受時人激賞，諸如「文官不貪汙賣國，武官不爭奪地盤」、「害莫大於賣國，奸莫大於媚外」等名句皆是出自其口。此外，他還倡導過「不住租界、不積私財、不借外債」的三不主意；又寫了一副對聯：「得意時清白乃心，不怕死，不積金錢，飲酒賦詩，猶是書生本色；失敗後倔強到底，不出洋，不入租界，灌園抱甕，眞個解甲歸田」，並署名為「四不老人」以明心跡。遺憾的是，日軍侵占北平之後，他以「我不作漢奸」為大原則，力拒日寇以及汪精衛組織的拉攏；以致犯牙疾時遭致日本軍醫強施手術，傷及喉管失血而死，殊為浩憾。

4月29日
鄭成功
Zheng Cheng-Gong
1624～1662

東海巨鯨的傳說

西元一六六一年四月二十九日的這一天（明永曆十五年），鄭成功克復臺灣，因而博得「開臺聖王」的尊稱。

如眾所周知，鄭成功係因不滿父親鄭芝龍降清而渡臺，結果才有「祭告山川神祇，改臺灣爲東都」的收復故土不朽功績；唯據後人考證，鄭成功和他父親不僅與臺灣「緣訂三生」，而且和荷蘭人亦「關係密切」！原來，鄭芝龍在年輕時，曾在澎湖幫荷蘭人幹活。後來在一六二三年被僱爲荷蘭船低級船員赴日，在日本平戶結識長他兩歲的田川小姐，旋於次年八月二十七日（明天啓四年七月十四日）生下鄭成功。兩週後，鄭芝龍返航途中遇劫，被海盜顏思齊所收容，沒料著後來竟竄紅到臺潛十寨海盜總頭目的地位。而鄭成功由於生父音訊杳然，幼年時遂被申報爲「田川福松」，直到七歲時始被鄭芝龍召返福建，歸復本名。

鄭芝龍由於統率「全閩震動」的臺灣海盜，而先後被明朝和清廷招撫封爵，而其庶長子鄭成功則抗清復臺顯赫一時。據《臺灣志略》記載：當延平郡王揚威東南時，曾有人向術士詢問鄭成功「前身」爲何？術士答稱爲「東海巨鯨」，又問何時可滅，答覆「歸東即逝」；結果，鄭成功眞的在入臺半載後以三十八歲英年猝逝，其父鄭芝龍則因他據臺抗清而被處死！

4月30日

華盛頓

George Washington

1732～1799

自由像一棵春天的樹

美國有史以來的首任總統就職典禮，是在一七八九年四月三十日隆重舉行，由獨立戰爭的軍事領袖華盛頓受膺爲此一嶄新國家的元首。當時，華盛頓雖然背誦過講稿多次，但上臺正式發表時仍是緊張而不自然。他的就職演說中「將盡最大能力來維持、保護並捍衛合眾國的憲法」講詞，則成爲以後歷任總統就職時的誓詞。

這位領導美州殖民地對抗大英帝國的上校，曾在英軍中服役，退伍後轉業種植菸草。由於不滿英國經濟壓迫遂領導革命，在法國協助下，華盛頓締造關鍵性的「紐克頓大捷」，迫使英國下議院決定停戰，並於一七八三年簽訂和約承認美洲獨立並享有自由與主權。

美國這個新興國家在肇建伊始，一如「沙土製成的繩索」，後經富蘭克林等人的努力，於一七八七年制定憲法而漸上軌道，期間再經過華盛頓兩任總統的中央集權，促使根基不定。華盛頓後來在一七九六年九月十九日發表告別詞，急流勇退，這種謙沖禮讓亦爲美國留下典範。由於功績彪炳，華盛頓因而被尊爲美國國父。這位幼年砍伐櫻桃樹而主動認錯的偉人，「樹」給他的啓示良多，比如他曾留下一句名言：「自由像一棵春天的樹，一旦萌芽就長得奇快無比。」

5月名人

張自忠
皮耶·居里
教宗若望保祿二世
都德
南丁格爾
利瑪竇
邱吉爾
莫洛
福樓拜
柴可夫斯基
梅特林
齊克果
蔡元培
馬基維利
達文西
莫里哀

海頓
伏爾泰
劉永福
張伯倫
季辛吉
蔣經國
狄托
維多利亞女王
易卜生
戈巴契夫
林白
釋迦牟尼
勞倫斯上校
羅素
莫內

May

5月1日
莫里哀
Molière
1622～1673

咯血在舞臺上的喜劇作家

與西班牙的塞凡提斯、義大利的但丁、英國的莎士比亞並駕齊驅的法國喜劇鼻祖莫里哀，原名「金·巴蒂斯·卜克林」。由於他十歲喪母，從小寄住外婆家而常隨外公觀賞戲劇，以致日後雖已取得法律學位，但仍學非所用地終生投入劇場。

一六四三年時，他與女伶梅特琳聯袂創辦「光明劇場」，不料賣座奇慘，致使其兩度負債入獄。不過，這種財務打擊並未影響莫里哀執著的意志，他在出獄後的十三年間，再接再厲，轉途法國各地公演，終於皇天不負苦心人，旋在里昂演出的《輕佻人》一劇轟動劇壇，同時也爲他贏得法皇路易十四的讚賞及重用。

莫里哀的傳世名作不少，如《憤世者》、《守財奴》、《上流人》、《僞君子》、《石像之宴》等，均以揭露善者爲宗旨，因而得罪了不少貴族及教會，以致毀譽參半。但莫里哀仍然認爲「喜劇係一首靠著愉快的教訓，藉茲糾匡人類缺陷的巧妙詩歌」；其最重要的任務，莫過於能「發揮娛樂，同時又矯正惡行」。

因此，當這位透過喜劇手段來達到社會改革目標的劇作家，不幸在一六七三年的今天演出《憂悒患者》一劇竟咯血而殉身於劇場舞臺上時，不但法國皇家學院特別爲他立碑致敬，連皇帝也特地創立「莫里哀之家」國家劇院來紀念他！

5月2日
達文西
Leonardo da Vinci
1452～1519

名畫中的世紀之謎

在生物、解剖、物理、武器、地理和土木學等方面均有傑出表現的義大利知名畫家達文西，是在一五一九年的五月二日蒙主寵召。

後人對達文西多彩多姿的一生，大都感到匪夷所思。科學家們因此對他的腦軸射線加以測試，結果證實達文西在腦力方面確實首屈一指，較拿破崙、畢卡索、甘地、愛因斯坦、羅素、金賽等名人超越甚多，約爲常人的二點四倍之多。儘管達文西被證明是「最進化」人類，但眞正令他留名千古的，並非他腦袋發出的大量輻射，而是他所繪的名畫《最後的晚餐》。

這幅震爍古今的曠世鉅畫，是完成於一四九八年，繪有耶穌和十二位門徒聚餐，從左至右的人物栩栩如生，且都可以叫得出名字；畫中的耶穌正舉杯說道：「喝乾吧！這是我在新約裡爲了千萬人類而流的血。」當晚耶穌即被猶太以三十大元出賣。根據《聖經》記載，「最後的晚餐」並未提及座位次序，何以達文西會想像得如此逼眞呢？這是後人大感不惑的世紀之謎，而達文西則在生前留下幾筆伏語，他是這樣透露的：「做爲一個藝術家，必得開拓胸襟，務使本身靜心如水，唯有如此，才可以透視一切事物，甚至一切色彩！」

5月3日

馬基維利

Niccolò Machiavelli

1469～1527

一句話蒙冤萬世

提出「強權即公理」原則而被奉爲國際政治圭臬的義大利思想家馬基維利，在一四六九年的五月三日誕生於佛羅倫斯。

這位「政治科學創始者」的一生，在宦海沉浮中曾經出任高官，也曾遭受放逐，甚至遭到牢獄的厄運，可謂大風大浪都見識過。對世態之炎涼，自是有著異於常人的刻骨銘心感受，所以即使家有斷炊之虞，馬基維利仍咬緊牙根寫下《君主論》、《共和論》、《羅馬史論》和《戰爭的藝術》等鉅著。其中在他歿後五年才准予發表的《君主論》，一度被羅馬天主教下令查禁，亦遭基督徒抨擊得體無完膚，但這並不妨害該書的流傳，後世的拿破崙、俾斯麥，乃至於希特勒、墨索里尼等人，都是《君主論》的忠實信徒。當時，這位浮沉政壇的失意思想家，原想以這一己之見呈獻給掌權的陛下，對於這份長久以來對世事體驗和不斷對歷史研究推敲所得之結論，他在文末自白曾怨艾地表示：「如果高高在上的陛下能經常體恤民間疾苦，您就會發現鄙人是多麼冤枉而又背負那麼多的不幸遭遇啊！」

然而，這本短短二十六章，卻改寫人類政治史的《君主論》，不僅被視爲「闡釋現實權術主義政治觀的最早經典之作」，連「馬基維利」這個名字也成了邪惡政治或權謀術數的同義詞。如果馬基維利地下有知，必然又要大叫後人冤枉他了！

5月4日
蔡元培
Cheai Un-Pui
1868～1940

救國不忘讀書

一九一九年，巴黎和會中，各國代表議定了《凡爾賽和約》有關山東問題的條約，將德國在山東所攫取的權利全數讓予日本。消息傳回中國，群情憤慨，終於在同年的這一天爆發近代歷史上不可忽視的「五四運動」。

當時，北京十餘所學校學生聚集天安門，散發印有「中國的土地可以征服而不可斷送！中國的人民可以殺死而不可以低頭！」的宣言，最後導致學生被捕，同時也促成北大校長蔡元培辭職的震撼。

這位曾任教育總長的學者，在五四運動發生當晚即曾苦口婆心勸導學生：「愛國運動，世界各國都是有的，不足爲奇；不過你們這回做得稍微過火些。你們要記得，救國不忘讀書。」孰料學生繼續罷課，令他傷透了心，遂於九日發表〈五四愛國運動後辭職啓事〉後祕密出京。

事隔兩個月，蔡元培又發表〈告北京大學學生與全國學生聯合會書〉；隔年，他又在〈去年五月四日以來的回顧與今後的希望〉一文中，再次剴切勸導：「全國五十萬中學以上的學生罷了一日課，減少了將來學術上的效能，當有幾何？」

這位處身於劃時代浪濤而能始終一秉憂國憂民之心的學者，其對莘莘學子們的諄諄期許與告誨，委實爲「辦教育者」立下了良好的典範。

5月5日

齊克果

Søren Aabye Kierkegaard

1813～1855

陳義過高的文藝

風靡一九七〇年代的「存在主義」，迄今雖已淡漠，但在思想界仍餘波盪漾；而代表此一風潮的「存在主義之父」——齊克果係於一八一三年的今天誕生於北歐丹麥。

這位僅在人間走過四十二個年頭的思想家，在世時並未受到應有的重視，直到德籍心理學家雅士培對其思想加以縝密闡釋，先後於一九一九年及一九三〇年出版《宇宙觀心理學》和《我們時代精神情況》兩書，將齊克果在日記中強調的「存在」概念注入嶄新的見解後，這才使「存在主義」的意義具體呈現，明確勾勒出：「這種思想方式並非針對外在事物的知識而發，它純係闡明思考者自知己身的存在，並得要實現這種存在的事實。」

存在主義只是哲學的一支，所有發源於西方的哲學，誠如西方學者所指稱的：兩千年來都只是柏拉圖哲學的註解而已。而柏拉圖本人對「哲學」的看法，一言以蔽之，直認是「至高無上的文藝表現而已」。

如果準此而言，則由齊克果所發展而來的存在主義，亦僅是一種文藝表現而已。不過，它在指引人生走出矛盾、荒謬、痛苦的束縛，導入和諧、幸福、仁愛之途的過程中，稍稍「玄奧」了一點，以致時至今日仍不免落入孤芳自賞的窠臼。

5月6日
梅特林
Maurice Maeterlinck
1862～1949

文章不是寫給自己看！

以劇作《青鳥》而獲得一九一一年諾貝爾文學獎的比利時裔詩人、小說家兼劇作家梅特林，一九四九年的今天逝世於法國尼斯，享年八十六歲。

這位近代象徵派戲劇代表的文豪，早年是一位律師，直到二十七歲時才轉向文壇發展，並且全身投入創作生涯，使得當時親朋好友都爲他的轉變深感詫異；但他並不以爲忤，因其認爲寫文章能爲更廣大的民眾服務，所以不惜毅然中止令人羨慕的律師職業。

影響這位律師執著於文學創作的人，說來可眞傳奇，竟是帶養他十二載的保母。梅特林說，這位保母向他說了十二年情節曲折的故事，每一則故事竟然都沒有類同的地方。也許因爲受到保母的影響太大了，以致梅特林在作品中甚且出現很多女性才有的細膩技巧，譬如：「年老的人，有時需要親吻女性的前額或小孩的臉頰，這才會使他重新感到生命的躍動！」

諸如此類細緻有加的詞句，恁誰也難以相信是出自一位大男人的手中，因而有部分人士抨擊他的作品「專以情節誘人而全無價值」。爲此，梅特林寫了一本比普通書都厚的答辯狀，特別強調說：「文章是寫給人欣賞的，並非寫給自己看！」正因爲如此，難怪他的作品會到處叫座！

5月7日

柴可夫斯基

Pyotr Ilich Tchaikovsky

1840～1893

寧為光棍的音樂家

以一首《悲愴交響曲》成爲曠世奇才的俄國作曲家柴可夫斯基，是在一八四〇年的五月七日誕生於俄國佛根斯特。這位與布達拉姆齊名的世界知名作曲家，並非出身正統科班的音樂學院，而是畢業於法律學校，同時還在法院做了四年多的書記官職務，直到魯賓斯坦在列寧格勒創設音樂學院時，柴可夫斯基才毅然決然放棄所學投入樂壇。

獻身樂壇後的柴可夫斯基，突然罹患嚴重的神經衰弱，以至於首次指揮歌劇時，產生「頭重腳輕」的幻覺而功虧一簣。後來，他又莫名其妙地與有師生之誼的女子祕密結婚，結果在終結三十七年光棍生涯的第二個禮拜，他就向友人訴苦：「這種日子再繼續兩三天我就會發瘋。」遂而閃電仳離。當時他對新婚妻子只留下一句：「那麼，我走了，請妳多保重」，便離家去過他的單身生活。

儘管柴可夫斯基如此患得患失，但他打從心底卻是個至情至性的人，當他看到俄國地圖時，會情不自禁吻上那片黃色的土地；當他在旅途中想起自己所作的B小調交響曲時，竟忍不住淚流滿面；有位富孀擬出鉅資請他爲其寫首曲子，他竟嗤之以鼻地表示：「爲了金錢而使自己的藝術墮落是對不起良心的。」這就是柴可夫斯基率真的一面，難怪後人稱其作品「實在是異樣而複雜的人生紀錄」！

5月8日
福樓拜
Gustave Flaubert
1821～1880

一個字寫盡千萬言

生平著作不多，但卻篇篇鉅構的法國小說家福樓拜，是在一八八〇年的五月八日闔眼長眠的。

擅長寫實作品的福樓拜，是以描述一個農婦受到上流社會腐蝕的《包法利夫人》而聲名大噪。他在完成這篇占有文學史上一席之位的力作時，曾百感交集地對弟子莫泊桑表示：「世上沒有長得一模一樣的草木，人類唯有從悲嘆和絕望中，產生勇往邁進的意志和迎接任何挑戰的決心，方才有人生中最為輝煌的一天。」

對於文學創作，福樓拜在一字一辭方面都非常考究，常常為了一段句子而耗費整天時間去推敲斟酌，務必契合他所堅持的三大原則：詳盡地描寫、客觀的態度和優美的文體。為了闡明他這項別有見地的主張，福樓拜曾強調說：「無論想描述什麼，若是只有一個字能夠表達它，或只有一個動詞能夠表示它的動作，或只有一個形容詞能夠形容它，那就必須去找出這個名詞、這個動詞、這個形容詞；千萬不可以僅找到相似或類同者而自欺自瞞，亦絕不可以運用文字技巧來逃避所面臨的難題。」

福樓拜的這段話，亦即文學史上最著名的「一語說」學理。其實，如果將這種睿見運用到實際生活上，那麼人際之間的關係勢必單純多了。

5月9日
莫洛
Aldo Moro
1916～1978

隨時等待死亡的政治家

曾經五度出任總理的義大利基民黨領袖莫洛，在被「赤軍旅」綁架五十五天後，於一九七八年本日慘遭撕票身亡。

這位當代義大利政壇的膾炙人物，曾先後入閣擔任教育部長、司法部長和外交部長等職，並於一九六三年受命接掌總理，可謂權傾一世。但他自奉甚儉，從不捲入任何賄賂醜聞的漩渦，而且也擅長政治協商，連頑冥的義國共產黨都會買他的帳。

由於莫洛的面面俱到，所以當「赤軍旅」攔截他的座車並擊斃五名保鑣的襲擊事件爆發後，義國政府馬上進行有史以來最大規模的陸海空大搜索。政界則譴責這是內戰的點火線，工會亦進行總罷工，全國民眾都陷入緊張不安氣氛。結果，最後因為政府拒絕「赤軍旅」要求釋放人質的威脅，莫洛在失蹤近兩個月後，終於被槍殺而死。消息傳出，舉國由緊張不安轉為歇斯底里的震驚與哀痛。

雖然全球各國都異口同聲譴責此宗暴行，但莫洛的遺族對於這位六十一歲家長的死於非命，卻表現異常鎮靜，這是因為莫洛早已在預留的遺囑中，引述先人哲言告知大家：「你不知死亡在何處等待，因此你必須隨時等待死亡。」身為一位有擔當的政治家，視死如歸實是必備的要件。

5月10日
邱吉爾
Winston Churchill
1874～1965

歪打正著當上首相

當大英帝國由世界超強地位在十年間下墜到瀕臨毀滅的時刻，曾經被該國視爲「最令人憎恨之政治家」的邱吉爾，於一九四〇年五月十日臨危受命擔任首相上臺組閣。

這位同時也被後人譽爲「從亞歷山大以來最具野心」的不世出人物，童年時厭惡讀書，長期被編在放牛班管教，學校甚至不讓他學習拉丁文和希臘文。不料，邱吉爾卻因此把英文研究得「刻骨銘心」，並且在一九五三年出人意外地榮獲諾貝爾文學獎殊榮。

邱吉爾勉強從文學院畢業後，隨即又報考軍校，結果連續兩年名落孫山，到了第三年，主考官投以「同情票」通融他過關。當時，誰也料不到這位抄小徑的吊車尾學生，竟然會在日後當上海軍大臣，並指揮驚天動地的敦克爾克大撤退！

一九〇〇年，邱吉爾以二十六歲之齡當選國會議員，就職不到一個月，即因意見不合遭致同黨議員集體退席到議會門口揶揄叫囂的抗議。在受到這種前所未有的凌辱後，邱吉爾曾私下表示：「若非有一天可能會當上首相，我早就永遠放棄政治生涯了！」

結果，邱吉爾果眞憑著過人的毅力勇氣及聰穎登上首相寶座，應驗了他一直自我期許的一句話：「所謂的政府能力，就是指預知未來重大發展的能力。」

5月11日

利瑪竇

Matteo Ricci Lihmaadow

1552～1610

中國近代科學的啟蒙者

四百年前來華傳教，並在中國土地創建第一座天主教堂的義大利籍神父利瑪竇，一六一〇年五月十一日在北京蒙主寵召。

利瑪竇的功績不止在締下創建教堂的紀錄，同時更是中國近代科學的啓蒙者。他曾在中國親手製造渾天儀等儀器，引進天文學原理，促成中國皇帝頒行《時憲曆》，取代了一向使用的陰曆，並且首開中國起用外籍神父出任「欽天監正」重職的例子，對中國天文學貢獻極大。而他又曾製繪山海輿圖，說明地球是圓的，有五大洲和百餘國，使得一向閉關自守的中國人茅塞頓開。此外，他還和徐光啓等人翻譯幾何學及測量學的書，爲中國播下科學種籽。但儘管利瑪竇在中國傾其所知貢獻學術，卻也免不了遭到暴徒用斧頭砍傷，甚至被官吏軟禁的遭遇。對於這些不合理的對待，利瑪竇絲毫不以爲忤。

遇有宗教糾紛時，皇帝總是批諭「俱遵利瑪竇規矩」並特准他的遺骸葬在北京城內。而後人更是對其推崇備至，如梁啓超在《近百年學術史》一書中即言：「明朝以八股取士，一般士大夫，除了皇帝欽定的《性理大全》外，幾乎不讀書，學術本身，就像患貧血症的人一樣，衰落得可憐。直到明萬曆末年，利瑪竇等西洋人來到中國後，學術界的風氣，才像有了轉換。」

5月12日 南丁格爾

Florence Nightingale

1820～1910

人生像蠟燭

生辰和忌日同一天的人，實在不多，而「護士之祖」南丁格爾就是一個極其巧合的例子。她於一八二〇年本日誕生在義大利佛羅倫斯，而於九十年後的同一天在備受尊崇禮讚中安然辭世。

這位英國裔的白衣天使，原本攻讀天文數理，但是從小就嚮往護理工作，二十歲時想要做個護士，因爲遭到父母的反對而作罷；到了三十歲，她再也沉不住淑世救人的本性，毅然投入護士教育，旋即被分派到倫敦婦女醫院服務，從此邁入嶄新的生命之旅。隨後克里米亞爆發激戰，交戰雙方死傷遍野，南丁格爾親睹生靈塗炭，遂自告奮勇向陸軍大臣請纓入伍服務，於是英國政府在一八五四年底批准她偕同三十八位護士，深入火網爲傷兵服務。由於她的積極奉獻，經常夜以繼日地每天工作二十小時，並且隻身巡視長達十二公里的病房，導致官兵傷亡率因爲她的熱情與犧牲奉獻精神感召，由百分之四十二驟減至百分之二。戰區總司令爲了表示由衷的感激之情，就稱呼她爲「副司令」。

由於長期勞累，這位近代護理創導人的身體日益孱弱，有人勸她放下工作休息調養。但南丁格爾卻答以：「人生就像蠟燭，生而爲人，就該盡本分的燃燒自己，豈可稍稍倦怠？」後人爲了紀念她，遂定本日爲「國際護士節」，同時以點蠟燭來追念南丁格爾這種執著的精神。

5月13日
都德
Alphonse Daudet
1840～1897

當你志得意滿的時候

作品被譽爲「狄更斯再世」的法籍作家都德，是於一八四〇年五月十三日誕生。

這位年幼家境一貧如洗，自己又體弱多病的作家，因爲從小飽經風霜而深刻體會出世態炎涼。他的處女作《小東西》，就是以半自傳的方式，描繪一位家道中落以致被迫遠走他鄉的人物，入木三分地寫出主角內心的痛苦、失望、夢想，以及社會的無情、虛僞和冷酷。箇中情節與筆調，頗能迎合當時動亂的時局，故而這篇小說甫一上市即造成轟動。

此後，都德又陸續發表不少膾炙人口的作品，譬如：堪與《唐吉訶德》媲美的《達拉斯貢城的狒狒》等書，其中又以《磨坊文札》最爲後人所稱頌。《磨坊文札》共收錄二十四篇可稱爲法國文學最美的詼諧作品，其中最叫座者當屬《高賢神父的藥酒》。文中描述一座瀕臨破產的教堂內，神父爲了維持生計，突然靈機一動上山採取野草製造藥酒出售，結果大發利市，使得神父必須放棄爲神服務的時間而去釀酒應市，同時也使得他染上酒癮，以致在教堂內鮮事百出，令人聞之臉紅。

都德並非想以此文來嘲諷神職人員，而是藉此提醒人們：人在志得意滿的時候，千萬不可忘形、忘本、忘我。

5月14日

教宗若望保祿二世

Pope John Paul Ⅱ

1920～2005

昨晚沒有禱告

全球天主教教徒的精神領袖——教宗若望保祿二世，是四百多年來第一個非義大利籍的教宗，並且也是首位出身自東歐共產國家的宗教領袖，被世人視爲「和平的化身，博愛的象徵」。

儘管教宗管轄的梵蒂岡「領土」才一丁點兒大，但與全球數十個國家有邦交，轄下主教三千人，神父四十多萬名，稱得上是日理萬機的大忙人。不過，若望保祿二世卻足跡遍及各大洲，以致享有「旅行教宗」的雅號。由於他言論開明，因此從一九七八年上任以來，謀刺他的事件即層出不窮，警衛們勸他身著防彈背心，以防萬一，但他仍堅持以手持長茅的瑞士衛兵護駕，絲毫不設防。

結果，意外事件終於發生了！一九八一年五月十四日，教宗在聖彼得教堂前廣場遇襲身中三槍受傷，在手術房中整整急救六小時，先後進行了七項大手術，一時之間全球各界都屏息關注。連住在同一醫院的九歲小病童也寫信問候他說：「我像您一樣在右手插著針管，所以我只能以左手寫信給您。左手是最靠近心臟的一隻手，它更知道如何表達我是多麼敬愛您！」

後來，教宗在隔日脫險甦醒後的第一句話，不是向關懷者致意，也不是寬恕那刺客的無知，而是竟緊張又懊悔地說：「神父，我們昨晚沒有做晚禱啊！」教宗，可眞不愧是一教之宗師。

5月15日

皮耶・居里
Pierre Curie

1859～1906

只要實驗不要婚禮的科學家

一八五九年五月十五日誕生的皮耶・居里，就像是一支近代科學發明的大家長。這個家族曾經囊括五個諾貝爾獎（居里夫人及其女兒、女婿各得一項物理獎，居里夫人另得一次化學獎）。同時，經由這個姓氏所發現的化學元素也多達五種之多。

居里自幼天賦異稟，十六歲就以優秀成績自大學畢業，十八歲取得碩士學位，其後更順利發明結晶體對稱組織計算方式等，年甫三十，即受膺爲巴黎理化工校實驗室主任，在法國享有「早熟天才」的美譽。三十五歲時，與二十八歲的波蘭裔曼雅・斯克洛夫斯卡（即瑪麗・居里夫人）結褵，婚後二人同心協力，造就震古鑠今的成就。

兩人結婚時的節約程度幾乎已到令人無法想像的地步。非但沒有宴請親友，也沒有牧師福證，只彼此對飲葡萄酒，並騎著腳踏車到鄉下度蜜月。在這對夫婦的心中，彷彿什麼事都可以省下來，只有兩人共同的「愛」——科學實驗省不得。所以他倆在「既像馬廄又像地窖」的實驗室投入全部財力，焚膏繼晷地研究，無怪乎居里夫人會有感而發地說：「躲在實驗室的科學家生活，猶如對物質和人類周遭進行一場執著的戰鬥。」

當他們發現鐳時，儘管已經家徒四壁，但仍拒絕申請專利。後來，法國科學院禮邀居里先生擔任院士時，他還在歡迎會上直言對這種排場不感興趣，只希望能早日擁有一座完備的實驗室！

5月16日

張自忠

Chang Tzyh-Jong

1891～1940

但求良心死而無憾

八年抗戰，中國與日軍交戰四萬餘回合，官兵犧牲一百三十餘萬人，其中驚天地泣鬼神的壯烈事蹟，史不絕書。但被敵方尊奉爲「戰神」者，只有殉於民國二十九年五月十六日的張自忠。

這位名留千史的人物，籍隸山東，北伐時便投身軍旅。民國二十一年日本侵略熱河省、察哈爾省時，張自忠從戎參加馮玉祥部隊，後來升調師長並兼察哈爾省主席。七七事變時，他因擔任天津市長，奉命與日周旋，竟遭全國各界謠諑謗譭；後來微服遁出，請纓重入軍伍轉戰臺兒莊等役，英勇善戰，令敵軍聞之喪膽。

民國二十九年，當抗戰進入第二期階段時，日軍爲鞏固武漢戰線，對我襄東棗陽一帶侵襲。此時，身爲三十三集團軍總司令的張自忠，親自率軍渡河督師，不料，在南瓜店附近發生激戰，日軍以人多砲眾向我閃電攻擊，張自忠於登山指揮時左肩受創，唯仍負傷殺敵，不意胸部又受重傷，最後拔槍自殺成仁。臨終前仍微聲告知副官：「對國家、對民族、對長官，良心平安，大家要殺敵報仇！」早在此役的最後出擊前，張自忠即曾事先留言，函中說道：「毋論作好作壞，一切求良心得此安慰……。」果眞，求仁得仁，死而無憾！

5月17日

莫內

Claude Monet

1840～1926

執著印象主義的畫家

出生於法國的印象派大師莫內，非常喜好美食，因爲覺得人生就該以享樂爲目的，所以時常處於借貸維生與四處逃債中。不過，天性樂觀的他並不以爲忤，畫風仍然維持其一貫的自然景色，顏色飽滿、神采亮麗，充分表達出快樂和寧靜的風格。

莫內十五歲時，便在巴黎一位藝術家的畫室中學畫，同時接觸到多種畫作技巧，像是日本版畫等技巧也詳加研習，所以後來以《印象：日出》一畫成爲印象派創始者的莫內，曾說過他不能一天不作畫的豪言。而且，相同的地點、相同的題材，可以因不同的時間、不同的季節，他還可以一次畫十幾幅作，例如莫內著名的《泰晤士河》畫，就足足有一百多幅。

莫內曾說過：「試著忘記你眼前的一切，不論是一棵樹、一間屋子、一畦田地；只要想像這是個小方塊藍色，那兒是一長方塊紅色，這兒是長條紋的黃色，並照著你認爲的去畫便是了……」

爲此，曾有一位評論家說過：「『印象主義』這個詞是爲他而創造的，這個詞對他來說比任何人更合適。」到了晚年，莫內依舊不顧眼疾繼續追隨大自然，他對自然景物的鍾情以及對印象派的忠心，在美術史上堪稱是無人能出其右。在一九二七年五月十七日，莫內去世後的翌年，他晚年最著名，也是最後的系列——《睡蓮》，於法國橘園美術館舉行隆重的揭幕儀式，爲莫內及印象派留下一個光輝的印記和象徵。

5月18日

羅素

Auther William Russell

1872～1970

不要崇拜金錢

首倡「寧赤毋死」思想而被索忍尼辛抨擊的英國哲學家、邏輯學家暨數學家的羅素，一八七二年五月十八日生於倫敦。

這位曾於一九二〇年訪問中國大陸，並在北京大學講授哲學的諾貝爾文學獎得主，出生於貴族世家，童年時雙親早逝，於是由祖母撫養長大。由於受到家庭教育較爲閉塞的影響，羅素在青少年時期，有很長的一段時間是處於怕羞、內向的尷尬歲月中，直到十八歲進入大學，才開始展露他雄辯的才華。

第一次世界大戰爆發時，羅素即因爲反對政府若干法令和措施，一度遭到法院罰緩處分，學校也停止聘請他講課。後來，他計劃自設講座教授「政治意識」來餬口，結果又因發表不當言論而招致軍方逮捕坐牢半年。繫獄期間，羅素埋首撰述《數理哲學大綱》，書完成甫上市，即被奉爲圭臬，連同他數年前發表的《數理基本論》以及後來出版的《社會重建原理》等書，使他躍登學術界的巨擘，同時也賺進了數千萬美元版稅。

成爲鉅富後的羅素，仍然不改本性地以哲學家口吻來奉勸世人：「對金錢的崇拜，往往使人產生『財富即成功』的錯誤觀念而喪失自己的本性，終而造成生命的消沉、疲憊與幻滅的束縛。」

5月19日

勞倫斯上校

T. E. Lawrence

1888～1935

成功的訣竅就是立即去做

當第一次世界大戰的烽火，由歐洲席捲至鄂圖曼帝國和中東地區時，勞倫斯上校因為驍勇善戰，在這鋒火連天的歷史時刻中聲名大噪。可惜，這位崛起於阿拉伯沙漠的軍人作家，不幸解甲回到故鄉後，因駕駛機車發生車禍，於一九三五年五月十九日猝然辭世，死時年僅四十六歲。

「阿拉伯的勞倫斯」，即是世人給予這位死於意外之英國軍人的稱呼。一九一六年，當阿拉伯人揭竿反抗土耳其時，英國支援阿拉伯人作戰物資，致使勞倫斯被派往阿拉伯擔任軍事顧問。戰爭期間，由於他經常率領阿拉伯人偷襲大馬士革和安曼境內的鐵路，協助英軍牽制土耳其，因而展露頭角。後來，英國玩弄外交手段，扼殺阿拉伯國家獨立的意願，勞倫斯為阿拉伯人仗義執言，從此搖身一變成為帝國主義者的眼中釘，連英國人對他的評語也都毀譽參半。勞倫斯之所以能成為領導異族抗暴的表率，而且在極為艱困的環境下能一枝獨秀，主要是緣自於他對成功和失敗的理念。

勞倫斯認為：「成功的訣竅全賴『立即去做』的習慣，同時要趁潮水漲得最高的那一瞬間去做，如此非但沒有阻力，而且能迅速獲致成功；至於失敗者，通常都是狂妄自負的人，人們不難從其失敗的種因中汲出『得意』和『狂傲』的液汁。」

5月20日

釋迦牟尼
Gautamathe Buddha

563 B.C.～483 B.C.

攝心莫放逸，精勤修正業

在《偉大的哲學家》一書中，列爲四位哲學偉人之一的佛陀（即釋迦牟尼，另三位分別是蘇格拉底、孔子和耶穌）是在西元前五六三年的五月二十日誕生於印度（有關他的出生年代眾說紛紜，此處暫以我國通行的佛曆爲準），後人訂爲「佛誕節」。

這位佛教創始者，爲印度一個由釋迦族組成的小國的王子。十七歲時曾結婚並育有一子，但在二十九歲那年，爲了澈悟生老病死的道理，毅然捨棄榮華富貴而出家修行，經過六年的沉思才開悟。據傳，當他在菩提樹下坐禪冥思時，曾有惡魔率領絕色美女和惡人，對釋迦牟尼展開愛慾和權力的逼誘鬥爭，但終爲釋迦牟尼「我佛慈悲」的精神所感化。頓悟後的釋迦牟尼，跋涉千山萬水普渡眾生。在他四出說法的苦行途中，其所宣揚的是「一語不中」的教義：亦即向不同的人說法，無法用同樣的話來表達自己的思想；就是連對他最初所授的六十名弟子之傳道，也沒有一定的教義。這些「教義」，直到後來才慢慢整理成經藏、律藏和論藏的《三藏》（即大藏經）。在佛教的思想中，玄奘所譯的《般若心經》中所言及的「色即是空，空即是色」，以及它拒絕暴力、不對異教徒迫害、沒有審訊等等在在受到世人所崇仰。而釋迦牟尼在圓寂時，諄諄告誡弟子的話：「攝心莫放逸，精勤修正業」，更充分表現出他擇善固執與循循善誘的精神。

5月21日

林白

Charles A. Lindbergh

1902～1974

飛越大西洋墳場

經過三十三小時又三十分鐘的飛行，而且承受六十三個鐘頭未曾闔眼的煎熬，二十五歲的美國飛行員林白，終於在一九二七年的今天締下單人飛越大西洋之輝煌紀錄，安全抵達法國巴黎。

身爲郵政航機駕駛員的林白，無財無勢又默默無聞。原本他對駕機飛越大西洋角逐兩萬五千美元獎金一事，絲毫不存指望。但聖路易城的居民們卻大力支持他完成這項夢想。當年，那些與林白角逐這項壯舉的其他飛行員，不是在起飛時死於非命，便是落得墜入「大西洋墳場」的厄運，所以當他在清晨三點抵達機場準備飛行時，面對那群旁觀者和記者們，不由得使人聯想到「出殯行列」而毛骨悚然。

爲了使飛機能多蓄存些油料，林白拒絕攜帶必備的六分儀、無線電等儀器，甚至連三十磅重的降落傘也都放棄了，唯有這樣，他才能加灌延航二十分鐘的油量；此外，也有人好心送他一隻兔腳，祝福他在三千六百一十哩的航程中討個吉利，但林白婉拒了。及至出發前，電臺警告大西洋上空氣候惡劣，他還是憑藉無比的勇氣與毅力，迎接這場大自然和人類體力的搏鬥挑戰。

當林白完成這項歷史性的壯舉時，他打趣著讚賞獨人飛行的美妙，引述一句老一輩常說的諺語道：「一個孩子才算是一個孩子，兩個孩子只能算是半個孩子，三個孩子等於沒有孩子。」

5月22日
戈巴契夫
Mikhail Gorbachev
1931～

一手促成蘇聯瓦解

近半個世紀以來的最重要政治事件之一，就是蘇聯的瓦解，戈巴契夫正是蘇聯最後六年（一九八五年至一九九一年）的領導人。戈巴契夫生於俄國南部斯塔夫羅波爾的一個農莊，他的童年正逢史達林專政殘酷統治的時期；但是這些社會上的動盪不安並沒有影響到他，他在學校的成績優秀，一九五〇年進入莫斯科大學法律系就讀，念二年級時就加入共產黨。畢業後不久，他就和在學校結識的女友賴莎結婚。考取律師資格後，戈巴契夫開始在黨的機構中逐步上升，在一九八五年戈巴契夫被提名爲接替去世的契爾年柯擔任蘇共總書記。他不像蘇聯其他領導人，因其在擔任總書記之前曾多次出訪各國，故他當家後，許多其他國家的領導人都希望他能更開放。戈巴契夫上任時，蘇聯面臨許多問題：軍事的龐大開銷造成國庫殆盡、外交政策的巨大改變等等。他最具革命性的改革大概就是「公開化」政策，增加政府活動的透明度，並且允許個人或出版物自由議論政治。一九九〇年五月二十二日，當戈巴契夫訪問美國接受《華盛頓郵報》訪問時表示：「每個國家都無法接受別國的干涉。」從這段話其實就可預見了蘇聯及東歐後來一連串的獨立了。一九九一年，因爲戈巴契夫之故，導致蘇聯所有的加盟共和國都分離出去，蘇聯正式瓦解。一九九一年十一月，戈巴契夫辭職下臺，當其上臺時，沒人會預測蘇聯不久即將瓦解。如果當時係由別人上臺，蘇聯也許還會存在，儘管戈巴契夫從未打算摧毀蘇聯和蘇共，但他的政策和力量導致了這個結果，他改變了世界。

5月23日
易卜生
Henrik Ibsen
1828～1906

我必須要成功

被文壇公認爲「繼莎士比亞以來最偉大的劇作家」，生平著有二十六部鉅作的「現代戲劇之父」易卜生，一九〇六年五月二十三日逝世於挪威。

這位寫實主義大師的童年，曾因家道中落而備嘗貧困滋味，所以自幼未受到良好教育。十五歲離鄉背井在藥房工作，在這八年學徒生涯中，因爲和女傭發生關係而產下私生子，致使現實生活的擔子壓得他挺不起腰來，反抗社會的意識也在這個時期形成。好在易卜生並未因此走入憤世嫉俗的死胡同，他反而在內心深處一直自我鞭策說：「我必須努力！我必須尋求突破與出路！」經過六年的琢磨，易卜生終於學會編劇的技巧和方法，此後更進一步鑽研，大膽放棄傳統老套的情節結構，使人物的對白在戲劇中發揮了最大的功能。他成功地把生活搬上舞臺，並且也是第一位將社會問題拿來當戲劇素材者，使得傳統戲劇注入新血，由此開展了新的紀元。

易卜生所著的《傀儡家庭》、《群鬼》等戲劇都轟動一時，以致他在一八九八年歡度七秩華誕時，挪威幾乎是舉國歡騰；他逝世時，挪威更以國葬向他致敬。然而，如此風光的一生，就如同這位大師而言，卻只是印證其對人生的一點看法：「每個生命都負有責任，我們的過失不在於所爲之惡，而在於未行之善。」

5月24日

維多利亞女王

Queen Victoria

1819～1901

全球最富有的地主

將大不列顛勢力擴張至全球四分之三的表面積，使英國成爲眞正「日不落國」的維多利亞女王在一八一九年五月二十四日出生，從此展開她繽紛多彩的八十二載人生。

這位在十八歲時，就從叔父威廉四世手中繼承王位的窈窕淑女，她所締造的「君臨天下」的聲威，恐怕是空前又絕後了！原先，在英倫光榮革命之前，英國皇位如同其他王朝一樣也是世襲的。可是，後來經過民權的洗禮，旋在一七〇一年所制定的所謂《皇位繼承法》中，英國國會竟有「決定誰能當國王」的權利。當時，原則上非得要是詹姆斯一世的孫女，及其信奉新教的後裔才有資格繼位，而且，年長者較年幼者優先，男性又優先於女性。維多利亞即在因緣際會下被簇擁爲王，也由於皇位得來匪易，所以即位後更加努力治國，無視於國會的掣肘，且事無大小都能果敢決行。

一八三四年英國曾經廢止海外殖民地的奴隸制度，卻無法遏止女王陛下的帝國在世界各地蔓延、膨脹而且繼續維持殖民制度。其主要原因是維多利亞非常重視海權，同時深信國民性格傾向於商業競爭是對國家有利的現象，所以她在壟斷全球的原料供應和市場銷售時，曾驕傲地宣稱：「誰控制了海洋，誰就掌握了世界。」當然，這種事在現代是絕不可能發生的！

5月25日
狄托
Josip Broz Tito
1892～1980

我不會再投入鐵幕

原名布羅札的南斯拉夫總統狄托係於一八九二年的今天誕生，幼年家境清寒，曾是鐵工廠的小學徒，第一次世界大戰爆發後，被迫加入奧軍，從此扭轉一生命運。

狄托先是在戰場上爲俄軍所俘，結果被吸收爲共產黨，並參加俄國內戰，循此吸收了不少活生生的沙場經驗。一九二〇年時，狄托返回祖國組織共黨，卻被捕入獄數年，但釋放後仍大舉吸收巴爾幹反法西斯主義者，甚而組成國際軍去參加西班牙內戰。

第二次世界大戰爆發後，狄托因南斯拉夫被德國納粹占領而轉入游擊隊，不久出任人民軍大元帥職位，又組成解放委員會，不僅與德軍周旋，並和南國流亡王朝相抗衡，一時間聲譽鵲起。大戰結束後，狄托所領導的臨時政府卒爲盟國承認，而南斯拉夫也成了東歐集團中社會主義聯邦共和國之一。不料，到了一九四八年，狄托因拒絕史達林直接控制的勒索，慘遭共黨政權經濟封鎖，甚至還有受到華沙集團聯合進襲之虞；但狄托不爲勢劫，毅然執意擺脫蘇俄魔掌而自求多福。

這位領導南國在全球兩大集團夾縫中奮鬥求存，同時和印度尼赫魯、埃及納塞等第三世界領導者組織不結盟運動的強人，何以在接受共黨培植之餘還膽敢叛逆主子呢？這個上世紀國際政壇之謎，直到狄托八十八歲逝世前才算眞相大白。他說：「我不會再投入鐵幕！」

5月26日

蔣經國

Chiang Ching-Kuo

1910～1988

農民臉上的笑容

立法院於民國六十一年的五月二十六日，以三百八十一票的最高紀錄，同意總統蔣介石提名蔣經國先生爲第九任行政院院長，旋即由總統發表正式任命。

經國先生的奉命組閣，對當時處境艱危的國家而言，不啻注入了一針強心劑。因此，行使同意權的立委們在投票後，曾對採訪記者透露心聲，他們一致認爲經國先生一向謹言慎行，說做就做，說多少做多少。立委們在深慶得人之餘，投下了我國行憲以來歷任行政院院長最高的得票率，高達百分之九十三點八三，足見經國先生備受愛戴之一斑。隨後在民國六十七年三月，蔣經國先生當選爲中華民國第六任總統，民國七十三年連任第七任總統，同年七月，頒布臺灣地區長達三十八年的解嚴令。

時人論及這段紀錄時，總認爲這是「蔣經國時代」的開始，事實上，屬於經國先生的時代，應該遠溯至民國二十七年。當時，他奉命出任江西省第四行政區督察專員兼贛縣縣長，到任時講演「將來的世界是我們的」，勗勉大家若要實現這個理想，就必須具備體強力壯、多才多藝、刻苦耐勞和明禮知恥。結果，江西這塊一向被視爲落後的地區，經過國際記者實地採訪後指稱：「在這裡看到了人們臉上的笑容，而在中國農民臉上能目睹笑顏，是一件很不平凡的事。」

5月27日

季辛吉

Henry Kissinger

1923～

政壇的超級明星

當一九七一年七月，美國總統尼克森在電視上宣稱要到北京去改善與中共的關係時，全世界都嚇了一大跳。因爲，不論在當參議員或在職副總統時，尼克森全靠反對中共起家；不料卻在第一個總統任期內一反敵視態度，竟轉而尋求與共產國家和解的途徑。這項一九七〇年代國際政壇最大的諷刺，其背後策劃者就是出生在一九二三年五月二十七日的超級德國佬季辛吉。這位猶裔德籍難民，幼年在納粹壓迫下逃亡到新大陸，念書時期相當認眞。後來，美軍占領德國期間，他就以一名小兵身分當上行政長官。

之後的仕途平步青雲，擔任總統顧問、特別助理、國務卿等職，而且權力之大，打破美國政治史紀錄；唯最滑稽的是，當季辛吉苦於一九六八年幫忙洛克斐勒角逐共和黨總統候選人提名時，他大肆抨擊對手尼克森「在政治方面充其量只夠水準，但在思想方面則低於水準」，沒想到尼克森當選總統後，卻反過來邀請季辛吉擔任國家安全事務特別助理，使得季辛吉得以成爲呼風喚雨的人物，而且有機會頻頻在光天化日下，帶著性感有餘而衣著不足的女明星招搖過市。論膽識、辯才與謀略，季辛吉確有一套，但是論及正義與道德意識，就無法搬上檯面了，即如他自己所承認的：「對於沒有利用價値的人，即使是老朋友，我也實在懶得去搭理。」怪不得尼克森因水門事件下臺時，季辛吉仍然能繼續扮演他「政治明星」的角色了。

5月28日
張伯倫
Arthur Neville Chamberlain
1869～1940

姑息者的不切實際

第二次世界大戰前，再三遷就希特勒高唱綏靖政策，玩弄法國並與希特勒簽訂出賣捷克「慕尼黑協定」而遺臭萬年的英國首相張伯倫，是於一九三七年五月二十八日出馬組閣掌政。張伯倫家族一門兩代都是名人。其父約瑟夫・張伯倫是英國十九世紀末影響相當大的政治家。他主張國內政治自由競爭，反對貴族唯我獨尊；對於國際政治則強調帝國主義，成爲列強橫行霸道的祖師爺。張伯倫同父異母的哥哥奧斯汀・張伯倫，曾任英國保守黨領袖，並於一九二五年締下著名的「羅加諾協定」而一度使當時的歐洲獲得和平，因而榮膺諾貝爾和平獎。至於這位在父兄庇蔭下出任首相的小張伯倫，從頭到尾處心積慮避與希特勒全面對抗，採取低姿態委曲求全的策略。

故當德國對捷克重兵壓境時，張伯倫竟邀集法國總理飛往慕尼黑，與希特勒及墨索里尼長談了十一個小時，於一九三八年九月底簽下了出賣三百六十萬捷克人民的協定，納粹德軍因此不開一彈一槍便奪得了捷克。結果，陶醉在和平假象中的張伯倫，隔沒多久便馬上被希特勒的鐵騎所震醒，英、法兩國也都無法倖免於第二次世界大戰的重創。所以邱吉爾向張伯倫抨擊：「維持外交關係的理由，絕不可因爲建立協定便以爲獲得便利。」此句正好可以澄清時下國際間姑息逆流的不切實際作爲。

5月29日

劉永福

Liu Yung-Fu

1837～1917

殺敵繫乎軍力而非官印

一八九五年的今天下午一時，奉命接收臺灣的樺山總督下令日軍從澳底搶灘登陸，從此劃開臺灣淪入異族統治半世紀，而且也敲響了甫於五月二十五日宣布成立的「臺灣民主國」喪鐘。

前後壽命僅有十三天的「臺灣民主國」，是亞洲第一個創建的民主國家。總統是由巡撫唐景崧轉任，中央大員則包括胡傳（胡適之父）等二十一人，當時的建國宣言係如此身不由己地陳述：「……願人人戰死而失臺，決不願拱手而讓臺！……臺民欲棄田地，則內渡後無家可歸；欲隱忍偷生，實無顏以對天下。因此搥胸泣血……誓死同守。」然而，言猶在耳之際，這批清廷官員在乍聞日艦南下便紛紛接踵還鄉，連總統唐景崧也於六月四日踉蹌逃離臺北城「率官僚奔滬尾」，留下幫辦出身的「民主大將軍」劉永福在臺南一人獨撐大局。

這位曾在諒山一役大敗法軍的「三宣提督義勇男」，原係戰績彪炳的廣東南澳鎮總兵，後爲清廷調臺幫辦軍務，夙負眾望，因此在唐景崧遁逃而群龍無首之際，臺南紳民便議決公推劉永福爲總統，甚且還製鑄「臺灣民主國總統之印」大銀印致贈，但遭其「抗日殺敵，在於軍力而不在官印」，希望各界將「踴躍送印之心移到籌餉上……有銀幫銀、有錢幫錢，無錢幫米或幫力」來守土保民，總比虛銜來得實在。但是，杯水車薪畢竟不敵倭焰，迫使叱吒風雲於越南的劉永福，最後還是英雄氣短離開了臺灣。

5月30日
伏爾泰
Voltaire
1694～1778

去向老鼠問原因

一七七八年五月三十日，遺留下「我信仰上帝，愛友恕敵，厭惡迷信至死」後才撒手西歸的伏爾泰，享年八十三歲，距離他在六十歲時花了三個月尋找「適合的墳墓」之初，可說是多活了二十三個年頭。

這位被當時帝王視爲眼中釘的哲學家，生前所著的《哲學辭典》，言人所不敢言，爲法國革命吹出第一聲號角而名留千古。其實，伏爾泰並非其本名，由於他生性喜好嘲諷時政，在一七一七年首次繫獄時，忽然在巴士底監獄內改名爲伏爾泰。後來，有位青年因私藏被法國政教當局列爲禁書的《哲學辭典》而遭焚刑時，伏爾泰爲此再也按捺不住胸中怒火了，他締下史上「由個人所掀起的最驚人之宣傳運動」，其中最有趣的譬喻是：「哪種政體較適合人類呢？君主專制或民主共和？這問題已折騰四千年仍無定論。富人都希望由貴族統治，平民則要求民主政治，而君主卻希望專制政體。希望專制統治者不多，但世界各國爲何都採行這種政體呢？如要明白這點，最好去問老鼠，牠們都希望在貓的頸上掛個響鈴，但有誰敢去掛呢？」

儘管伏爾泰如此「潑辣」，還是活到耆老之年，何故？原來，當時無論君、民，似乎都可以接受他所倡言的「雖然我不同意你所言，但我誓死維護你說話的權利」。

5月31日

海頓

Joseph Haydn

1732～1809

從天上掉下來的音樂

被世人奉爲「交響樂之父」的作曲家海頓，一八〇九年的五月三十一日長眠於維也納，享年七十七歲。

海頓生於赤貧之家，「樂聖」貝多芬曾因此而專程跑到海頓故宅門口，跪下來激動地吻著門檻說：「想不到如此偉大的人物，竟是出生在如此破舊的房子裡！」這還無關緊要，海頓娶了個比他年長三歲的太太，這位足以與蘇格拉底惡妻一比高下的理髮匠女兒，常常打擾海頓的創作靈感，氣得海頓常罵她是「地獄的魔鬼」；不過卻因宗教理由而始終未曾仳離。所幸海頓脾性溫馴，因此得以有佳作永留人間。

這位被樂師們暱稱爲「爸爸」的老好人，機智而幽默，比如他聽到獵人吹的號角聲，便將曲子隨興命名爲《獵》；有一次演奏中，吊燈突然墜下，他便將這首交響曲稱爲《奇蹟》；其中最著名的一次，是由於樂師返家歸心似箭，而出資的公爵卻延宕歸期，海頓爲此刻意譜了一首別出心裁的交響曲，當演奏進行到尾聲時，他故意安排樂師們一個個熄燭退席，最後只剩兩位小提琴手演奏弱音收場，公爵見景悟出海頓的暗示，旋命樂師們返鄉，而此曲旋被命爲《告別交響曲》。海頓的作品，曾使奧皇和世人對其讚譽有加，但這位獨步樂壇的大師卻一直謙遜地表示：「作出這音樂的不是我，而是從天降下來的神力！」

6月名人

屈原
史托夫人
葉慈
甘地夫人
毛澤東
戴陽
史帝文生
舒曼
高更
兒玉源太郎
凱因斯
傑克·倫敦
卡夫卡
約翰·杜威
瑪麗蓮·夢露

教宗保祿六世
威爾第
盧梭
海倫·凱勒
賽珍珠
高第
史特拉汶斯基
戴高樂
顧炎武
蘇卡諾
奧芬巴哈
蔣夢麟
威靈頓公爵
佐藤榮作
亨利·福特

June

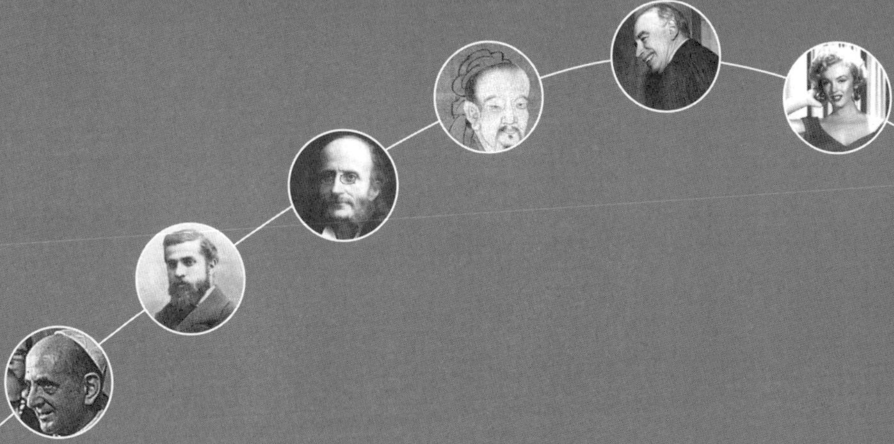

6月1日

瑪麗蓮．夢露

Marilyn Monroe

1926～1962

夢露小姐為何遲到？

一九五○年代風靡全球而迄今雖死猶生、歷久不衰的「不朽女性之象徵」——美國紅星瑪麗蓮．夢露，一九二六年的六月一日在加州「默默無聞」地誕生。

這位曾被愛因斯坦「深表敬意、愛意、謝意」，且榮蒙甘迺迪總統當眾表示「妳使我興起退出政壇的意念」而遐邇皆知的明星，生父早逝，幼年時曾被十二個家庭領養過，過著如她所述「東送西送，欲哭無淚」的生活。期間甚而遭致十三歲失去童貞、十六歲嫁人、十八歲拍攝裸照等不幸的命運。儘管際遇如此，但她在一九六二年八月五日香消玉殞後，輿論界仍認爲她是「自我奮鬥成功的女人，道道地地經過艱苦的歷程」，而不只是徒具一代尤物的外形浪得虛名；更何況，夢露小姐還曾名列美國知名人物之首位，《時代週刊》亦曾以她爲封面人物呢！

夢露生前曾博得「遲到皇后」的謔稱，甚而在拍攝生平最後一部作品時，曾因遲到而被罰五十萬美元的賠償金。爲此，她則辯稱：「大家視遲到爲自大，但我卻和傲慢不同。理由很簡單，因爲我必須有充分的準備，以便當我走進攝影棚時，會有好的表現，最美妙的演技才得以渾身施展。一個演員畢竟不同於機器，既然生而爲人，實在理當遲到！」這是夢露小姐的「歪理」，但是大家似乎都接受了，因爲委實無人可以抗拒她的魅力呀！

6月2日

約翰・杜威
John Dewey

1859～1952

有意見才有思想

曾經前往中國大陸講學兩年有餘的美國教育哲學家杜威，在足跡遍及全球且著述三十餘本不朽書籍後，於一九五二年六月二日溘逝，享壽九十二歲。

杜威由於見解精闢、思維獨到，因而博得「進步教育之父」和「教師中的教師」等尊稱。他於一九一九年蒞臨東方大陸講學，曾在北京大學等校講授「實驗主義」，震撼了中國學術界，貢獻至鉅。因此，胡適在評論他的成就時，便中肯地認爲：「中國與西洋文化接觸以來，從沒一個外國學者在中國思想界的影響有杜威先生這樣大的。」

這位享譽全球的大師，對中國人的第一印象是：「優雅的、閒散的、易相處卻不進取的。」他指出：「『得過且過』是中國難以進步的第一礙。」他又發現中國人對兒童天性疏於啓迪……等等。這些看法只是指出現象，要想迎刃而解，杜威提出他的藥方，那就是「思想」。

他認爲思想之發生必然是對外面事物有所「意見」，爲了發表意見才產生思想；思想之價値經過眾人切磋討論後，才顯出它在社會上的益處。基於這樣的看法，杜威肯定「發表思想之自由」乃進步社會的原動力；而欲使思想趨於一致是不可能的，即使運用壓力想迫使它變成一致，其結果恐怕是愈不一致了！

6月3日
卡夫卡
Franz Kafka
1883～1924

沒有耐心就是罪惡

擁有法學博士學位，卻當起保險公司業務員的近代思想界大師卡夫卡，在一九二四年的六月三日，因肺結核而不幸去世，享年僅四十一歲。

這位猶太裔哲學家，在其短暫的一生中，過得頂不愜意，因此在歸西前特別囑咐友人將其遺稿全部付諸一炬；可是，這些遺作反而被大量出版問世，前後上市了三部長篇小說，以及許多膾炙人口的箴言、札記、書信和十三年的日記。這些作品由於內容充滿激盪而感人的語調，蘊含明朗、確切和冷靜的精神，將「超越的現實主義」表現得淋漓盡致，使讀者讀來頓覺戰慄而恐怖，從而對生存的意義產生深遠的影響。

困頓一生的卡夫卡，視寫作為一種「祈禱的方式」，而書籍的作用在他眼中猶如「一把能擊破心中冰海的利斧」。綜觀其一生，似乎只是為了抗拒罪惡，並與魔鬼撒旦周旋而活似的。他曾說過：「人不能以分期付款方式和撒旦交易，然而人們卻永遠想要如此做。」卡夫卡認為一切罪惡的根源來自兩端，即「沒耐性」和「懶惰」，人類由於沒耐性才被逐出伊甸園，也由於懶惰才無法重返樂園；而這兩者之所以發生，都是因沒耐性而來。人類一切的過失，如果能有耐性地處理，就不可能造成、或者可以圓滿地改正過來。

6月4日

傑克・倫敦
Jack London
1876～1916

不願浪費一生的作家

傑克・倫敦是美國的小說家，他的作品多以浪漫主義手法描寫爭取生存的原始鬥爭，同時也是外文譯本最多的美國作家之一。傑克在童年時被親生父親遺棄，由母親及繼父扶養長大。十四歲那年，因爲家庭貧困而輟學，展開他的冒險活動。那時候的他喜歡搭乘單軌小帆船在海岸邊探險、偷牡蠣或參加政府捕魚船的巡邏，孩提時曾經冒充水手去過日本。一八九三年經濟大恐慌，傑克參加失業人所組成的抗議隊伍，卻被以流浪罪關進監獄。一八九四年他出獄成爲鬥志旺盛的社會黨人，在圖書館學習達爾文、馬克思和尼采的著作，融合入他自己的思想。

當時的傑克非常熱中於淘金，卻因爲運氣不好空手而回，於是他決心以寫作維生，並開始研讀各種雜誌，爲自己制定寫作日程表，撰寫十四行詩、民歌、笑話、軼事、驚險故事和恐怖故事，產量不斷增長。自傳性小說《馬丁・伊格》是他的不朽著作，在十七年間寫了五十部作品，受到廣大讀者的歡迎。一九一〇年他在加州的一個牧場定居，建造了豪華住宅「狼舍」，其他作品還有：《野性的呼喚》、《白牙》等。

但是傑克的作品質量參差不齊，聲譽在一九二〇年代有所下滑，不過在全世界，尤其是蘇聯，他的聲譽仍然很高。他於一九一六年六月四日辭世。一九五六年，蘇聯爲紀念他而出版的選集，再版上市五小時內就被搶購一空。

6月5日

凱因斯

John Maynard Keynes

1883～1946

一馬不行百馬憂

自從亞當．史密斯在一七七六年發表《國富論》一書以來，環顧二百年來的經濟學人中，似乎只有凱因斯一人可與之相媲美。這位被譽爲「自由經濟思想」之代言人，他所著的《就業、利息與貨幣的一般理論》一書，對歐美財經政策的巨大影響竟然長達數十年之久。

誕生於一八八三年六月五日的凱因斯，畢業於英國劍橋大學，在第一次世界大戰後，他以英國財政部首席代表身分出席《凡爾賽和約》，參與對德賠償協商，使其得以認清政客的短視無知，最後還導致他憤然辭去該職，罷官回鄉。當時，南非代表史默滋將軍對凱因斯不願同流合汙的行徑非常激賞，建議他把論點整理出書，並且提醒凱因斯：「不要寫得太長、太專業化，因爲我們所要影響的是廣大群眾，而非知識分子或專家。」

由於這項忠告，凱因斯一改其艱澀風格，著述了《和平對經濟的影響》一書。書中指出把德國人逼入奴隸狀態，雖然可以使戰勝國致富，卻因此種下全歐洲文明生活陷入衰頹的禍根。結果，此書不僅引起廣泛爭議，而且也被希特勒拿來當作口實，助長了希特勒擴建納粹的勢力。

凱因斯生前常提醒世人，對於任何經濟問題，都要以「一馬不行百馬憂」的態度來正視之。他亦曾批評共產主義之所以能獲致若干經濟方面的成功，乃是因爲它是一種「宗教」使然，而絕不是由於經濟改良而來的。

6月6日

兒玉源太郎
Kodama Gentarou

1852～1906

臺灣的曙光

打從日軍攻入臺北，並堂而皇之發表「我大日本帝國賴天皇陛下聖明，神靈護佑……一戰而勝中國……一舉而奄有臺澎……」的那一刻起，便揭開了臺灣人長夜漫漫的惡夢黑幕。這場歷經樺山資紀、桂太郎、乃木希典等總督「武力征服期」的血腥鎮壓恐怖統治，直到明治三十七年（西元一九〇四年）年的六月六日，當兒玉源太郎出任總督掌權，方才使得飽受荼毒的臺灣進入建樹期。

出身陸軍中將的兒玉源太郎，上臺後所揭櫫的治臺方針是「尊重生物學之原則」。除責令海陸軍非得民政部之同意不得擅用兵力，同時還頒布剿輔兼施的「匪賊招降令」，參酌中國古制頒布「保甲條例」；首發「來臺日本軍民吸鴉片者死」的禁令，創設臺灣銀行及確立金本位；鋪設縱貫鐵路和建築基隆港；丈量土地與整理稅賦；以及確立糖業政策與樟腦丸之專賣。凡此種種措施，在在使得飽受戰火凌虐的臺灣同胞有一新耳目之感。其中更難能可貴的是，孫中山先生在廣州起義失敗後，選擇臺灣爲中國革命據點，兒玉源太郎甚表贊同並示援助，於是遂有孫中山先生來臺的首行，並創設革命機關於臺北之舉。

儘管兒玉源太郎治臺有方和襄助中國革命有功，但其心態仍有「吾人負直接治臺之責則仍視有別，漸謀同化而後可」；如此統治者的心態，則臺灣遭受歧視悲慘的命運，自是不可言喻。

6月7日

高更

Paul Gauguin

1848～1903

表現主義的先驅

一八四八年六月七日誕生於法國的高更，是後期印象派非常重要的代表性人物。他原先從事高薪的證券交易工作，由於頗有資產和喜好藝術，便開始投資收藏藝術品並嘗試作畫，後來更在一八八三年巴黎經濟不景氣時辭去工作，開始專心作畫。此時，高更不但曾入選巴黎沙龍，也參加過印象派的畫展，已經在繪畫方面小有成績。

高更因與畫壇來往密切，所以他和梵谷的友誼也十分著名，毛姆的小說《月亮與六便士》描寫的便是他們兩人的故事。不過在高更成爲專業畫家並與梵谷同住後，他們的友誼卻產生了裂痕，甚至還發生了著名的梵谷割耳事件。

後來高更因受不了城市生活，便在一八九一年前往大溪地開始從事創作。由於他拋妻棄子並和當地的土著少女同居，在當時造成軒然大波，但高更仍不爲所動，一直待在大溪地和馬貴斯群島到一九〇三年去世爲止。

高更收藏許多印象派作家們的作品，所以他的畫早期也受到印象派的影響，後來由於高更逐漸拓展印象主義的領域，乃朝向了新的方向發展。他的成就在於走出了印象派畫家慣有的光影色彩，以強烈而感性、非自然的色彩表現出個人特有的風格，成爲後來表現主義的先驅。

6月8日

舒曼

Robert Schumann

1810～1856

婚姻所產生的魔力

在世界音樂史上，一八一〇年六月八日誕生的舒曼，不僅被公認爲浪漫派時期的巨擘，同時也因締下「音樂史上最典型之音樂家的戀愛」而博得一代情聖的雅譽。

出身於書商之家的舒曼，年輕時代曾負笈萊比錫大學攻讀法律，大二那年，他成功地說服了母親的強烈反對，投靠名師攻習音樂。當時，鋼琴家韋克慧眼獨具，對舒曼極爲賞識。儘管對舒曼的音樂才華青睞有加，但對於他追求自己掌上明珠一事，老韋克卻是抱持毫不苟同的立場，甚而揚言要持槍將舒曼斃掉，如果女兒克拉拉與其結婚，亦不惜斷絕父女關係；這對自青少年時代（男十八歲、女九歲時）即邂逅的樂壇雙璧，怎麼阻擾也不肯妥協，最後迫不得已只好訴諸公堂。當舒曼將訴狀遞給克拉拉連署時，這位鋼琴家的名門閨秀曾這麼表示：「簽名是我這一生最重要的時刻，當我以決心和自信連署後，頓然感到自己竟是如此的快樂和幸福。」這對心意互屬的情侶終於克服萬難結成連理，舒曼曾感懷地說：「讓我們聯袂過著詩情畫意的生活，一起作曲和演奏，像天使一般地將喜悅散播給人間。」果真，舒曼在結婚那年寫下一百四十四首名曲，同時，其生平最偉大的作品也是在結婚後數年間完成的，真正履行他所倡議的「音樂是靈魂之理想語言」境界。

6月9日

史帝文生

George Stephenson

1781～1848

從不幸中開出新路

世界上第一條全國性火車的首行，是於一八二九年的今天正式運轉，從此開啓了人類運輸史上的嶄新紀元。而開創這項交通工具者，就是英籍的史蒂文生父子。

根據歷史記載，在史蒂文生父子之前嘗試發明火車的人士，都因爲時機不對而沒有好下場。譬如：柯諾德因機器失去控制致人於死而下獄；所羅門被法皇認爲是發瘋而遭囚禁；至於第一個發明類似火車交通工具的威廉·梅鐸，則因爲在試車時被牧師撞見而被視同「著魔」。

此外，也有人控訴指稱：上帝從未想要世人以十五哩的時速行走，因爲這玩意違反「天理」；也有人呼天搶地地指控：這東西將會殺害人類，它所噴出的火花會引燃草墩和穀倉，它所發出的聲音會使雞不下了蛋、牛不生產乳！

儘管反對聲浪此起彼落，但史蒂文生所發明的「一號機車」蒸汽火車還是獲致初步成功，旋即得到政府的委託，興建利物浦到曼徹斯特的全國性鐵路工程，總算得到世人的肯定。

史蒂文生父子的遭遇，和發明蒸汽機的瓦特非常類似，因爲他既沒有資格參加公會，也未曾受過大學教育，而這兩大阻礙成功的因素，卻使他們得以避免落入舊觀點來研究機械，跳脫窠臼以另一嶄新角度切入而卓然有成。

6月10日
戴陽
Moshe Dayan
1915～1981

打贏了才吃飯

以色列和埃及「六日戰爭」在一九六七年的今天停火，此役，以國攻占了三倍於本土的領域、合併了聖城耶路撒冷，使「獨眼將軍」戴陽的英名遠播全球。

戴陽身經百戰，十二歲就拿起槍桿，他曾經爲了協助澳軍突襲敘利亞而被擊碎的望眼鏡片刺瞎了左眼，也曾經爲了進行地下游擊活動而遭英軍判刑五年。後來在以色列的獨立血戰中臨危受命，出任參謀總長、陸軍總司令等職，因戰績輝煌而聲名大噪，於此期間，曾一度與總理意見不合而離開戎馬生涯，但在阿盟聯軍大敵壓境之前，戴陽盡棄前嫌再赴沙場。戰爭在他初掌國防部長璽印四天後爆發，他便胸有成竹地遣兵調將，迅速地在八十五個小時內贏得全面勝利。

以軍的戰無不勝、攻無不克，戴陽曾毫不避諱地指稱該歸功於他所創立的「意志力突襲論」。這套兵法上前所未有的戰術，主張所有的軍官務須身先士卒，當戰端開啓之後，全體官兵必須放棄正常的飲食起居，夜以繼日不停地作戰，直到敵軍被徹底擊潰爲止。這種「打贏了才吃飯和才有覺睡」的強烈意志，使得以軍在戰場上經常逼得對方體力不支而崩潰，戴陽即是堅持這項原則屢建奇功。

6月11日

毛澤東

Mao Ze-Dong

1893～1976

中國共產黨革命的光榮與矛盾

影響中國命運至鉅的毛澤東，在當過北大圖書館管理員、國民黨候補中央委員以及延安游擊隊員後，於民國三十四年的今天獲得了中共領導人的地位。

根據中共七全大會的閉幕決議記錄，除了「毛澤東思想」被明訂為新黨章的指南外，他本人並出掌中共中央委員會、政治局、書記處、中央軍委等重要職務的「主席」。如此「黨政軍一把抓」的威風，堪稱前無古人、後無來者。

中國在共產黨進行的各種革命和活動中，理論與政策是最重要的指標。從毛澤東的思想被中共肯定，甚至還編成《毛語錄》一書，更可得知他在中國共產黨上的地位了。

不過，在一九六六年，毛澤東發起了「文化大革命」，造成中國大陸前所未有的浩劫。中國的發展不但從此停滯了十年，在此期間被破壞的文化事物及人民生活，更是不勝其數。

一九七六年毛澤東去世，結束了他集中國革命的光榮與矛盾的一生。五年後中共召開十一屆六中全會，在決議中，如此敘述毛澤東的功過：「他有功績，也有文革的錯誤。」

6月12日

甘地夫人

Indira Gandhi

1917～1984

名不副實的女強人

印度聖雄甘地堅持「不合作主義」，促使該國獨立而聞名於世，但另一位與他毫無親屬關係，經常造成外界錯覺的政壇女強人甘地夫人，卻因利欲薰心，在一九七五年的六月十二日慘遭法院判刑。

這位被西方國家人士稱爲「世界上權力最大的女人」，原是印度首任總理尼赫魯的獨生女，原名殷黛莉，由於負笈倫敦大學時與魏諾努・甘地邂逅結爲連理，這才打起「甘地夫人」的招牌，事實上則與印度國父甘地毫無干係。然而，印度同胞卻在愛屋及烏的理由下有所錯愛，使她順利地在一九六六年嶄露頭角出任總理。由於有乃父掌政十四年的餘蔭，再加上能言善辯，甘地夫人才膽敢於掌政期間悍然進行人造衛星的試射和核子試爆等措施，孰料竟爲她博得「印度五億五千萬人歷來最英明者」的美譽，也塑造了她獨斷獨行的作風。由於在選舉中有買票賄選的行爲，甘地夫人因此被褫奪公權六年，她在情急之餘，居然一不作二不休地頒布「全國緊急狀態命令」，大肆逮捕異己和壓制言論自由。結果在解除戒嚴令並重開普選的那一刻，甘地夫人終於敗在政敵德賽之手，黯然下臺。當時，德賽抨擊她的有力武器，就是揭發其外表雖然掛著甘地的招牌，實際卻完全脫離甘地主義的「名不副實」行徑。

6月13日

葉慈

William Butler Yeats

1865～1939

不要教理，要頌歌

曾經榮獲一九二三年諾貝爾文學獎的愛爾蘭籍詩人葉慈，在人間留下《幻想錄》等多首不朽作品後，於一九三九年的六月十三日溘然長逝，留下世人對這位自稱爲「象徵主義者」的永恆追思。

當時，在八十餘位諾貝爾文學獎得主中，爲何獨有葉慈會受到東西方所緬懷呢？這個答案，除了瑞典諾貝爾基金會曾經嘉許他「由於寫出永遠充滿靈感之詩作，而在精煉的字裡行間以高度藝術形式來展現出整個民族的精神」外，最令人難忘的是，他的作品深深受到東方世界之印度哲理深刻所影響。這位西方文豪之所以被印度所吸引，主因是以印度的落後，竟然能讓各種民俗、傳說和神話等故事歷久而彌新存在，而且還成爲該國文化的有機部分。

這些西方所罕見的情形，使得葉慈在感悟「凡是擁有豐富民俗文學的文化，都可以產生偉大的文學和藝術作品」之餘，益發肯定自己在祖國文化上去執著奮鬥。葉慈後來在《致未來的愛爾蘭》等詩作中，曾自我剖白地指稱：「我把我的心投入我的詩中，只有痛苦的心才能構畫不變的藝術作品……我要解除愛爾蘭所加諸於我心中的那種痛苦、憤懣和憎恨。我要寫一支最後的歌，不是教理，而是頌歌。」如此努力用心耕耘播種，豈會不開花結果呢？

6月14日

史托夫人

Harriet Beecher Stowe

1811～1896

為解放黑奴而努力的女作家

出生於一八一一年六月十四日的史托夫人，是美國著名的解放奴隸運動健將之一。在一八五二年出版的《湯姆叔叔的小屋》一書中，她對黑人的悲慘奴隸生活作了極其深刻的描述和揭露，因而在社會上引起廣大的討論和正面的迴響，而這對廢奴運動有了非常大的助益。尤其在美國南北戰爭爆發後，贊成廢止奴隸制度的北方得到勝利，終於獲得林肯總統頒布〈解放宣言〉，讓廢奴運動開花結果，造福了無數的黑人奴隸們。

史托夫人出生在宗教氣氛濃厚的家庭，父親是有名的公理會牧師。她不但獲得受教育的機會，還擁有悲天憫人的心腸。在她結婚後，《聖經》學者的丈夫鼓勵她從事文學創作，加上她又曾在辛辛那提居住時，接觸到了黑人的生活情況和逃亡內幕，所以她開始在反奴報紙《民族時代》上發表呼籲廢止奴隸制度的文章。在《湯姆叔叔的小屋》一書發表後，更在當時的社會引起軒然大波，引起立場相左的南北雙方激烈討論。甚至在南方，史托夫人的名字還成了被詛咒的對象。但她不爲所動，終其一生都勤搖筆桿，爲推行廢奴運動而努力。

這位富有改革意識的女作家還曾獲得林肯總統接見，以肯定她的努力。而美國名作家朗費羅的一句話則是爲了史托夫人的成就作了最好的註解：「作爲一本文學作品，它是文學史上最大的勝利！」

6月15日

屈原

Chiau Yuan

340 B.C.～278 B.C.

靜觀自得，九死未悔

在中國文學史上，被推崇爲浪漫主義的奠基者，騷賦文學的創始人，以及最偉大的民族詩人屈原，因爲忠言不能進主，又不忍見亡國慘禍，乃於戰國楚頃襄王二十一年（西元前二七八年）的六月十五日（農曆五月初五），投湖自盡於汨羅江。屈原著有〈九歌〉、〈九章〉、〈天問〉、〈離騷〉等十一篇曠世鉅構，這些作品將抒情、說理、敘事等文體融冶爲一而自成新格，結合了浪漫與現實而又氣勢雄渾，不但在中國文學史上早爲司馬遷的《史記》、劉勰的《文心雕龍》等典籍肯定其成就，而且聯合國教科文組織也在一九五三年將屈原列爲世界文化名人予以紀念。

作品的譯本則於一八七〇年便在巴黎出現，其所受到的重視，中外古今皆然。除了文學上的成就之外，屈原在中國人心目中更崇高的地位，則毋寧來自他熱愛民族的高貴情操。他曾力主變法維新以圖自強，卻始終不能見容於朝，在楚懷王和頃襄王時代遭到兩度貶官流放的下場，最後終於在頓悟之後投江自盡以明志。後人在考據《楚辭》等作品時，發現屈原嗜愛以「九」字創作，比如「指九天以爲正」、「九折臂而成醫」、「魂一刀而九逝」等。而「九」字在古書，意味沒有定數的「靜」字，當時，屈原在群臣排擠下兩度放逐，且受到「至今九年而不役」的待遇，鵠志始終未能伸展，難怪他會在「靜觀皆自得」的心境下悟出道家出世的觀念，終而走上「九死猶未悔」的悲壯之路。

6月16日

亨利・福特

Henry Ford

1863～1947

世界汽車大王

創造現代機械文明的動力源泉，並曾雄踞全球汽車市場的福特公司，是於一九〇三年的六月十六日成立，當時資本額僅十萬美元。福特汽車的誕生，曾被美國民眾評鑑爲獨立兩百周年以來的第十件大事，而發明該項時代新寵的亨利・福特，也因此博得了「世界汽車大王」的美譽，並被推崇爲現代美國的偉人、二十世紀的卓越天才。

福特從小便對機械深感興趣，經常拆解手錶自娛，其狂熱的程度，甚至鄰里間都傳出：「當亨利・福特走近時，鐘錶都會顫抖」的趣談呢！由於對機械的狂熱，使他和保守的父親產生了嚴重的代溝，終於在十六歲那年離家出走，隻身到工業大城底特律的機械工廠闖蕩，全心投入他所熱愛的機械天地。經過多年的鑽研，福特終於在一八九六年時，讓他的汽車行駛在底特律的街上發出「文明之歷史行將改變、嶄新時代就要來臨」的劃時代聲響。

及至公司順利成立、業務積極開展，福特爲了顧及員工福祉，又毅然採行降低工作時間和提高工資的改善待遇方案，造成當時產業界的極大震撼。有人指罵他是「把《聖經》的精神錯用在工業場所，拿博愛主義作幌子來爭取人心」；但福特絲毫不以爲忤，因爲他一直是以如許觀念作爲座右銘：「當你對某件自己完成的事感到滿足時，就應該檢查檢查腦筋是否睡著了。」

6月17日
佐藤榮作
Soto Eisaku
1901～1975

你是你，我是我，親愛友好

執政二千七百七十八天的日本首相佐藤榮作，在一九七二年琉球群島主權收回後兩天的今日，突然宣布辭職，以致轟動一時。

這位亞洲首位榮獲諾貝爾和平獎殊榮的日本政界領袖，何以會在第四任首相任期屆滿前四個月急流勇退，一直是被全球各界所矚目的焦點。雖然，佐藤個人曾在引退聲明中強調：「現在辭職以便建立可以適應新時代的新領導階層」，但大家對於這位經常在家打太太、在寢室練習高爾夫球技，並自鐵路剪票員基層起家的大人物，對其說詞無不議論紛紛，咸認佐藤是擺不平自民黨內的明爭暗鬥，因此，被迫在顧全大局的情況下，只好忍痛放棄可以連任八年的機會。

佐藤對外界反應不置一詞，直到一九七四年在奧斯陸獲頒諾貝爾獎的致詞中，這才表露了他對世事的人生觀：「我自幼便受聖德太子之教，他是古代日本的政教指導者，亦是佛教傳來日本的偉大宗教領航人。他最早所制定的憲法，開宗明義便宣言『以和爲貴』，我把『和』這種精神作爲支撐政治行動的原理之一，並以『寬容和調和』來表達它的涵意。在我所喜歡的俗語中，有一句是『你是你，我是我，親愛友好』。人際之間總有相異之處是必然現象，我們應該容忍這相異之處的存在事實，同時還要透過協談和尋求彼此之間的和平共存道路。我即是以這種理念來作爲現實政治中的精神原理，因此而獲致許多人的支持與贊同。」

6月18日

威靈頓公爵

Arthur Wellesley Wellington

1769～1852

大雨・雞蛋・滑鐵盧

在世界戰爭史上，威靈頓公爵之所以能享有盛名，最主要的關鍵，就是發生在一八一五年今天的滑鐵盧之役。當時，法皇拿破崙東山再起，挾著復辟餘威再度對外侵略，英、荷、普、奧、俄五國的聯軍出師不利，由普魯士王子布魯克率領的普奧俄同盟軍，迅速地在尼利被拿破崙擊潰，由威靈頓公爵督陣的英荷聯軍還沒來得及做準備，便處在法軍乘勝追擊的破竹銳勢之下，局勢非常不利，誰知叨天之幸，竟然在此時下起傾盆大雨，使得稱興而來的法軍由於爲雨所困而自亂陣腳；威靈頓得此良機，多了一天的準備時間，乃得以從容地將軍隊進駐滑鐵盧，隔天再移陣蒙桑強臺地，蓄勢以破拿破崙的挑戰。

雙方激戰於十八日中午爆發，拿破崙果如名不虛傳般的神勇異常，威靈頓雖然奮勇抵抗，卻欲振乏力而岌岌可危，就在這關鍵時刻，兩天前被擊潰的普奧俄軍突然出陣攪局，迫使法軍兵力爲之分散，威靈頓掌握這千載難逢的一刻予以反擊，促使兩面受敵的法軍一敗塗地，徹底的粉碎了拿破崙一統歐陸的野心。

對於這段震古鑠今的戰役，威靈頓除了感謝那一場及時雨外，也得助於一句英格蘭的格言啓示：「聰明人不會把所有的蛋都放在同一只籃子裡。」

6月19日
蔣夢麟
Chiang Meng-Lin
1886～1964

從小生活到大生活

著有《西潮》、《新潮》、《談學問》等書，影響我國現代教育至鉅的知名學人蔣夢麟，不幸因肝癌於民國五十三年的六月十九日謝世，享年七十八歲。

蔣夢麟早年負笈美國加州求學時期，原本是修習農科，後來因爲感悟朋友所告稱的：「中國若不轉習社會科學，則眼光可能侷限在實用科學之狹小範圍，因而無法了解農業以外之重大問題。」於是轉修教育爲主科，並以歷史和哲學爲副科，奠定了日後重大貢獻的學問基礎。蔣夢麟取得哥倫比亞大學博士返國後，除了擔任教職外，還先後出任教育部長、北京大學校長、行政院祕書長、農業復興委員會主委、石門水庫主委等官職，仕途境界之高，堪稱學人從政者中少見。菲律賓政府還曾因此特地給他「麥格塞塞獎」（即菲律賓的諾貝爾獎），這是國人獲此世界性殊榮的第一人。

爲了切實踐履老師杜威所倡議的「教育即生活」觀點，蔣夢麟曾經特地撰文表白「改變人生的態度」，即是要從「狹窄的生活到廣闊的生活、從薄弱的生活到豐富的生活、從簡單的生活到複雜的生活、從家族的生活到社會的生活、從單獨的生活到團體的生活、從模仿的生活到創造的生活、從古訓的生活到自由思想的生活」，將小人生觀提昇到大人生觀的境界，難怪他會「爲家庭增資產、爲國家求富強」而不惜冒殺頭之險推行家庭計畫，積極地提倡「進化社會的人格教育」了。

6月20日
奧芬巴哈
Jacques Offenbach
1819～1880

法國輕歌劇之父

有名的法國輕歌劇作曲家——奧芬巴哈，誕生於一八一九年六月二十日。他是誕生在德國的猶太人，童年隨父親至巴黎後，在一八三三年進入巴黎音樂學院學習大提琴。一八四九年出任法蘭西歌劇院指揮，因成績斐然，他甚至在一八五五年至一八六六年間自建巴黎義大利歌劇院，演出了不少且著名的輕歌劇，包括《天堂與地獄》、《美麗的海倫娜》等等一百多部作品，深深地影響了當今的樂壇。尤其在電影《美麗人生》、《紅磨坊》中，均可尋得奧芬巴哈的足跡，讓現代樂迷亦可聆聽他優秀的作品。

奧芬巴哈的輕歌劇題材多樣，中心主題多半是當代風尚，藉此針砭當時社會資產階級的風俗習慣，而且內容輕鬆活潑有趣，並以神話故事來諷刺時政，頗得民眾喜愛。

雖然他身材矮小，但話語詼諧有趣，不但音樂內容多有機智妙語來影射當政者政治及道德上的腐敗，甚至還流傳一則小故事，讓人不禁啼笑皆非。

奧芬巴哈把忠心耿耿的男僕辭退後非常傷心，因爲這男僕忠心又能幹，讓他很捨不得。朋友問他爲何要辭退男僕，他說：「雖然我不想辭掉他，可是每逢他拍地毯時，我只要聽到他拍地毯毫無節拍，就會受不了，所以只好請他走路！」

6月21日

蘇卡諾

Sukarno

1901～1970

英雄漁色住一家

自一九二六年以來即將民族主義、伊斯蘭教、社會主義三者凝匯成建國理想，並揚言要將國家建設成爲世界第三強國的印尼「建國英雄」蘇卡諾，在一九七〇年的六月二十一日，因高血壓和腎結石等病症併發而撒手去世。

這位曾經被印尼人奉爲「國父」的傳奇人物，在他六十九年的有生之涯，充滿著傳奇和荒誕的色彩，其中最爲世人所詬病和引爲笑譚者，不是他勾結日本以擺脫荷蘭三百年統治的權宜之計，也不是他假「萬隆會議」糾正第三世界以抗美、俄霸權的異想天開，而是他所引以自豪的三妻四妾行止。

蘇卡諾的拈花惹草是舉世聞名的，他在蘇聯訪問時，曾被KGB（蘇聯時代祕密特務組織）設下粉紅圈套而錄下春宮影片，可當俄共頭子以此向他勒索時，蘇卡諾竟毫不害臊地反問道：「我的功夫不賴吧！」後來，蘇卡諾走訪日本時，又姘上酒吧女子根本七保子（後改名爲藍杜娜・黛薇），弄得貽笑國際，但是他依舊不以爲忤。

妻妾眾多，一向被視爲蘇卡諾的一大傳奇，他先後結褵過的妻妾計有烏達莉、法特瑪迪、尹基特、哈爾蒂妮等，這些妻妾彼此明爭暗鬥，醜聞不斷，而蘇卡諾卻毫不在意地以「國家如無爭論則沒生氣，家庭亦然」來自我安慰，難怪他會在生前即遭到罷黜的厄運。

6月22日

顧炎武

Gu Yien-Wu

1613～1682

憂國愛民的學術大師

被清史「儒林傳」列爲首位的清代學術開山大師顧炎武，係於明神宗萬曆四十一年（西元一六一三年）本日在江蘇崑山出生。

這位提倡「盡信書不如無書」而名傳千古的思想家，本名絳，自幼聰穎過人，在十四歲便加入復社，詩譽甚隆，後來在三十三歲時改名爲炎武，學者則尊稱他爲亭林先生。清兵入關明朝敗亡之後，他一度自署「蔣山傭」以避免清廷糾纏，而其母親爲了不事二朝竟絕食至死，並遺言相告：「我雖婦人，身受國恩，與國俱亡，義也；汝無爲異國臣子，無忘先祖遺訓，則吾可以瞑於地下。」更使他對亡國之痛有更深的感悟，於是在四十五歲那年，謝絕康熙皇帝邀他撰修明史的諭旨，從此攜帶書籍雲遊四方，過著「讀萬卷書，行萬里路」的騎驢走天下生活，前後長達二十二載。

顧炎武的學養底子本就深厚，後半生又羈旅在外，廣博見聞，因此著有《日知錄》、《天下郡國利病書》等極富價値的作品，堪稱著作等身，其中尤以《日知錄》最能表達其立論，嘗言「必古人之所未及，就後世之所不可無而後爲之」，可謂振聾發聵。而在文以載道之餘，顧炎武亦針對中國社會改造之道提出一針見血的看法，其見解爲：（一）重視教育，獎勵學術；（二）提倡廉恥，振興道德；（三）尊崇清議，遏止邪行；（四）重視法治，以輔佐教育之不足；（五）注意物質生活的配合，提倡儉以養廉，平均財富，使民聚於鄉而樂事生產。

6月23日

戴高樂

Charles de Gaulle

1890～1970

權威是唬不住人的

早在第二次世界大戰時，流落倫敦的戴高樂即被稱爲「法國命運之神」。戰後，他返回巴黎重整，伺機出任法國總理和總統職務，權力之大，僅次於兩個半世紀前的拿破崙。一九六八年時，他的政治地位因內亂頻繁仍岌岌可危；但是，誰也沒有想到，在同年六月二十三日的大選，他竟然異軍突起，大獲全勝。當時，法國發生歷時月餘的示威、暴動、罷工等嚴重動盪，參加者多達千餘萬人，使執政十年的第五共和政權面臨攤牌挑戰，戴高樂在盱衡惡化的局勢，並權衡自身的分量後，毅然決然實施大選，讓全國民眾透過投票來決定他的去留，結果，竟出乎意外地獲得法國史上最輝煌的選舉勝利，並使法國共和左翼聯盟一敗塗地。

這次大選之所以會一面倒，除了戴高樂施展縱橫捭闔的政治手腕，力倡「放縱是自由的最大敵人」口號以打擊癱瘓社會的工潮外，他還破例到處亮相，展露他那張罕見的不怒而威之容貌，此舉頗獲民心好感。因爲這位顧盼自雄的元首，過去一直奉行一條獨斷獨行的信念：「任何的權威，都不能沒有一點神祕性來裝飾門面，一般人對於他們所熟稔的人物，是不會去虔誠恭敬的。」戴高樂大膽敞開這片神祕，並冒著遇刺的危險四處出走訪問，終於博得了扭乾轉坤的契機。

6月24日
史特拉汶斯基
Igor Stravinsky
1882～1971

四處飄泊的音樂改革家

一九一〇年六月二十四日，史特拉汶斯基最著名的芭蕾舞音樂作品《火鳥》，在巴黎歌劇院上映，爲這位二十世紀最偉大的作曲家之一的燦爛生涯揭開序幕。

出生在俄羅斯的史特拉汶斯基，在他八十九年的生命中，不但轉換許多居住地點，甚至連國籍也從俄國轉到法國後，最後歸化爲美國籍。而這種不斷改變自身經歷的風格，也表現在他的音樂上。

史特拉汶斯基的父親是頗富盛名的男低音歌手，在長期耳濡目染下，史特拉汶斯基也顯露了對音樂的才華與熱情。但他的父母卻極力反對他從事音樂事業，還要他到聖彼得大學學習法律、刑法與哲學。不過，他並未放棄，仍然私下尋找名師進修。後來在他發表《火鳥》、《春之祭》等初期名作後，因俄羅斯不平穩的政局而離開故鄉到了法國。隨著居住處的改變，他開始初探新古典主義的風格。第二次世界大戰爆發後，他來到美國哈佛大學講學。這個時期，他成功地把交響曲以新古典主義呈現並成功地把協奏曲的特色與交響曲結合。

一生中經歷多次遷徙、改易國籍的史特拉汶斯基，不斷尋求著作品的進步。他以濃烈情感創作出來的樂曲，不但深深影響了芭蕾舞劇的發展，也帶給樂壇及歌迷無比的音樂寶藏。

6月25日

高第

Antoni Gaudi

1852～1926

超越時代的建築大師

西班牙最著名的建築大師——安東尼・高第，於一八五二年六月二十五日出生在西班牙加泰隆尼亞的銅匠世家中。雖然家境並不富有，可他小時候就相當具有敏銳的觀察力，加上思想早慧、頭腦靈活，一直頗令師長印象深刻。即使擁有優秀出眾的智慧，但因高第非常喜好哲學等科目，所以在研讀建築時，常因其自我堅持及大膽反叛的風格，讓他吃了不少苦頭。不過，高第拮据的大學生活結束後，因與上流社會交往及工作獲得伯樂賞賜之故，不但衣著裝扮入時，外表也有相當的修飾，更藉此得到私人的委託案件。就在他辛勤地一輩子與工作及孤寂相伴後，終身未婚的他，留下了無數令世人驚嘆的作品，包括目前尚未完工的聖家大教堂。

高第的作品風格獨特，不僅造型大膽，其鮮豔的外觀及外太空般的曲線也常令到西班牙觀光的遊客們留下深刻印象，甚至成爲建築學中一個最獨特的代表，也是西班牙人的驕傲。

如此具有才氣的建築家，晚年卻一反常態，穿著打扮愈發簡樸、不加修飾，結果在一九二六年六月，高第在建築聖家大教堂時，於巴塞隆納街頭被電車撞倒，並拖行了整條街，送醫後數天仍因傷勢過重而回天乏術。西班牙民眾們送行這位建築名師至聖家大教堂下葬，高第從此長眠在其代表作裡。

6月26日
賽珍珠
Pearl Buck
1892～1973

真實與永恆的大地

因創作《大地》等書而榮獲一九三八年諾貝爾文學殊榮的賽珍珠，是於一八九二年的六月二十六日在美國誕生。由於父親在中國安徽省傳教，因此，在青少年成長的過程中，賽珍珠得以接觸到許多中國的基層民眾，也深入了解到許多中國的生活習俗。雖然長大後返美接受大學教育，但畢業後又重返中國擔任金陵大學的教職，長期浸淫中國文化的結果，終於使她孕育《兒子們》、《分家》、《龍種》等以中國背景爲主的文學鉅作，獲得世人一致的好評，也爲她贏得諾貝爾文學獎。

成名前的賽珍珠，生活際遇不甚如意，除了生下一個智障女兒外，她還遭逢母親病故、家計拮据乃至於離婚等不幸際遇，處在這種長期情緒低潮裡，賽珍珠揉和中國傳統的宿命論，悟出獨特的人生觀。在〈從無常到永恆〉一文中，便曾語意深遠地表示道：「一個人在精神不振的時候，便會感到疲憊不堪。而精神之所以不振作，也許是因爲情緒仍舊牽縈於過去的往事，所以使得現在的生活如同蜉蝣般短暫虛無。然而眞實的東西還是有的，而且它們仍舊是永恆的。不管遭遇千變萬化，永恆的東西始終禁得起歷練而依舊存在，且在我們所無法企及和想像到的未來，還是繼續存在而保持不變。」

在賽珍珠心目中，「推己及人」便是人生眞實和永恆的極致表現。

6月27日

海倫・凱勒 Helen Keller

1880～1968

善用你的感官

被大文豪馬克吐溫描述爲「十九世紀最富趣味的兩個人」之一的海倫・凱勒，於一八八〇年的六月二十七日誕生於美國阿拉巴馬州。由於幼年一場急性腦充血的襲擊，使海倫・凱勒在十九個月大時便失去視覺，還罹患聾啞症。然而長大後她不僅克服萬難，完成了大學學業，同時精通法、德、拉丁三種語文，並還擅長撰述鼓勵人們向上的小品，對於世道人心影響至鉅。

海倫・凱勒因爲失去視、聽、說三種感官功能，故在自傳或隨筆中，經常會情不自禁地描述常人所無法領悟的感受。比如在〈善用你的感官〉一文中，她便如此寫道：「請好好善待和利用你的眼睛，就好像你明天就要瞎了一樣；請好好聽聽由聲音所構成的音樂、鳥的歌唱，就好像明天會失去聽覺一樣；請摸摸自己想摸的東西，就好像明天會失去觸覺一樣；請聞聞花香、嚐嚐食品的美味，就好像明天你會失去嗅覺和味覺一樣。這美妙世界向人們展示著各種歡笑和美，而大部分都包含在各種感官之中。」

另外，海倫・凱勒對「手」的描述亦頗爲生動，她寫道：「我握過的手，本該是默默無言的，可是，它在我心目中卻是最會說話的。對抑鬱寡歡者，他們冰冷的手指就像寒流；但有些人的手指卻散發陽光，這使我在握手時也感到溫暖。」

6月28日
盧梭
Jean-Jacques Rousseau
1712～1778

自由・德行・自然

因撰寫《民約論》而被迫亡命異域，但也因此而喚起法蘭西革命的十八世紀浪漫派先驅盧梭，是於一七一二年六月二十八日在「日內瓦共和邦」出生。盧梭直到三十七歲才大器晚成搖起如椽之筆，早年生活卻極爲荒誕不經，諸如竊盜、雜交、械鬥、賣恩、驕縱……各種邪惡的事都有他的一份。關於這一點，盧梭在《懺悔錄》中即曾毫不保留地展露出來，並不因事後的大名而矯飾隱諱，其曠達的胸襟於此可見一斑。

盧梭生平所著的《論藝術與科學》、《人類不平等起源論》、《民約論》、《愛彌兒》等四十七卷作品，開啓了後代自然主義思想的勃興，影響之鉅，曾使《現代哲學史》推崇爲「後人在政治、宗教、教育、歷史和哲學等方面，居然到處都發現得到他的足跡」。對這位被譽爲「浪漫運動之父」或「法蘭西革命鼻祖」的思想家而言，生平影響後世最深最遠的偉大著作，該是他發表於一七六二年的《民約論》。這雖然僅僅是一本小冊，但書中所強調的「無自由，則國家不能存；無德行，則自由不能存」，後來在法國大革命被延伸爲「自由、平等、博愛」，在美國則演化爲「獨立宣言」。然而儘管造化如此，盧梭還是老話一句：「歸於自然。」

6月29日
威爾第
Giuseppe Verdi
1813～1901

義大利歌劇的推手

在文化無國界的領域裡，義大利歌劇無疑占有重要的一席之位，而發揚光大這項音樂發展的歌劇作家威爾第，便是在一八一三年的今天誕生於帕瑪大公國的勒隆科學村。

威爾第呱呱墜地之處，當年是法屬拿破崙帝國的領土，所以出生登記的名字是法文：約瑟夫．佛屈南．弗朗沙。但流有義大利血液的至親執意爲他私下另取名爲吉烏西坡．威爾第，期望他日後能爲祖國盡點心力。結果，威爾第不負眾望，非但在義大利統一建國的關鍵時刻擔任國會議員，並且在他拿手的歌劇作品中注入鼓舞愛國情操與民族意識，致使義大利朝野每逢其冥誕或忌日都予以致敬。

生平著有享譽全球的《弄臣》、《茶花女》、《行吟詩人》三部不世出劇作的威爾第，最令後世膾炙人口創作歷程竟是「動輒吼得像個瘋子，甚且還不停地頓腳像似在彈風琴，而其額頭上的汗水竟從曲譜上滴下來」之忘我境界，以致他自己也自嘲如此心路歷程簡直就是「苦役歲月」。

功成名就後的威爾第，曾在歐陸各國獲頒多種名銜與勳章，甚且連當年拒絕他入學的米蘭音樂學院也想改以「威爾第」爲名，藉此以示推崇備至之意；但遭其以「年輕時既已排斥過我，如今又何需爭取我」來回拒，並且還針對此感慨道：「唉！名聲是種什麼樣的折磨啊！竟然讓人從未有過一時片刻的平靜，而且不論是生前或死後。」

6月30日

教宗保祿六世

Paul VI

1897～1978

休想它回眸顧盼

出身義大利米蘭總主教的孟迪尼樞機，一九六三年的六月三十日在教廷被加冕爲「教宗保祿六世」，正式開展他歷時十五年的宗教精神領袖之旅。

教宗保祿六世在入主梵蒂岡後，憑藉他過去投身外交事物三十年的經驗（曾出任華沙公使、國務卿等職），首先致力於提昇教廷在國際間的地位，爲此，他不辭辛勞走訪世界各地，成爲首位「旅遊教宗」。同時，爲了化解和異教徒之間的隔閡，他還打破五百年來的傳統，親身走訪巴基斯坦，並與東方正教教長舉行破天荒的「和平之吻」。

除了廣泛接觸社會各階層外，教宗保祿六世還特地鞭策教會必須趕上時代潮流，爲此，他曾針對世人普遍的弱點，發表一篇值得回味再三的文告：「『時間』，是個意義深長的字眼，對於它的消逝，常令人有廣闊無垠的遐思，人們已會使用鐘錶、日曆，以及最精確的方法來計算地球與太空的時間，卻不會充分注意時間消逝現象的意義。但丁曾說：『時間消逝，人不關注』；但是，當我們觀察到這宇宙和歷史的定律時，就必爲恐懼所籠罩，傷嘆時間爲何一去不復返，的確，它正如但丁所描寫的『休想它回眸顧盼』。是故，我們要特別注意時間，因爲它是我們這脆弱暫生的要素，光是回顧是不夠的，更需要前瞻，我們固不要爲來年作宏圖大計，也不必爲未來命運占卜，但卻必須要對未來的生活高瞻遠矚。」

7月名人

聖女貞德
契訶夫
路易十六
慈禧太后
亨利・大衛・梭羅
鄭和
中曾根康弘
吉列
卡拉揚
柯南・道爾
莫泊桑
赫維希
霍桑
拉賓
海明威
華萊士

安東尼・聖修伯里
古登堡
黛安娜王妃
巴哈
田中角榮
蕭伯納
墨索里尼
芥川龍之介
赫爾
羅絲・甘迺迪夫人
吳廷琰
阿姆斯壯
東條英機
珍・奧斯汀
亞當・史密斯

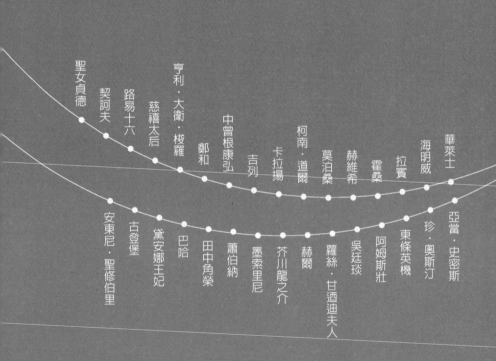

July

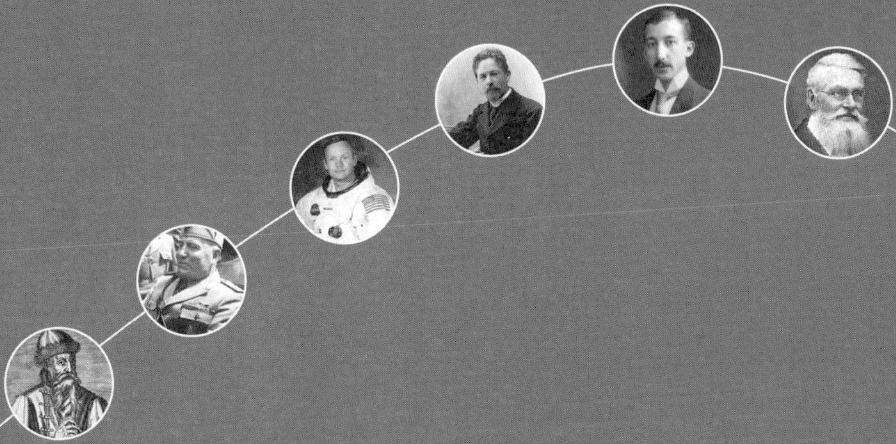

7月1日
華萊士
Alfred Wallace
1823～1913

與達爾文「演化論」共鳴

華萊士是英國博物學家，以提出生物進化的自然選擇學說而著名。華萊士自幼就愛好大自然，喜歡與植物親近。二十五歲時，他前往南美洲亞馬遜河流域考察，接著又前往馬來群島考察，爲進化論收集證據。他發現馬來群島的動物分布可分爲東洋區與澳洲區，期間的分界線背後人稱爲「華萊士線」，他對當地的動物研究由此可見一斑。

一八五八年二月，華萊士受到馬爾薩斯人口論的啓發，認爲生存競爭、適者生存是進化的原因，靈感一旦發動，便使他在一夜之間就完成構思，花了兩個晚上的時間將他的構想寫成文章，寄給當時在倫敦的達爾文。達爾文發現華萊士的構想與他的觀點一致，於是在一八五八年七月一日將華萊士的論文與自己的文摘同時宣讀。

華萊士認爲貓和隼有利爪，是因爲具有利爪的個體易於生存並繁殖後代；新種形成的原因是自然選擇。一八七〇年華萊士所發表的《自然選擇理論文稿》與達爾文的意見分歧而漸行漸遠，華萊士認爲人是通過自然選擇進化而來的，但心理能量則不然，另有某種非生物學因素起作用。

姑且不論達爾文及華萊士的各自觀點爲何，他們兩人在生物進化界卻是同樣齊名。

7月2日

海明威

Ernest Hemingway

1899～1961

人可滅，鬥志不可敗

扣下扳機，子彈從前額眉心之上穿過大腦，一代文豪海明威便這樣俐落地結束自己的生命，時間是一九六一年七月二日的上午七時三十分。海明威生前曾結過四次婚，平時酷愛旅遊和冒險，足跡遍及世界各地（一九四一年曾抵華採訪中日戰爭）；並曾投入三次戰爭，畢生被死亡和暴力所糾纏。身體的膝蓋、眼睛、脊骨、腳、手掌和頭部，均受過創傷。爲此，他曾有感而發地打趣道：「每個人在這世上都曾受到挫折，有許多人反而在挫斷的地方長得最結實。」藉此來表達他自己忍耐苦楚和災難的勇敢，並切實踐履「怯懦的人死千次，勇者只死一次」的豪語。

二十歲以前的海明威，是位身經百戰的老兵，到了二十六歲發表《妾似朝陽又照君》一書時，他在文壇的地位已被世人所肯定。其後緊接創作《向武器告別》、《贏家一無所得》、《戰地鐘聲》等著作時，海明威被視爲一代大師已是不爭的事實，甚至被視爲一九三〇年代所謂「失落一代」的代表人物。一九五四年，諾貝爾文學獎因而落到了他的手上。

對於文學，海明威認爲是「思想是經由想像、感情及趣味的書面表現」，由此觀點出發，他又寫下一部膾炙人口的鉅著《老人與海》。書中，海明威充分表達了他的內心世界——人不是爲失敗而生的，一個人可以被消滅，但他的鬥志絕不能被擊敗！

7月3日
拉賓
Yitzhak Rabin
1922～1995

舉世震撼的烏干達行動

一九七六年本日，以色列總理拉賓咬緊牙根下達命令，展開舉世爲之震撼的「烏干達行動」。

這宗奇襲行動是在當天午夜展開序幕的，由傘兵和步兵組成的特種部隊，準備前往烏干達恩比德機場，拯救遭巴解劫持的法航班機上無辜的兩百多位人質。他們佯稱是運送劫持者所要求的囚犯前來交換人質，但當飛機一停，特種部隊當下迅雷不及掩耳地展開霹靂行動，在二十分鐘內，馬上擊斃戍守機場的百餘名烏軍和全部劫機者，以便人質能全部順利登機；此外，另一組突擊隊則爆破停駐機坪的十三架米格戰鬥機，並且還手腳俐落地焚燬機場大廈，藉此嚇阻赴援的烏干達部隊。

前後過程僅花費五十三分鐘即大功告成，締造史無前例的戰績。在這場鬼哭神號的奇擊中，以色列僅僅損失一名上校，但全部被扣押的百餘位人員，除了三位意外傷亡外，其餘都安全解圍。因此，世界各地輿論都盛讚此舉是「善良戰勝邪惡的勇敢果斷表現」、「近代史上最偉大的行動」、「以色列爲全世界上了『勇氣』這一課」、「對國際恐怖主義的政治態度之一大轉捩點」等。

負責下達閃電行動的拉賓總理，在獲悉圓滿成功時，曾經說了一句肺腑之言：「只要有希望，世上沒有什麼障礙不能克服的！」

7月4日
霍桑
Nathaniel Hawthorne
1804～1864

孤獨與罪惡的闡釋者

首開美國心理小說之先，同時亦被世界文壇推許爲「優美質樸的風格和解剖人類心靈的高妙技巧，不僅超越其所居住之空間而名揚各國，同時更超越時間限制而歷久彌新」的作家霍桑，是於一八〇四年的七月四日誕生在波士頓近郊的一個小鎮上。

霍桑從小就對大自然景色嚮往不已，善體人意的母親便刻意安排他寄居叔父家，在林間湖畔自由地讀遍莎士比亞、史賓塞等名家著作，打下極爲扎實的文學底子。及至他大學畢業後賦閒在家三年多歲月，又與知名的文豪梭羅、愛默生等人毗鄰而居；雖然生活狀況日漸拮据，但終在一八五三年以《紅字》一書而聲名大噪。

該書是以美國殖民時間男女通姦爲背景，大膽揭露當時美國社會道德的虛僞以及清教徒生活中矯情的一面。由於刻畫入微，使得 Adultery（即通姦）一字和女主角無怨無艾忍受難堪屈辱的傳奇遭遇，迄今仍爲文壇所津津樂道。

對於這種文學成就，霍桑除了表示：「孤獨與罪惡會使心靈自絕於人外，更會由此陷入悔恨、自私、自傲的境地，甚而搞到毫無解脫的希望。」他也認爲「文學之較爲合理的目的，首先是創作時獨享艱辛的快樂，其次是親友們的感激，最後最實在的就是金錢」；頗能一語中的，說出作家的胸中塊壘。

7月5日

赫維希

George Charles von Hevesy

1885～1966

拒吃剩飯的核醫之父

一九六六年七月五日，被尊稱爲「現代核醫之父」的赫維希去世，他帶給二十世紀的科學界，卻是有著無比深遠的影響。匈牙利籍的赫維希身體從小羸弱，但他仍選擇離開歐洲大陸而到了英國，並進入「英國現代理化之父」拉塞福的實驗室中，在這位曾獲得一九〇八年諾貝爾化學獎的大師指導下從事研究，雖然身體並不強健的赫維希一到英國，便整整病了兩個星期，他仍十分努力從事研究工作。一九一一年，拉塞福指定他完成一項工作，他雖未達成此項工作，卻意外地迎來一個改變科學未來的發現，那就是放射示蹤劑。當時，拉塞福正主持英國曼徹斯特大學的鐳放射性質研究團隊，在研究過程中，因當時尚未發現鐳與鉛的關係（即鉛的放射性同位素「鉛二一〇」），所以他們的研究工作一直很不順利；於是，爲達成老師指定的工作，孜孜不倦研究的赫維希不但發現了鐳與鉛的關係，也爲現代醫學中廣爲運用的核子醫學奠定了重要的基礎，讓現代醫學中不可或缺的放射技術得到了跨時代的進步，也讓他得到了一九四三年的諾貝爾化學獎。而這位富有研究精神的科學家，也流傳了一則有趣的軼聞：由於赫維希懷疑他在英國曼徹斯特大學住處的女房東常以剩菜剩飯來打發他的三餐，並謊稱爲新鮮飯菜，爲表達不滿，他便在飯菜中偷偷加入放射性同位素。幾天後，他以靜電計測量桌上的飯菜，居然發現有了反應，同時也證明女房東讓他吃剩菜剩飯。這不但讓女房東啞口無言，更證明了他追根究柢的科學精神，才是他獲得諾貝爾獎的原因吧！

7月6日

莫泊桑

Guy de Maupassant

1850～1893

割喉自殺未遂的作家

莫泊桑是十九世紀的法國作家，作品包括小說、詩歌、戲劇、遊記等，但其主要成就則是短篇小說。莫泊桑生長於諾曼第一個小貴族家庭，十一歲那年，父母因爲感情不合而分居，這對莫泊桑的心理影響很大。十九歲那年秋天，莫泊桑遠赴巴黎攻讀法律。普法戰爭爆發後，他自願入伍，在殘酷戰爭中的所見所聞，爲他日後的短篇小說提供許多素材。他二十一歲回到巴黎，經由母親的介紹認識了另一位作家福樓拜，並時常出席福樓拜參加的聚會，因此福樓拜將莫泊桑視如己出，教他各種寫作的技巧，並批改他的作文習作。

三十歲那一年，是莫泊桑人生的重要轉折點。當時的大文豪左拉聘請六位作家各寫一篇戰爭故事，合輯成冊。莫泊桑的《羊脂球》備受讚譽，從此一舉成名。其後，他又陸續發表了許多作品，內容大多述及普法戰爭、諾曼第農民、政府官員以及塞納河畔的生活等等，作品在許多國家暢銷，收入因而大增。一八八一年至一八八九年之間，莫泊桑到各處遊歷，小說的內容逐漸從農民轉到高層社會。隨著年齡的增長，莫泊桑的性格卻日益憂鬱。一八九二年竟試圖割斷喉管自殺未遂，旋被送往巴黎的精神病院就醫，於一八九三年七月六日逝世。

7月7日

柯南・道爾

Arthur Conan Doyle

1859～1930

福爾摩斯的格言

因創造福爾摩斯角色而風靡全球的柯南・道爾，是在一九三〇年的今天闔眼長眠。這位在小說中以「約翰・華生」之名登場的英格蘭裔醫師，一八五九年誕生在愛丁堡望族家庭，自幼便在刻意調教下專攻醫學，後來果然不負衆望取得醫學碩士學位，正式懸壺濟世。不料，隨後被徵調至阿富汗服役身受重創，經奉調退伍返國休養時，卻又因爲行醫失敗而備受生活煎熬，但也由此機緣而使他結識了探長福爾摩斯，致使轟動世界且歷久不衰的六十餘部偵探小說才得以問世。

這些已被譯成三十幾種文字的福爾摩斯偵探小說之處女作，是發表於一八八七年的《海濱雜誌》，題目爲〈血字的研究〉，內容曲折生動，頗獲好評。道爾旋即又以這位頭腦冷靜而靈敏善決的偵探爲劇中主角，繼續創作出許多膾炙人口的推理作品，終於得到世人一致的矚目而聲譽鵲起，至今不墜。

福爾摩斯在道爾筆下曾經死過一次，但禁不起讀者熱情要求，又讓主角在三年後復活，足見其受狂愛之一斑。然而小說歸小說，終究有落幕的一天，於是，在探案完結篇《百分之七的解決》，道爾竟要狠下心來讓福爾摩斯做個了結。在這部直到一九七一年才被人發現的完結篇裡，道爾首次明言指出他創造這位大偵探的格言是：任何時候，任何東西都有被排除掉的可能，那些保留下來的（雖然未必可信）就是眞實。

7月8日
卡拉揚
Herbert von Karajan
1908～1989

圖／Deutsches Bundesarchiv （German Federal Archive），Posse Edith

為音樂鞠躬盡瘁

一九八三年七月八日，這是卡拉揚在心臟手術後首次前往「節日大劇院」排練的日子，雖然一切順利，但他還是在六年後因心臟病發而去世。當時，卡拉揚在和唱片公司談事情的時候，突然倒地，心臟病突發死亡。卡拉揚出生在莫札特故鄉奧地利的薩爾斯堡，在四歲時就開始接觸鋼琴，長大後卻順從父母親的期望進入工科大學就讀，因爲他不能忘情音樂，同時也在音樂學院修習更多樂理及技巧。年輕時的卡拉揚就嶄露頭角，他在各地推廣音樂，指揮演奏。卡拉揚自願加入德國納粹黨，一些朋友因此責備他，而他只是淡淡地說：「我愛藝術，希望把藝術融入國人的生活，爲了要成功推廣藝術，我加入納粹黨，這只是一種手段而已。」

卡拉揚覺得演奏會太小，他想到一個好方法。一九三八年，他第一次推出唱片，那是在柏林的現場演奏，人們爲之瘋狂，稱他爲「奇蹟的演奏者」。

二次世界大戰結束後，他因爲加入納粹黨，被取消了現場演奏的資格，但仍然可以錄製唱片。卡拉揚最注重作品的完美，他曾前往日本，與索尼總裁盛田昭夫會面，盛田昭夫向他推薦最新一種數位錄音技術，也就是現在所廣泛使用的CD，音質更好，保存更持久。卡拉揚知道這個消息之後很高興，回到奧地利之後便積極洽談這件事，不料在洽談中即因心臟病併發驟逝。卡拉揚對音樂的堅持眾人皆知，他總共留下包括唱片與CD五百餘張，涵蓋交響曲及歌劇，留給世人無限追思，卻也滿足了樂迷的耳朵。

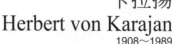

7月9日
吉列
King Camp Gillette
1855～1932

男性的救星

吉列堪稱是世界上所有男性的大功臣，因爲他發明的刮鬍刀，只要是男性都會用得到。吉列出生在芝加哥一個中產階級家庭，平安在芝加哥長大並受教育。不料一場大火，把家產都燒光了，吉列爲了替家裡分擔經濟，只好被迫出外作流動商販。有一位雇主注意到他愛好機械修理，於是建議他發明一種消耗性商品，這樣可以使顧客不斷購買。當時吉列正在磨製一種永久性的直刃剃刀，他想到在兩塊薄皮中間來上一片雙邊有刃的鋼製薄刀片，用一個型的手柄固定起來以代替直刃剃刀，儘管人們質疑這種刀片的實用性，但產品從一開始便獲得了成功。他在一九〇一年創立了吉列公司，從此確立了全球刮鬍刀市場的地位。

事業上獲得成功之後，吉列將才智轉向在許多書籍和作品中宣揚理想社會主義觀點，他覺得競爭是浪費，於是策劃一種有計畫的社會，由工程師合理的組織經濟力量，後來在企業管理上獲得相當大的成功。

吉列擔任自己公司的經理職位到一九三一年，之後才脫離實際管理的工作。雖然他不再擔任公司職務，但這家創立已百年的公司，仍是全球占有龍頭地位的刮鬍刀公司，造福了無數的男性。而金恩・坎普・吉列是於一九三二年七月九日去世的，雖已去世近八十年，他的發明至今仍在服務二十一世紀的人們。

7月10日

中曾根康弘

Nakasone Yasuhiro

1918～

結緣、尊緣、隨緣

一九八二年當選爲日本第七十一任首相的中曾根康弘，從前曾經來過臺灣兩次，第一次是在二次世界大戰期間，被派命爲海軍主計將校徵調至高雄服役；第二次就是在民國四十六年的今天，專誠以國會眾議員的身分來臺訪問。

中曾根康弘早年畢業於東京大學政治系，戰後一度進入警界服務。隔年，他便大膽地出馬角逐眾議員席位，在他的故鄉群馬縣異軍突起，以黑馬姿態獲得最高票而邁入國會，從此開展了他蟬聯十四次眾議員的政治生涯。這期間，中曾根並曾擔任過科技廳長官、防衛廳長官、運輸大臣、通產大臣等重要閣員職位，飽經歷練，終於達到活躍政界的最高峰——榮膺首相，出掌政權。

中曾根康弘不僅在政圈卓爾有成，在文化方面亦頗有成就，不但著述可觀，還擔任過拓殖大學的校長，這在日本政界並不多見。而且，中曾根康弘並非光說不鍊，他在出任首相後的首次「所信表明」演說中，即聲明主張將日本建設成一個「魁偉文化和福祉」的國家；此外，他在二〇〇一年四月走訪東南亞時，也公開了一項「二十一世紀友情計畫」，期望透過青年的交流以開拓未來的亞洲，凡此種種，都和他過去著述中所鼓吹的理想境界相啓合。至若如何臻於這種人生領域呢？中曾根康弘毫不諱言地透露，這純係依循他的座右銘「結緣、尊緣、隨緣」去見機行事。

7月11日

鄭和

Cheng Ho

1371～1433

圖／hassan saeed

開創中國航海史

明成祖永樂三年（西元一四〇五年）的今天，兩萬七千八百餘人齊集在六十二艘大船上，聽命三保太監鄭和的指揮，正式自福建五虎門啓碇南下，從此劃開了波瀾壯闊的中國航海史壯舉。

鄭和下南洋前後七次，功勳彪炳，孫中山先生曾經對此一壯舉讚曰：「當時無科學知識以助計畫也，無外國機器以代人工也，而鄭和又非專門之造船學家也。當時世界無如此巨大之海船也，而鄭和竟能於十四個月中，造成六十四艘之大船，載運兩萬八千人，巡遊南洋，示威海外，爲中國超前軼後之壯舉矣。」

頒諭鄭和七次遠征和安撫三十六國的代價之一，是明成祖必須動用十三省原定起造皇宮的錢糧公帑去造船，方能成事。這對於剛剛打下天下的明成祖而言，委實是筆不小的負擔。

成祖於是以此求教碧峰長老和尚，得到的回音是：「上位言念下民，社稷之福，無敵於天下者，天吏也。此去西洋，百戰百勝都在這一念之間」；而鄭和恰於此時力奏，認爲耀兵於異邦可以「國收其利權而自操之」，終於獲得成祖的同意，揚帆遠征，不但促成了南洋地區的開發與開化，也使鄭和博得了被梁啓超肯定爲「偉哉鄭和」、「壯哉鄭和」的歷史地位。

7月12日

亨利・大衛・梭羅

Henry David Thoreau

1817～1862

出賣大自然之美

生平以熱愛自然和宣揚「不服從論」而享譽全球的美國著名散文家兼哲學家亨利・大衛・梭羅，係於一八一七年七月十二日誕生在美國麻省的康城。

這位曾經影響甘地思想至鉅的文學家，早年畢業於哈佛大學，曾經一度返回家鄉執教，也曾與父親聯手經營鉛筆文具生意，後來還曾跟隨愛默生四處演說講學，經常爲生活東奔西跑，直到一八四五年七月四日，他打定主意住進故鄉的華爾騰湖畔，過了一段長達十六個月之久的近乎隱士日子後，方才頓悟：「我們很容易迷迷糊糊地適應和習慣某一種生活，爲自己踏出一條定向的路……世間的路卻是何等的陳舊和汙濁！而且，傳統和世俗也早在路上形成何等深邃的車轍了。」

華爾騰湖的十六個月悠閒歲月，使梭羅寫下《湖濱散記》這本膾炙人口的不朽散文鉅構，返璞歸眞的胸懷盡展無遺。在這本書中，梭羅曾經語重心長地說過：「在我看來，絕大部分的人對自然都漠不關心，他們肯爲某項代價而將其所擁有的一份大自然之美出賣。謝天謝地！好在人類沒學會飛翔，否則他們準會把天地都給一起糟蹋掉了。」

如今，我們的天地究竟是個什麼樣子的天地了？這段沉痛的忠告，頗值二十一世紀現代人細味再三！

7月13日

慈禧太后

Empress Dowager Tzu-Hsi

1835～1908

狡辯的女獨裁者

清光緒二十六年（庚子年），義和團打著「扶清滅洋」的旗號四處掠殺，導致日本使館書記杉山彬及德國公使克林德都成了刀下冤魂。此舉引發了英、俄、德、法、日、美、義、奧等國公憤而組成八國聯軍，旋於西元一九〇〇年的今天正式砲轟天津。

積弱的清廷自然無法抵擋此一銳勢，次年，遂被迫簽訂了一份幾乎令中國陷於萬劫不復的《辛丑和約》。在這份和約中，清廷除了賠償白銀四億五千萬兩之外，還必須拆毀砲臺，改訂通商條約，幾乎將整個國民經濟和國防控制權交給外人，國家從此淪入「次殖民地」的困境。而引燃這場空前浩劫的罪魁，義和團固然難辭其咎，但眞正的禍源，卻是那曾經垂簾聽政三十四載而誤盡蒼生的慈禧太后葉赫那拉氏。

事變之後，慈禧非但不引咎下臺，反而還發表一篇「矯詔」強辯道：「予最恨人言庚子事。予乃最聰明之人。嘗聞人言英女王維多利亞之事，彼於世界關係，殆不及予之半。……我國大事，皆予獨裁……？庚子以前，予之名譽甚佳，海內晏然，不料有拳匪之亂，爲夢想所不及。綜計生平謬誤，即此一舉……予之名譽，遂隳於一旦。此事由於前無主意，鑄此大錯，誤信端王，皆爲彼一人所害也。」女人干政，素爲大忌，既然從政犯錯便應知所改進；但慈禧仍力圖狡辯至此，以是民國之肇建遂有厚望焉。

7月14日 路易十六 Louis XVI

1754～1793

黑函把他送上斷頭臺

象徵專制政府黑暗代表的法國巴士底監獄，經過巴黎市民的奮起反抗和圍攻，終於在一七八九年的今天被憤怒的群眾所陷，正式揭開了法國大革命的新頁，法人亦因而制定此日爲國慶紀念日。

被群眾攻陷的巴士底監獄，是一座建造堅固而且戒備森嚴的大牢房，獄內囚禁的犯人，全是王室的反對者，他們的入獄，多半是因爲被一種可以用金錢購得的黑函密告所致。這種剝奪人權的黑函，叫做「御印信函」，簽署這種黑函的，是當時的法皇路易十六。「御印信函」的內容很簡單，只有短短的幾句話給巴士底監獄的獄長，上面寫道：「朕給你這封信，通諭你即刻將○○○逮捕囚禁在我們的巴士底堡壘內，直到朕再下達命令給你爲止。願上帝祝福你！　路易　印」

由於黑函可以濫發濫寄，因此使得巴士底監獄成了極權和冤獄的象徵，革命的火苗，便由此獄的陷落燒遍全法，也使路易十六落得了命喪斷頭臺的下場。

嚴格說來，路易十六並非不得民心，當他即位時，先後曾支持美國獨立，也曾附和民眾發表「人權宣言」，甚而廢除流傳千餘年的封建制度。但「御印信函」害慘了他，當國會投票表決其是否應予問斬時，贊成和反對者各爲三百六十人，剩下的關鍵性一位，恰好是巴士底監獄的亡魂者，路易十六只好帶著歷史性的無奈，向塵世永訣了。

7月15日
契訶夫
Anton Chekhov
1860～1904

騙得了上帝，騙不了藝術

在世界文學史上，創作小說千餘篇而與莫泊桑並駕齊驅，且在戲劇改革方面能和莎士比亞相提並論的俄國文學之近代主義先驅——契訶夫，於一九〇四年本日謝世，年僅四十四歲。

這位在全球各地均享有盛譽的俄羅斯民族瑰寶，幼年生活非常困頓，青少年時期亦因父親經商失敗而家徒四壁，但所有這些命運殘酷無情的安排，並未使得契訶夫頹喪或自甘墮落。他在莫斯科大學畢業取得醫師資格後，本著「醫學是妻子，文學是情婦」的理念，以一種近乎心理學家的態度，針對人類心靈的孤寂和人際之間的鴻溝，期許自己「要將人生原原本本寫出來」。

結果，這些作品引起廣大俄國讀者的共鳴，一般民眾的良知與思想受此激盪，產生了「不能再如此苟延殘喘地生活了」的信念，非但喚醒了世人「扭轉生活」的希望，還曾一度使列寧深感震驚、恐慌不已！

儘管造成的影響如此深遠，契訶夫依舊寫作不輟。因爲對於藝術，他所執著的信念是：「藝術之所以突出和精緻，在於它沒有虛言誑語。人們可以在戀愛、政治與醫學中撒謊，甚至欺騙上帝，但對藝術是不許欺騙的！」

7月16日
聖女貞德
Saint Joan of Arc
1412～1431

戰時的神祕女子

聖女貞德是歐洲戰爭歷史上傳奇色彩的人物之一，把法國從英格蘭的統治下解救出來。傳說貞德生於謬斯河谷中的一個農業小村莊，從虔信宗教的母親那裡學習紡織、縫紉和烹飪，也和兄弟姊妹一起放牧牛羊、耕種田地。當時歐洲的主要國家正在進行百年戰爭，英格蘭人占領了法國北部的大部分地區，她的家鄉常受到軍隊的侵擾，由於愛國心的驅使，她弄到一些馬匹和一件男裝，陪她一起長途跋涉，終於到達當時國王查理七世的宮廷，她對國王說曾夢見上帝，上帝要她來協助國王殺敵。查理七世和他的近臣認爲她荒誕無禮，所以沒理睬她。她耐心等了幾個月，國王才命人給她配備、盔甲及馬匹，並特製一面專用的旗幟，以及一支法軍向奧爾良前進。貞德雖然不是這支隊伍的司令官，但是只要她在隊伍中，士兵的士氣就會大增，充滿必勝的信心，把英軍打的一敗塗地。之後又多次在法國境內擊敗英軍許多次，一四二九年的七月十六日，查理七世正式給貞德加冕。貞德的軍隊下定決心收復巴黎，受限於查理七世的優柔寡斷，使她的士兵無法發動攻擊。後來貞德深入敵軍殺敵，卻與部下失散而被敵人囚禁，不久後被賣給英格蘭人。英格蘭人將她交給教會，控告貞德實行巫術，教會將她移交市政當局後，被市政當局燒死在火柱上，那年，她才十九歲。大約二十五年後，貞德的家人上訴教皇，教皇才撤銷對貞德的控訴，一九二〇年天主教會追諡貞德爲聖女。

7月17日
亞當·史密斯
Adam Smith
1723～1790

一隻看不見的手

一七七六年在人類史上發生了兩件影響深遠的大事，其一是美國獨立；另一則是現代經濟學聖經《國富論》的出版。《國富論》的演繹，是以「每個人都有利己之心」爲其前提，認爲人類之所以要從事各種經濟活動，最基本的動機是要「圖利自己」。而這種「利」的行爲，不但有利於自己，並且還有利於公益。

例如在買賣時，賣者認爲「有利」才賣，買者認爲「有利」才買，結果雙方得到一個「互蒙其利」的價格和交易。又如每個人爲了增加自己的財富而努力生產，卻同時也使得國家的總生產量爲之提高，這種私利與公利之間，彷彿有一隻「看不見的手」在導引、調和，促成和諧與繁榮。基於此，史密斯乃主張：在不違反公正法律的範圍以內，每個人應有權利自由運用自己的勞力與資本去追求自己的利益，這種自由，是任何人爲的政策所不能剝奪的天賦人權。

《國富論》的發表，不但使過去零散的自由經濟思想有了系統性的整理與創建，也開啓了後人對經濟學術以嚴謹方法研究的序幕。因此，非僅本書被視爲現代經濟學的聖經，也使史密斯被奉爲「現代經濟學之父」。一七九〇年的七月十七日，史密斯拋下了他生平三件最重要的事情：母親、朋友以及書籍，不虛此生的撒手西歸。

7月18日

珍・奧斯汀

Jane Austen

1775～1817

傲慢、偏見、愛情

生前著有《傲慢與偏見》等書而被名作家毛姆評為「世界十大小說家」之一的珍・奧斯汀，於一八一七年七月十八日以四十一歲的英年在文壇急遽殞落。

這位被後人尊稱為「近代寫實小說之母」的英裔女作家，由於生活空間一直侷限在家庭，所以筆下作品都是平鋪直述地描寫一般人物的生活細節，從沒去蓄意迎合當時風尚的各種驚人、熱情英雄等傳說或情節，故在當時並未受到應有的重視和嘉許。但她這種獨樹一幟的創作風格，由於字裡行間結構嚴謹，再加上樸素秀美的文筆細膩深入而動人，所以禁得起時間歲月的考驗，後來終於博得世人稱許她「對普通生活中感情、人物、情節的描寫富有天才，簡直是世所罕見」等美譽。而其中最引起共鳴的，莫過於奧斯汀對男女間感情的刻劃入微，簡直已臻至扣人心弦的境界。

至於引領她萌念寫下不朽小說的靈感，奧斯汀的說法是：「愛情，可不是一件很奇怪的東西嗎？它曾令年輕人欣喜若狂，卻又使他們憂愁哀傷；可是，它又像是一件永遠無法解決的神祕！多少人曾為之困惑不已，又有多少人被它棄如敝屣啊！」

奧斯汀便是秉持這項觀點，寫出她對婚姻自由和婦女們在愛情方面不平等的種種待遇，每一本書都命中人性弱點，難怪會暢銷迄今。

7月19日
東條英機
Toujou Hideki
1884～1948

死兩次的戰爭販子

藉著第二次世界大戰乘勢而起的日本東條英機內閣，由於戰況失勢，被迫在昭和十九年（西元一九四四年）的今天向裕仁天皇呈遞總辭，解散歷時兩年九個月的「戰爭內閣」。

出身關東憲兵司令官的東條英機，在一九四一年由近衛內閣之陸軍大臣躍爲總理大臣的第一件事，便是掀起翻天覆地的太平洋戰爭。他於十二月八日出兵奇襲珍珠港，揚言要將歐美勢力逐出太平洋地區，建立一個以日本掛帥的「亞洲人的亞洲」。在這項捋美國佬虎鬚的「虎、虎、虎」行動成功三天後，日本即迫不及待的與德、義結盟，全面掀起世界性戰爭，卻也從此埋下了無條件投降的伏筆。

戰後，這位戰爭販子被美軍提起公訴，結果在接受「東京裁判」的前夕畏罪自戕，那知命不該絕，勞駕三位美軍捐血之後，又挽回了他這一條充滿血腥的老命。

這位畏罪尋死不成的戰爭首惡，後來渾身流著美國大兵的血液應審，結果在「東京裁判」提起告訴的五十五條罪狀中，他囊括了五十條之多，最後與土肥原賢二等六人被判處絞刑。

東條在被押返巣鴨監獄時，曾感慨萬分地向旁人嘆出一句懺語：「只知勝利而不計失敗者，大禍早晚會臨身而後悔莫及的！」

7月20日

阿姆斯壯

Neil Armstrong

1930～

和平大步上月球

一九六一年四月間的蘇聯太空人卡卡林征服外太空成功，此一驚人之舉激起了美國總統甘迺迪的好勝雄心，遂於同年五月定下了「十年內把人送上月球」的計畫。於是在投下二百二十億美元資金、動員四十萬人的心力積極進行下，終於成功地讓阿姆斯壯和艾德林的腳步，順利地踏上了月球。

人類登月的時間表，原定在二十一日凌晨二時二十一分，當時的美國總統尼克森，還想爲這一個「超越一切之夢般的片刻」而通令全國放假誌慶，後來由於蘇聯「月球十五號」火箭機器人亦已逼近月球準備降落，遂臨時決定提早登陸。

一九六九年的七月二十日，格林威治時間下午二點十七分四十三秒，距離地球二十五萬八百零一哩的外太空，傳回了一段令人振奮的音訊：「休斯頓，這兒是寧靜海基地，老鷹已經著陸了。」

隨後，太空人阿姆斯壯的腳掌，結結實實地踏上了這塊新天地，就在這一剎那，一句歷史的名言發自他的內心：「對個人而言，這是我的一小步；但對於全人類而言，這卻是一大步。」接著，美國國旗成功地插上了斯土。但阿姆斯壯卻不宣布將其占領爲美國領土，僅係留下各國元首祝詞，以及一塊紀念的碑石，上面鑴刻著：「來自地球行星的人類，係於一九六九年七月帶著全人類和平的意願：首度蒞此踏上月球的土地。」

7月21日

吳廷琰

Wu Dinh-Diem

1901～1963

在歷史的失敗中打滾

由於奠邊府之役的慘敗，法國政府受不了其在中南半島八年「骯髒戰爭」所受的沉重損失，於是在急於結束這個爛攤子的焦躁下，不顧越南當局的嚴重抗議，以及來自民主陣營的譴責，硬是把北緯十七度以北的廣大土地，在一九五四年的今天平白讓給了越盟。越南人民在幾經斡旋仍歸無效之後，只好化悲憤為力量，緊密團結，由甫任總理才一個月的吳廷琰肩負起這個艱鉅的重擔。吳廷琰上臺後，立刻引領越南政府於次年改制為共和國，隨後又頒布憲法，期使維新後的越南成爲眞正獨立自主的政權。

吳廷琰原係一介負笈於義、美兩國神學院的儒雅紳士，但由於反日、反法、反共卓有績效，終於使他博得《生活》雜誌的嘉許，讚美他爲：「一位將被歷史判定爲二十世紀偉人中之強硬而傳奇的人物。」可惜後來由於美國中央情報局的介入，竟使他壯志未能得酬，竟在一九六三年的政變中橫死亂槍之下。

吳氏在總統任內，嘗對外預言：「共產黨無法以武力來奪取越南，但將以我們的弱點來贏得越南，他們擅長利用過失來獲取勝利。」在其死後十二年，這句話不幸言中。美國中央情報局在被迫撤離西貢時的最後電訊，終於有感而發的寫道：「無意學習歷史的人，將反覆在歷史的失敗中打滾。」

7月22日

蘿絲・甘迺迪夫人

Rose Fitzgerald Kennedy

1890～1995

打進圈子再爭第一

父親是波士頓市長、丈夫曾任駐英大使，而膝下三子又被她栽培成國會議員，其中兩位甚且當上美國第三十五任總統和司法部長等高職的傳奇女性——蘿絲・甘迺迪夫人，係於一八九〇年本日出生。

對美國政壇而言，崛起於本世紀的「甘迺迪家族」，確係一股不容輕視的旋風，尤其在約翰・甘迺迪以四十三歲英年，連破三項難以克服的障礙：年輕、財富和天主教信仰而入主白宮時，甘家聲望可謂如日中天；孰料接踵而至的是一連串噩耗，甘家兩兄弟遇刺死於非命，一家之主的老約瑟・甘迺迪罹患中風後撒手西歸，而唯一的香火傳承者愛德華・甘迺迪，又在查巴奎迪堤防橋駕車墜河而毀掉政治前途。

面對這接連的無情打擊，老婦人在慨嘆「既不遺忘也不迴避」之餘，卻不忘自勉「我不知疲憊，也不知失敗」。這種樂天知命和篤信宗教的態度，曾贏得世人封其爲「蘿絲教皇」的雅譽。

儘管佳評如潮，她還是認清自己的角色去培養第二代，將其所恪遵的「打進圈子，再爭第一」原則灌輸給能夠克紹箕裘的子女。甘家子弟個個後來能夠出類拔萃，說來都是仰仗這位開明的母親教導有方。

7月23日

赫爾

Cordell Hull

1871～1955

勤謹和緩四字訣

榮膺第二次世界大戰戰後（一九四五年）首位諾貝爾和平獎殊榮，而且打破美國史上擔任最長時間的國務卿赫爾，係在一九五五年本日闔眼長眠，終於走完長達八十四載的歲月。

這位曾在珍珠港事變時，斥退日本駐美大使而名聞遐邇的英明政治家，自二十歲在家鄉田納西從事律師事務時，便已展露他與眾不同的特質，普獲民眾好評。因此，羅斯福膺選總統後，第一件事便是找赫爾共挑重任，赫爾當場不客氣地提出相對要求，希望能確實掌有決定外交政策的權力，否則他寧可不幹。結果，兩人志同道合地搭配得當，使美國在全球浩劫中度過難關並脫穎而出。

在赫爾輔佐之際，他對直接稅的建制和自由貿易的溝通最有貢獻，雖然這兩宗財經大事折騰了二十六年才獲通過，但卻使他贏得「中央所得稅法之父」的美譽。而他闡釋自由貿易時所講的：「我不會對待你比我待得最好的人壞些，只要你不對待我比你待最好的人壞些。」也成爲人際間互惠平等的口頭禪。然而，最重要的收穫是，在漫長爭取立法的歲月中，赫爾表現了「事非不可爭，但一定要爭得合情合理」的風範。而且，冗長的答辯和縝密的思考，使他在任內絕無重大的錯誤政策發生，這正契合了中國格言所述「勤、謹、和、緩」四字訣的最高境界。

7月24日

芥川龍之介

Akutagawa Ryunosuke

1892～1927

文壇怪傑的人生觀

一九二七年七月二十四日的清晨，享譽日本文壇的「鬼才」芥川龍之介，由於神經衰弱等病症纏身，再加上自認爲藝術領域已難獲突破，遂在自宅呑下大量安眠藥自殺身死，享年僅三十五歲。

芥川龍之介雖然投入文壇僅有十載光陰，可是所寫的《羅生門》等小說，以及詩歌、俳句、隨筆、論文等作品均極膾炙人口，因此日本全國上下對於這位不世出的怪傑猝逝，曾經引起相當程度的震撼，在感悼英才早逝之餘，遂集資創辦名聞遐邇的「芥川賞」，迄今七十餘載，這項獎賞在日本文壇仍被視爲至高無上的殊榮，足見他受感懷之一斑。

而這位隸屬「大正時期」的傑出作家，何以會在身後受到如許的尊崇和禮遇，主要該歸功於他將生活和藝術高度結合作品，使讀者能刻骨銘心地引起共鳴所致。比如他對「人生」的感悟特別豐沛，曾在隨筆中寫到：「人生彷彿一本落頁甚多的書，它實在難以稱爲一本書；可是它終究還是構成一本書」、「人生好像是火柴盒，重視它即意謂愚蠢，但不重視它的話，卻又非常危險」、「遺傳、際遇和偶然，這三者掌握了人生」、「人生往往是複雜的，想將其簡單化，除非暴力，別無蹊徑，難怪文明人會不講道理嗜好殺人」。

7月25日

墨索里尼

Benito Andrea Mussolini

1883～1945

拿麵包必須提槍桿嗎？

一九八三年，是法西斯主義倡導人，同時也是前義大利首相墨索里尼的一百周年冥誕。這位曾與希特勒合夥製造出掀天揭地勾當的獨裁者，曾於一九四三年的七月二十五日一度飲恨下野。

在一九四三年七月二十五日的凌晨二點十五分，代表全民意願的義大利國大評議會，經過冗長的答辯後，終以十九對七、以及兩票棄權結果，決定放逐倡導法西斯主義而掌政二十載的墨索里尼。議員們憤怒地譴責他「把歷史上最不道德的獨裁制度帶進義大利」，國王維多利奧亦立即下令逮捕，並將其移至囚禁政治犯的離島監管，打算藉此將法西斯主義徹底粉碎。然而隔沒多久，墨索里尼便被希特勒派出的特遣隊救出，旋於同年九月十七日宣布建立「義大利社會共和國」。

一世奸雄墨索里尼，最可怕的是他對群眾所展現的魅力，不但贏得希特勒不遺餘力的栽培，甚至連他的對手邱吉爾在一九二七年都還情不自禁地表示過：「如果我是義大利人，恐怕早就穿上法西斯的黑襯衫了。」可是，潛在於寬闊下額、炯然雙瞳、瀟灑手勢，以及動人嗓音下的墨索里尼心靈深處，竟然只是秉持自幼即有的「終有一天，我將讓全球震撼起來」理念，以及後來鼓吹的「提武器者才能拿到麵包」的黷武思想，難怪會注定他終至失敗的下場。

7月26日

蕭伯納

George Bernard Shaw

1856～1950

小事注意，大事百成

被諾貝爾基金會評定「由於在文學批評和劇作方面均有理性和威嚴的公意指導」而獲得一九二五年文學獎殊榮的文壇瑰寶蕭伯納，是在一八五六年七月二十六日，誕生於愛爾蘭的都柏林，從此開展他醜詆世人卻不惹人嫌厭的奇妙智生之旅。

蕭伯納生前最常用的口頭禪是「我不得不寫！」因此，在他有生之年的九十四載，前後創作了《窈窕淑女》等三十七部戲劇作品，博得「繼莎士比亞之後最偉大戲劇家」的尊銜。除了創作劇本外，他還嗜好寫文學批評或隨筆等雜文。結果，每當完成一部著作後，他在書寫精簡的序言時，往往又技癢難禁地將序言撰述成一本書，因而又被冠上所謂的「序言作家」頭銜，他聞訊後非但不以爲忤，反倒還引以爲豪！

這位被視爲英倫國寶級的「寫字機器」，除了在紙上表露獨到的潑辣恣謔筆鋒工夫外，他在日常生活中的銳利機智和細緻思慮亦爲世所罕見。比如，他早於一八八四年便與同道發起改革社會的「費邊社」，當時有人問他動機何在？蕭伯納煞有介事地正言回答：「我討厭窮，要爲消滅窮人而奮鬥，所以才要創這個社。」對於他這一生非凡的成就，蕭伯納僅意簡言賅自稱其竅門是：「小事注意，大事百成。」

7月27日

田中角榮

Tanaka Kakuei

1918～1993

把治國當成炒股票

繼尼克森「水門事件」之後，發生在日本的「洛克希德購機賄款案」，可說是震撼全球的另一宗著名醜聞。

這宗貪瀆案件，不僅使田中角榮飲恨垮臺，於一九七六年的七月二十七日鋃鐺入獄，甚且還使執政的自民黨陷入該黨自一九五五年創立以來的最大政治危機。

主角田中角榮是日本第一位未曾讀過大學、全靠選舉起家的「黨人」政客，他也是日本有史以來最年輕的總理大臣，但是卻因收受五億日圓的賄款而一夕間身敗名裂。

田中角榮擅玩「金權政治」（《文藝春秋》即曾在一九七四年發表過專文，評析他的性格是典型的「拜金主義者」），早在一九四○年代，他即藉著與比他年長八歲的富家女結婚而躍登龍門；二十八歲時便躋身國會，而且還蟬聯了十屆之久。這段期間，他又建立「越山會」、「財政調查會」、「經社研究會」以及「新政經振興會」等組織搜刮政治獻金，然後透過本身所擅長的建築商人手腕來處理政事，藉著揮霍錢財以鞏固其黨羽向心力。據傳在首相角逐戰中，竟投下了五十億日圓資金，以每票三千萬日圓的代價登上權力核心。由此種種以「利」字掛帥的行徑，就不難想像他何以會「趕搭巴士」急急與中共建交，以及後來因收受賄款而黯然下野的際遇了。

7月28日

巴哈

Johann Sebastian Bach

1685～1750

「音樂之父」讓孩子不變壞

「學琴的孩子不會變壞」，已然成為一句大家耳熟能詳的話。可是，學琴的孩子該學什麼音樂最好呢？經過專家學者的縝密研究，一致公推巴哈的管弦樂組作品第三號第二樂章的「G弦曲」，是孩子們精神上最好和最純粹的音樂。

出生於一六八五年的巴哈，因為祖先五代都是從事音樂工作，所以自幼便受到濃郁薰陶；雖然父母在他十歲時就相繼去世，但巴哈在大哥的住所亦學到不少樂理。其中最令後人感動的，莫過於他在十五歲那年，為了擁有一份大哥祕藏的樂譜，竟利用半夜起床藉著微弱的月光偷偷抄譜，好不容易花了六個月時間才抄妥，竟被大哥發現而撕毀。此事雖沒使巴哈對音樂領域的探索感到挫折，但長達半年的抄譜卻嚴重損害他的視力，導致他在六十五歲那年，亦即一七五〇年的七月二十八日，卒因失明而不幸歿世。

由於巴哈焚膏繼晷地辛勤工作，故在他有生之年所創作出的歌樂、清唱劇、神劇、彌撒、受難曲，乃至於法國組曲、英國組曲、飛遁曲、平均律鋼琴曲、布蘭登堡協奏曲……等等，為複音音樂奠定了萬世不朽的宏基，同時也使他被譽為巴洛克時代最偉大的作曲家，甚而直封為「音樂之父」！舒曼就曾大力推崇道：「音樂感激巴哈，正如宗教感激其創始者一樣。」巴哈在音樂史上影響的深遠，由此可見一斑。

7月29日

黛安娜王妃

Princess Diana

1961～1997

圖／Georges Biard

自古紅顏多薄命

童話中王子和公主舉行婚禮後，從此過著幸福美滿的生活；但在現實中，卻總是以悲劇收場。

一九六一年出生在英國的黛安娜，是家中的第三個女兒，二十歲那年，原本擔任幼稚園教師的她，在一九八一年七月二十九日舉行了全球矚目的世紀婚禮，她戲劇性的下嫁英國皇室繼承人查爾斯王子。黛安娜雖然出生於英國子爵家庭，實際上與當時的英國皇室早已沒有關係，只能算是平民出身，再加上她與查爾斯王子年齡的懸殊，有許多人在當時就已不看好這場婚姻；不過，婚禮的盛大、黛安娜羞澀的笑容，迄今仍爲世人所津津樂道。

果不其然，在蜜月旅行時，兩人就傳出有婚姻危機。婚後，黛安娜情緒變得暴躁不定，深爲暴食症所苦，有時看到東西就想吃，有時卻是什麼東西也吃不下，而且還與伊麗莎白女王爭執不斷。懷孕期間，甚且因大發脾氣而從樓上摔下來。

爲皇室生下兩位小王子後，媒體披露查爾斯王子的外遇，黛安娜與舊情人幽會的消息也甚囂塵上。於是，她決定走出皇室參與公益活動，積極爲反地雷組織奔走，甚至深入地雷區探訪身受地雷殘害的人民，並也關心非洲難民及飢童，充分將愛心散布到需要溫暖的角落。不過，即使是善良的公主，仍然難逃命運的安排。一九九六年，查爾斯與黛安娜王妃雙方協議離婚，原本以爲可從此平靜地過凡人生活的黛安娜，不久卻死於意外車禍，紅顏薄命，委實令人不勝唏噓。

7月30日
古登堡
Johannes Gutenberg
1398～1468

西方印刷術的發明者

一九三七年七月三十日，商務印書館運往重慶的印刷機器被日軍炸燬於洞庭湖中，而對現代印刷業有關鍵影響的即爲十四世紀末出生於德國的古登堡。

古登堡被西方喻爲印刷術的發明者，他主要的貢獻在於發明了活字印刷，使得世人用這種方法得以快速、大量的印刷。

在遠古時代，考古所發現的印章，原理與活字印刷相同，而在古登堡以前的幾個世紀，中國就有雕版印刷（大約在西元八六八年，印刷圖書就在中國出現）。西方世界已知道這種印刷方法，雖然雕版印刷可以印製成多本書，但是缺點在於當時使用的是木板及石板，如果要印製其他書籍，就必須要再刻一次，沒有辦法重複使用。古登堡的貢獻在於他集合了印刷四大要素：活字、排版、印刷機和油墨，提出一套高效率的生產方法。他係出生於德國，十五世紀中葉便開始致力於活字印刷發明，其生前排印的最著名傑作是一四五四年所印製的《聖經》，後人稱之爲《古登堡聖經》。

有趣的是，古登堡的名字從未出現在他所排印的書中，雖然這些書明明就是由他所印製。而且，本身也不是一位成功的生意人，好幾次因爲生意捲入官司，以致於傾家蕩產，半生潦倒。然而，古登堡的現代印刷術出現之後，這才促使歐洲的科技迅速蓬勃發展，這段過程的確是歷史發展中不容抹滅的重要歷程。

7月31日

安東尼・聖修伯里

Antoine de Saint-Exupery

1900～1944

航行在夜空中的「小王子」

著有《小王子》而名聞世界的作家聖修伯里，他那傳奇一生至今仍爲人所津津樂道。他出生於法國一個貴族家庭，因爲個性內向的關係，常自覺與世俗格格不入。他曾說過自己非常喜歡沙漠，只有沙漠才能帶給他心靈的平靜，尤其衷心熱愛撒哈拉沙漠。二十歲時，他到距離摩洛哥大約九百公里的一個沙漠中擔任郵件飛機駕駛，因爲當時的郵務飛機時常在夜間降落，當地的居民及工作同仁就給他取了一個外號「夜鳥」，後來因爲飛機的設計進步，航程可以飛得更遠，已經不需要沙漠中繼站，於是他就離開那個地方。事後，他形容那段生活，「雖然孤單，卻是生命中最平靜祥和的一段時間。」二十二歲那年，他進入航空隊服務，取得飛行員的執照。退役後，他進入一家公司擔任記帳員，但是一看到帳簿的數字便昏昏欲睡，因此被開除。接連找了幾份工作都沒能好好做下去，以致連未婚妻都爲此改嫁給別人，之後他便變得落落寡歡。

當第二次世界大戰爆發，他被徵召擔任空中偵察員的工作，在一九四四年的七月三十一日執行飛行任務時，卻在空中消失了。盟軍及敵軍都沒有擊落這架飛機的記錄，朋友也說他沒有自殺的可能，他就像蒸發一樣憑空消失了。

直到一九九八年，有一位漁夫聲稱他撿到一塊刻有他名字的銀鍊及一小部分飛機殘骸，法國政府不願承認這個沒被證實的傳聞，以致極有可能找到聖修伯里殘骸的線索遂不了了之。

8月名人

艾維斯・普里斯萊
裕仁天皇
約翰・高爾斯華綏
艾德諾
湯瑪斯曼
卡內基
凱末爾
李察・尼克森
杜南
泰戈爾
弗萊明
司徒雷登
安徒生
哥倫布
興登堡
林森

麥格塞塞
克麗奧佩特拉
安格爾
歌德
黑格爾
黎謝特
尼采
蘇特蘭夫人
龐陀碧丹
向田邦子
托洛茨基
廖仲凱
歐維爾・萊特
巴爾札克
愛新覺羅・溥儀

August

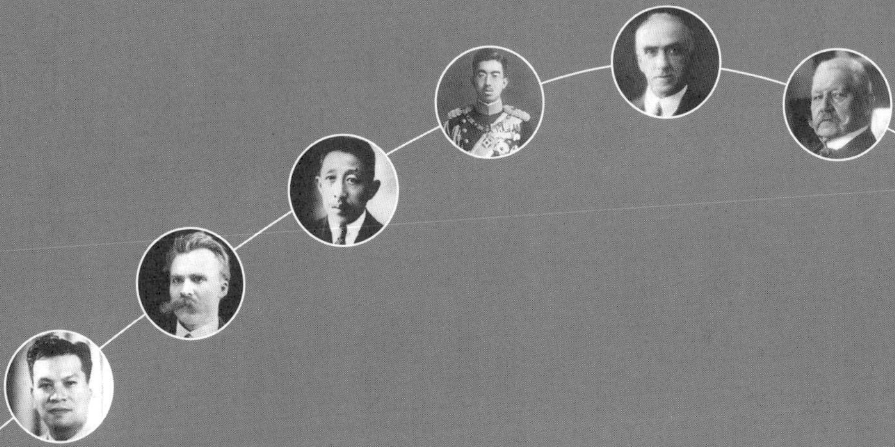

8月1日
林森
Lin Sen
1868～1943

心定則神旺，理直則氣壯

民國二十年修正《國民政府組織法》中，制定國民政府主席爲中華民國元首，對內對外代表國家。「主席」這項職位堪稱政府組織中的最高職位，當時受膺這份殊榮且任職長達十二年之久的林森先生，係於民國三十二年的今天逝世。

生長於福建福州的林森，年輕時曾渡海任職臺北電報局，後來亦曾轉途嘉義鼓吹革命，與臺胞的關係至爲密切。林森生平最喜「心定則神旺，理直則氣壯」這句嘉言，也曾有兩次將此嘉言在「衣裝」上表現得淋漓盡致：一次是在民國元年，當他出任參議院院長時，袁世凱全身戎裝披掛並佩帶軍刀到院，結果馬上在林森跟前碰了釘子，被他莊容正色地糾舉道：「參議院是代表民意的最高機關，照例不得攜帶武器，請解除軍刀入席，以崇法治！」頓使一代梟雄感到赧顏失色。

除了糾正別人服裝不合時宜外，他自己因爲感懷孫中山先生，曾定青天白日旗爲革命旗幟，後來又因參與剷除共產黨的「西山會議」失敗而遭致處分的教訓，所以立誓終生「不穿短裝，改用藍布長衣，以此作爲永恆紀念，並決心表示青天白日的象徵離不開我的軀殼，一直到死！」

俗謂「佛要金裝，人要衣裝」，但林森先生在衣裝方面所表現出來的另一種層次見地，實乃世所罕見。

8月2日

興登堡

Paul von Hindenburg

1847～1934

匕首來自背後

曾經參與德意志帝國的肇建，而在首次世界大戰中以最高司令官的身分發表過：「與其蒙辱受降換取和平，不如光榮戰敗！」宣言的興登堡將軍，是於一九三四年八月二日逝世，享年八十七歲。

興登堡出身軍人世家，早在二十歲時便參加過普奧戰爭，因戰功而晉陞至陸軍元帥；一九一一年因役滿四十載，循例告老還鄉。不料三年後突然爆發激戰，他奉命擔任第八軍團指揮官，結果在坦能堡一役中徹底擊潰俄軍而聲名大噪，成爲繼俾斯麥之後的英雄人物。興登堡在軍旅平步青雲不久，適逢德國舉行首次的民選總統大選，七十七高齡的興登堡在右翼人士的擁戴之下，以一千四百多萬票擊敗共和黨左派的對手，從此步入政壇，卻也埋下納粹黨異軍突起、攫取政權的導火線。原來，在當時施行的威瑪憲法中，規定國家遇有緊急狀況時，總統可以藉助軍方來強迫實行任何手段。

於是，軍人出身的興登堡便利用這項漏洞濫授總理各種違憲的統治權。這種手法後來被希特勒洞悉透徹，於是在控制國會議席後即循例掠取政權，遂導致德國軍隊陷入萬劫不復的納粹深淵。回顧在首次世界大戰結束後世人追究德軍戰敗原因時，興登堡曾語驚四座的強調德軍並非敗在沙場，而是「背後的（意指國內）匕首」，力言政治絕不要干預軍事，軍事必須超然於黨派之外；可惜，後來卻因言行不一以致讓悲劇重演。

8月3日

哥倫布

Christopher Columbus

1451～1506

雞蛋與勇者

爲了尋找馬可波羅在《東方見聞錄》中所提的國度，義籍航海家哥倫布在遊說葡、西、法、英等國多年後，終於獲得西班牙女王伊莎貝拉的贊助，在一四九二年的八月三日如願以償啓航去探訪未知的旅程。哥倫布率領的船艦自西班牙的勃羅斯港起錨後不久，水手曾三番兩次發生暴動，但都被哥倫布適時制止，終而繼續順利航行，並發現了新大陸，七個月後載譽歸國，獲得萬人空巷式的歡迎，同時亦得到皇帝的恩寵，可謂實至名歸。

對於哥倫布所展現的堅苦卓絕精神，蔣介石曾經有感而發地提示：「哥倫布向跟隨他的人們所提供的，並不是金錢、名譽和安樂，而是風暴、海嘯、浩瀚無際的大洋。其每日所能遭遇得到的，只是艱苦危險和不可預測的死亡；然而其冒險的結果，卻是提供了人類一片嶄新的天地。」而蔣經國亦明示哥倫布具有「忠勤、樸實、責任、榮譽」四種節操，由於他開疆拓土的精神以及全身充滿年輕人的勇氣和老年人的堅忍，連成了一團的信心，所以能在沒有海圖的情況下，依舊締造了不朽的事功。

「世界屬於勇者！」這是哥倫布訓勉屬下的常用語，他也常喜歡叫人拿雞蛋來豎立在桌子上，對方動輒稱爲不可能，哥倫布即當著對方的面，將蛋的尖端敲碎一點點，一顆蛋便穩穩地立在桌上，然後便藉此來開導對方：凡事始創維艱，但一有人開頭，後繼者便很容易了。

8月4日

安徒生

Hans Christian Andersen

1805～1875

爭取未來的一代

從一八三七年開始，位於北歐的小國丹麥，每逢耶誕節時，人們便互相贈以書本來權充禮物。造成這種風尚的，就是那位以擅寫童話集而名聞遐邇的安徒生，他個人還曾爲此而博得大十字動章的殊榮呢！

安徒生幼年出身非常卑微，他的祖母是一位乞丐，父親是鞋匠，母親則爲洗衣婦，家境異常清寒，但這些並未影響其力爭上游的堅強意志。他在十三歲稚齡時，便離鄉背井到首都哥本哈根尋求發展，希望能在演藝或歌唱方面有所表現，可惜事與願違，不僅憧憬落空，甚至還落個三餐不繼、淪落街頭以乞食維生的地步。

後來，「皇家劇場」經理慧眼識英雄，再加上國王斐特列六世的大力栽培，終於造就了這塊人間瑰寶，使他在三十歲那年躋身歐洲著名作家之列。而安徒生在成名後，有一天突然感懷自己童年的坎坷，遂興起用命運之神賜與的豐富情趣和活潑文字來「爭取未來的一代」念頭，於是在一八三五年改變筆鋒，開始創造屬於孩子們的世界，結果不出兩年，他的童話集便備受好評，連大人讀了也深受啓示。

在安徒生所締造的一百六十八個童話天地裡，他發揮驚人的想像力，使全宇宙的萬物都是具有生命之物，任何東西都會講話，而且全都具有人格，充分表現他對這個屬於「人」的世界的熱愛，啓迪後人思想至鉅。一八七五年八月四日，亦即著手創作童話四十年後，安徒生滿意地含笑溘世，享年七十。

8月5日

司徒雷登

John Leighton Stuart

1876～1962

別人流血，罪不在我

創辦燕京大學卓然有成的教育家兼傳教士，同時也是美國派駐中華民國在撤守大陸前的最後一任大使司徒雷登博士，一九四九年的今天，在飽受中共黨徒的惡毒詈罵之餘，歷經萬險，終於脫離竹幕，安然返抵美國本土夏威夷。

當這位生長於杭州的駐華大使下機的那一刻，美國政府「適時」地發表了一份由國務院草擬，名之爲《美國對華關係——特別是一九四四年至一九四五年間之記錄》白皮書。該書表面上是國務卿艾契遜署名致上杜魯門總統的個人報告，但私下卻由國務院大量印送到海外使館，並訓令廣爲分發宣傳。

司徒雷登收到白皮書的第一個感覺是疑懼而驚異不已，並在閱後深感：「從沒有過任何政府，正當雙方友好關係仍然存在時，竟會發表一份報告去批評另一國家及其政府的；尤其像美國政府在白皮書摘要中如此抨擊中國及國民政府，實在是史無前例。」同時，他還發現該書的目的並非是想產生一本「史家的歷史」……它只是不承認美國政策有任何錯誤，而企圖將一切過失皆歸咎於國民政府罷了。對司徒雷登的看法，胡適曾表示完全同感，並引用新約《聖經》的一段話來詮釋這份「中美外交上最不名譽、最可恥的文獻」。他這樣引述道：「彼拉多見到，說也無濟於事，反要生亂，就拿水在眾人面前洗手，說：『流這義人的血，罪不在我，你們承當吧！』」

8月6日

弗萊明

Sir Alexander Fleming

1881～1955

崇尚「做」哲學，無暇空談

相信每個人從小都有吃藥的經驗，而說到西藥，便不能不提到英國醫學家弗萊明。他是有名的細菌學權威，在他發現青黴菌，並發明抗菌抗生素「盤尼西林」後，爲現代化藥物奠下了重大里程碑，也救助了無數人的生命。

出生在一八八一年八月六日的弗萊明，是英國蘇格蘭亞爾郡一個勤儉誠實農夫的小孩。由於弗萊明是家中的老么，加上家境不佳，所以弗萊明的教育過程只到十六歲便告中斷。爲了維持生計，他中斷學業出外謀生，直到二十歲。後來，由於一筆去世姑母遺留下來的遺產，終於讓他再燃起求學的希望，二十五歲從醫學院畢業後，便一直從事醫學研究的工作。

弗萊明不僅是個腳踏實地的人，工作時更是認眞仔細、沉默寡言，簡直到了惜字如金的地步。當他在倫敦聖瑪麗醫院實驗室工作時，甚至還被工作人員背地裡取了個叫「蘇格蘭老古董」的綽號。有一次，在實驗室的研究會議上，大家爲了研究而口若懸河、誇誇而談時，弗萊明仍舊沉默不語。當實驗室主任賴特爵士詢問他的想法和意見時，弗萊明只回答了一個字：「做。」他的意思是說，與其毫無結論地談論，還不如實際地恢復實驗。弗萊明這種實事求是的精神也讓他發現了「青黴菌」，並藉由這種殺菌的有效物質發明了救活無數人的「盤尼西林」，終於獲得了一九四五年諾貝爾醫學獎的殊榮，以表彰他對人類的貢獻。

8月7日
泰戈爾
Rabindranath Tagore
1861～1941

我深信你的愛

憑藉一本宗教詩冊《漂鳥集》的英譯本上市，使得歐陸在一九一三年掀起「泰戈爾狂熱」，同時亦使泰戈爾在當年獲得諾貝爾文學獎的殊榮，首開東方人勇奪這項獎賞的歷史性紀錄。

這位當選《時代週刊》雜誌一九一三年「風雲人物」的詩人，在創作一萬多行不朽的詩句及三千多首曲子後，於一九四一年的八月七日，以八秩高齡溘然長逝在印度本土，留下世人對他永恆的懷念和追思。

名聞全球的英籍作家葉慈曾說：「我每天都讀泰戈爾的詩作，每唸一行，便把世上的一切煩惱都拋諸九霄雲外了。」而中國作家徐志摩亦曾讚嘆道：「泰戈爾在中國，不僅已得普遍的知名，竟是受普遍的景仰。問他愛唸誰的英文詩？十餘歲的小學生就自信不疑的答說『泰戈爾』……這是很驚人的狀況，一個外國的詩人，能有這樣普及的吸引力。」對於這位享譽全球的作家而言，他在字裡行間所被公認的「兼具新詩所具有的女性之優美，與散文所具有的男性之力量」境界，似乎可從其成名作《漂鳥集》的片段管窺：「每個嬰兒的出生都帶來了上帝對人類並未失望的消息」、「……死亡像出生一樣，都是屬於生命的；走路需要提起腳步，但也需要放下腳去」、「……生命如渡大海，我們相遇於狹船裡，死時我們同登彼岸，又向不同的世界各奔前程」、「……且讓這句話作爲我最後的一句話吧：『我深信你的愛！』」

8月8日
杜南
Henri Dunant
1828～1910

為反對痛苦與死亡而戰

當法、奧兩國軍隊在義大利北境的梭佛尼諾爆發激戰，造成四萬多名奄奄一息的傷患驟臨醫藥、飲水乃至於食物等必需品嚴重缺乏的困境時，一位來自日內瓦的年輕商人，在目睹這幕悲劇而深感於心不忍之餘，遂振臂高呼「皆兄弟也」的口號，呼籲義大利民眾對這群陷入困境的異鄉人伸出援手，結果獲致當地居民群起響應，充分發揮了人性善良的一面。事後，這位喚醒眾人惻隱之心的商人，針對此事寫了一本回憶錄，力陳「在災禍中救傷濟亡乃人類天職」，頗受世人矚目。到了一八六三年，他更進一步化理論爲行動，倡議創立一個救難賑災的機構，並邀集十六國代表與會協商，終於成立了「紅十字會組織」。一八六四年八月八日，瑞士政府有感於這個機構的重要性，遂由官方主動出面，召開首屆紅十字會的國際大會，並推舉這位名叫「杜南」的有心人爲首任會長，但卻被其所婉辭。

杜南所秉持的理念是：「只要能完成一件良知上的事業，名分和地位都是多餘的牽掛。」因此，他寧可退居幕後戮力宏揚其所鼓吹的理想：「紅十字會絕不採取直接的反戰主義立場……『爲反對痛苦與死亡而戰』素爲既定目標……它與戰爭的關係，正如同火災和消防車一樣；但沒有一個製造消防車者希望火災會眞正的發生。」紅十字會的成立，不僅使無數傷患獲得援助，同時亦使杜南和該組織先後榮獲過四次諾貝爾和平獎的空前殊榮。

8月9日
李察・尼克森
Richard Nixon
1913～1994

有努力，總難免有錯誤

一九七四年的八月九日，臺北時間上午十時正，李察・尼克森正式宣告辭去美國總統的職務，寫下了美國自有總統職位一百八十五年來第一個「在位辭職」的紀錄，舉世嘩然。

早在一九六〇年，尼克森即曾出馬角逐總統，但不幸以千分之一的微小差距被甘迺迪所擊敗；一九六二年時，退而求其次競選加州州長，卻又一敗塗地，際遇奇慘！但若比起由於這一場「比對外戰爭更痛苦、更惡毒」的水門事件醜聞，導致他從權力最高峰驟跌谷底的沮喪來說，那又不足爲道了。尼克森在失勢之前，也曾風光好一陣子。

他在艾帥時代曾任副總統，兩度蒞臺訪問，博得我國朝野普遍的好感。一九七二年再度出馬競選總統，終於締造了空前的得票紀錄，獲得壓倒性的勝利。因此，他那篇歷史性的辭職聲明，自是格外惹眼。在這篇談話中，值得世人細加玩味的有兩段；其一是，他引述羅斯福有關「競技場上」的感想：「他犯了錯誤，並且一次接一次地暴露出缺點，這是因爲凡有努力難免會有錯誤的結果；可是，也唯有實施奮鬥的人才能創造事功……雖然惡劣的結局是他失敗了，但至少是在嘗試偉大的事業中失敗。」其二，則是他認爲：「偉大的事業往往不是來自順境，而是來自失望和遭受打擊之際。」

8月10日

凱末爾

Mustafa Kemal

1881～1938

知識大軍常保勝利果

二十世紀初葉，世界上有兩支古老的民族被取笑為「病夫」，一是遠東的中國，另一是近東的土耳其。後者原為橫跨亞、歐、非三大洲的帝國，惜因積弊已久、國勢不振，加上在首次世界大戰失利，遂在一九二〇年的八月十日，被迫與列強簽訂極不合理的《色佛爾條約》。八月十日針對這項喪權辱國的條約，曾經在加里波利半島擊敗英法聯軍的凱末爾，再也按捺不住滿懷的救國壯志，於是在同一天宣布與土耳其皇帝所統治的鄂圖曼帝國正式決裂，率領各路來歸的國民軍揭竿起義，先後擊敗來犯的希臘軍，並迫使土皇亡命國外，而在一九二三年肇建了民主國，使古老的土耳其注入一劑新血。

史家在論及《色佛爾條約》功過時，莫不肯定它對土耳其是項危機，但卻也是千載難逢的轉機，凱末爾掌握了這項契機，終而創下如史學大師湯恩比所讚嘆道：「西方世界所曾發生過的文藝復興、宗教改革、獨立革命和工業革命等大事，似均已濃縮在凱末爾個人的一生之中了。」

凱末爾創造時勢的祕訣有二：一是他切實遵行「民族的權利」與「民眾的意志」兩大革命原則；二是他刻意強調：「一個民族在戰場上，不管獲得的勝利如何輝煌，若想保持勝利的戰果於不墜，就必須憑藉知識的大軍來維持」，從文化扎根上來奠定強國興邦的基礎。有此遠見，難怪後人會對他敬仰與推崇有加了。

8月11日
卡內基
Andrew Carnegie
1835～1919

鋼鐵大王的經營祕訣

生前創辦無數個基金會，並在多國捐款成立數千間圖書館，以及在歐陸興建「和平宮」而享譽於世的美國「鋼鐵大王」卡內基，一九一九年的八月十一日撒手西遊，享壽八十三歲。

這位發跡於美國工業起步初期的傳奇人物，幼年家境非常困頓，從十二歲開始，便因生活拮据而被迫中斷學業，先後當過紙廠童工、紗場火伕、電信局信差以及鐵路公司的報務員等卑微職務。後來在一次緊急的火車調度事件中，卡內基發揮他臨機應變的睿智和沉著，始獲上司的激賞和提拔，終於在事業上嶄露頭角，進而在鋼鐵冶煉中賺進千萬家產。然而，成爲鉅富後的卡內基，從不諱言微賤的出身，他經常打趣地提醒商界朋友：「在人生旅程中，我們所要害怕的對手，並非富人的兒子，而是那些以打掃辦公室開始人生道路的貧困孩子。」

有時，卡內基也會頗有感觸地奉勸他人：「對窮苦卑微者多給予些微關懷，往往會帶來意想不到的回報。」因爲他本人即是這種無私的受益者，同時也是受援成功的例子。而對於事業的認知，卡內基揚棄眾人所信守的「莫將所有的蛋全放在一個籃子」之經商箴言；反倒堅持認爲：在通往成功的經營道路上，最重要的是設法認清自己所走的是哪一行，並得專心投注在這一行，就像是「把所有的好蛋全放在同一個籃子裡，然後務必集中全副心力去照顧這個籃子」一般。

8月12日

湯瑪斯曼

Thomas Mann

1875～1955

時代與民眾的喉舌

年甫二十四歲，便利用拉保險的業餘時間創作出文學鉅構《布登勃魯克斯》的猶太裔傑出德籍作家湯瑪斯曼，係於一九五五年的這一天去世，享壽八十歲。

這位在一九二九年奪得諾貝爾文學獎的寫實小說家，由於領獎後又陸續發表了膾炙人口的《魔山》等作品，因此一度被瑞典當局打算再頒予他一次文學獎的殊榮，後因評審單位認爲此舉有違諾貝爾遺囑而作罷；否則，湯瑪斯曼極可能成爲同類獎賞獨獲兩次的得主。由此，我們便不難理解這位作家在世界文壇的聲望了。

湯瑪斯曼在文學造詣方面，雖然曾經帶給德國極大的震撼和榮耀，然卻不能見容於崛起的納粹德國，終因發表抨擊希特勒的〈訴諸理性〉等文章，而被迫於一九三三年遠離故土流亡瑞士，三年後，又慘遭褫奪德國國籍的厄運，連他的兒女竟也同遭納粹迫害。縱然環境如此險惡，但湯瑪斯曼仍然不爲勢劫，他更以「我走到那裡，那裡便是德國」的精神，繼續以銳利的筆鋒和廣播對納粹口誅筆伐，以是博得全球自由人士推崇爲「迫切地需要，有如許遠見和獨立的精神者，來爲人性的需要從事思想上的保衛戰」。而湯瑪斯曼個人則認爲「作家本身就是時代與民眾的喉舌」、「理應存有一種要改善現行社會缺點的一種渴望，方爲完美的人性。」他就是秉持這項理念，爲人留下難以忘懷的典範。

8月13日
艾德諾
Konrad Adenauer
1876～1967
圖／Deutsches Bundesarchiv（German Federal Archive）

柏林圍牆與臥薪嘗膽

由於抵擋不住民眾投奔自由的洶湧浪潮，東德共黨築起了一道恥辱的標記——柏林圍牆。它的興工時間，就在一九六一年的今天。

德國自納粹垮臺後，美英法俄四強便強行占領該國領土。一九五三年六月十七日，由蘇聯控制的東德發生群眾抗暴事件，拉開了鐵幕人民投奔自由的序幕；逃亡的風潮到一九六一年八月十二日時達於頂峰，居然在一日之內竟有二千零十七人逃亡，創下八年來的最高紀錄。

東德共黨政府在華沙集團的支持下，遂在次日凌晨展開迅雷不及掩耳的行動，全面封鎖通往西柏林的所有通道，不但切斷了高架和地下鐵路的交通，而最狠毒的是，開始破土動工趕建了世所矚目的「柏林圍牆」。面對這項嚴重違反「四國協議」及基本人權的舉動，當時的西德總理艾德諾卻處變不驚。除了對東德給予口頭警告之外，並不計劃經波昂飛赴柏林「共赴國難」，因爲他心裡非常了然：縱使即刻趕到西柏林坐鎮，對於毫不講理的共產黨，也是毫無攤牌商量的餘地，甚且可能在圍牆邊境製造衝突，造成東柏林再次暴動而犧牲更多的無辜者。因此直到事發十日後，始才動身抵達西柏林，面對圍牆發表了一篇「臥薪嘗膽」的談話，指出：「橫貫柏林中心的鐵路網和圍牆，對於全體德國人是一種提醒：勿忘統一！」充分表現出他臨危不亂的沉著與復國福民的胸懷。

8月14日

約翰・高爾斯華綏

John Galsworthy

1867～1933

揭露「發財教」的瘡疤

出身世宦之家，卻專事撰文揭露中上階層愚蠢、自私、腐化和貪婪等野蠻眞實面貌的作家，舉世堪稱寥寥無幾；可是老天偏會促狹，竟安排那麼獨特的一個，教他在一八六七年的這一天，誕生在日漸沒落的大英帝國裡，搞得這個古老王國腐敗的一面，完全暴露在世人面前而大獻其醜。他的名字叫做約翰・高爾斯華綏，一位出身自律師的知名小說家兼劇作家。

高氏所發表過的《銀匙》、《白猿》、《有產者》以及《島國的法利賽人》等寫實小說和劇作，每一篇都是針對腐敗的資產階層而發，狠狠地撕裂了中上階層虛僞的面具，普遍博得英倫三島平民的歡迎，咸認他是英國筆觸最尖刻的扒糞作家，連大文豪蕭伯納都望塵莫及。

但是，儘管文字刻薄銳利，高氏作品的深沉與內涵卻往往令人百讀不厭，其中尤以《富賽特世界》這部鉅構最爲世人讚許。書中深刻地描述一個「財富是他們的宗教」的家族，將世界當成「征服與占有」的逐鹿場，甚且把優裕的生活看爲最大的儲蓄，即使以心靈去換取財富亦在所不惜，最後更變本加厲地把妻兒都當成可以計算的財產來對待，結果弄得眾叛親離，悲劇收場。這種對於功利主義的嚴苛批判所激發的反響，使得高氏在世界文壇聲名大噪，也爲他博得了一九三二年的諾貝爾文學獎殊榮。

8月15日

裕仁天皇

Emperor Showa

1901～1989

為傳種而息干戈

「現在開始有重大廣播，請全國聽眾起立。」這是一九四五年本日的正午時刻，經由日本NHK第八播音室所傳送出來的訊息。隨後，便廣播了裕仁天皇在事前先錄好的錄音帶：「朕鑑於世界之大勢與帝國之現狀，欲以非常之措置收拾時局，茲告爾等臣民……」

這張承認日本戰敗命運的五分鐘錄音帶，是裕仁天皇在皇宮內的御政事務室錄製的，由於它攸關被黷武軍人所霸持的日本帝國前途，因此，錄製後的當晚便爆發少壯派武官搶奪錄音帶的「政變」。除導致首相和議長官邸被焚燬外，起事者亦因失敗而自殺。一夕過後，這捲錄音帶在送抵播音室時又差點被憲兵劫持，幸及時發覺而遏止，足見日本軍人如何厭棄和排斥「終戰」。然而，身爲天皇在盱衡全盤慘敗戰局和盟軍提出的「波茨坦宣言」後，不得不沉痛表示：「對海陸軍武裝解除及領土占領一事；雖不堪忍受，但亦在所不惜，圖的是拯救萬民生命而已。……只要留下一點種子，將來的復興光明仍是可以想像的……」裕仁天皇的「玉音」放送完畢，內閣亦告諭全國「承詔必謹，刻苦奮勵」以培育復興精神。而就在同年，天皇被盟軍當局課稅，次年元旦亦親自否定天皇神格，隔年在新憲法中又被褫奪大量權限。天皇的實權雖然日益萎縮，唯日本人卻在天皇執意「留下一點種子」中成長、茁壯了。

8月16日
艾維斯・普里斯萊
Elvis Presley
1935～1977

貓王對搖滾的絕對自信

以磁性的聲音、狂熱的動作而風靡全球二十餘載的搖滾樂王艾維斯・普里斯萊，不幸在一九七七年的八月十六日，以四十二歲的英年猝逝於美國黑人音樂名城孟斐斯市的葛麗絲園寓中。

這位因爲使用「山歌之貓」別號而博得歌迷謔稱爲「貓王」的搖滾樂歌手，早年只是電子公司的卡車司機，直到一九五六年以《傷心旅館》（*Heartbreak Hotel*）一曲躋身全美暢銷樂曲排行榜後，從此展開他驚人的搖滾世紀。

在其多彩多姿的演藝生涯中，普里斯萊曾獲得一百零四張金唱片，締下前所未有的輝煌紀錄；並雄踞英國人封冕的「世界歌手」長達十五屆之久，期間還榮膺「搖滾世紀」十七年間的總冠軍。當然，眾所矚目的「葛萊美」獎，也常是他囊中之物。

普里斯萊非常敬愛他的母親，所以當她逝世後，普里斯萊曾爲此改變作風，轉而走向穩重、成熟和抒情的路線，其中尤以懷念母親的《若我們不再相見》（*If We Never Meet Again*）一曲，更是感人肺腑。當時，曾有歌迷好奇地問他，爲何會如此摯愛和緬懷母親時，普里斯萊毫不諱言的表示，當他剛剛出道時，曾因行動過於新潮而屢次碰壁，每當心灰意冷想要轉業時，他的母親總是苦口婆心地勸導說：「只要有絕對的自信，任何眼前的災難和困惑都是短暫的。」憑著這段慰語，始才造就了「貓王」不朽的演藝生涯。

8月17日
愛新覺羅・溥儀
Puyi
1906～1967

名副其實的「廢帝」

遜清末代皇帝愛新覺羅・溥儀，畢生曾兩度「君」臨日本；第一次是一九三四年以「滿洲國皇帝」之尊，應其主子之邀作「官式」訪問，就日滿勾結一事進行磋商；可是，萬沒想到第二次再臨斯土時的角色，卻是在「極東裁判」出庭作證的一介戰犯，身分與風光判若兩人，時間是一九四六年的這一天。

由於受到俄共的裹脅，溥儀在此次作證中扮演著「逼使裕仁天皇也循例出庭作證」的角色。在二十餘天的證詞中，溥儀表示：（一）出任滿洲國皇帝是受日本強迫，因感生命危險而勉強接受；（二）在位十二年間，無時不考慮如何報復日本；（三）日本皇帝贈予三神器，是他認為最大的恥辱；（四）皇帝沒有統治權，一切實權都掌握在關東軍手中……言下之意，頗有欲置裕仁同歸於盡的味道，場面相當難堪。但由於美軍執意維持日本的天皇制度，因此裕仁始終沒被溥儀引蛇出洞，否則一經出庭被判為戰犯，極可能會招致像東條英機等人慘遭絞刑的命運。

當時，日本人對於溥儀的證詞都感到非常憤怒，認為他「忘恩負義」。但反過來說，如果不是裕仁和黷武好戰者的軍國意識迷蒙了心竅，竟有眼無珠地扶持這麼一位行止經常超乎常情的幼稚「廢」帝，怎會難堪至此，咎由自取，又怎可怪人呢？

8月18日
巴爾札克
Honore de Balzac
1799～1850

熱情就是整個人類

被公認爲現代文壇寫實派始祖的法國小說家巴爾札克，由於創作時往往足不出戶，甚而經常通宵達旦構思小說的題材，結果因爲操勞過度，不幸在一八五〇年八月十八日撒手塵寰。

身材壯魁卻僅活了五十一歲的巴爾札克，早年專攻法律，後來一度轉入新聞界，其後又權充過公證人，並曾開辦印刷廠和出版社，生活歷練非常豐富；不料在三十歲那年，由於經商失敗虧空纍纍，遂在百無聊賴之際，這才奮身投入筆陣。在經過一篇短劇和兩篇小說的寫作失敗後，巴爾札克險些心灰意冷而中途輟筆，幸而以第四篇歷史小說《朱利安黨人》轟動文壇，這才建立他滿懷的自信。成名後的巴爾札克，陸續發表了《高老頭》等寫實小說，聲譽鵲起。一九四二年後，他又以整整十三年的時間，完成了同一時代裡兩三千位出色人物的描述工作，並統稱這些包羅萬象的小說爲《人間喜劇》，內容則區分爲個人、地方、巴黎、政治、軍人和鄉間等六大類生活。透過這些不同的生活方式和內容表現，巴爾札克忠實地反映出各行各業眾生相。

在《人間喜劇》的前言裡，他刻意強調：「作家所以爲作家，或作家能與政治家分庭抗禮，甚至比政治家還傑出，主要的法則便是他對人類事務有某種抉擇和執著，同時也由於他對人類基本原則的絕對忠誠所致……其中，熱情就是代表整個人類，如果沒有熱情，則宗教、歷史、小說、藝術就都是無用之物了。」

8月19日
歐維爾・萊特
Orville Wright
1871～1948

前仆後繼飛上青天

一八九六年的八月十九日，進行過兩千多次滑翔實驗的德籍發明家李連塔，突然因爲飛翔失事而犧牲了寶貴生命。這樁意外事件的發生，帶給世人極大的震撼，其中尤以萊特兄弟感觸最深，因爲李連塔墜機那一天，恰好是歐維爾・萊特的二十五歲生日。

由於父親在兄弟倆幼年時曾經送給他們一架法國製的玩具直升機，透過這架玩具直升機的啓示，萊特兄弟倆遂在業餘時間精研有關飛翔方面的雜誌書刊，其中給予啓蒙最大的書籍，就是李連塔所寫的《離鳥飛行——飛行術的基礎》，所以在李連塔失事時，他們懍於李連塔生前對航空所做的奉獻，同時也被他最後遺言所說「任何進步，都要犧牲」的豪語所深深感動，於是下定決心在飛行實驗方面全力以赴。

一九〇三年的十二月十七日，萊特兄弟經過多年的努力，終於使滑翔機在風速每秒九點七公尺的情況下，以五十九秒的時間飛行了二百五十八公尺之遙，首開動力飛機載人航行的世界性紀錄；當時，新聞界對此項偉大創舉並未給予適當的反應，所以在延宕五年之後，始在歐洲公開飛行表演成功後，這才轟動了全球。

功成名就之後，歐維爾・萊特曾以先知式的口吻預言道：「不管今後科學技術和知識如何發達，將來的各種滑翔飛行機都仍將和我所發明的一樣，仍是以時速四十公里來起飛。」

8月20日
廖仲凱
Liao Zhong-Kai
1877～1925

政經皆為左右手

民國十四年的這一天，曾任駐黃埔軍校中國國民黨代表、廣東省長以及財政部長等要職的廖仲愷先生，不幸在廣州的國民黨中央黨部遇刺殉身。廖仲愷的遇刺，曾被視爲中國國民黨自陳其美被袁世凱謀害之後所遭遇的又一大打擊，同時也是國民革命過程中所無法彌補的損失。這位幼年生長在美國加州，直到十七歲才返抵國門研讀經史，其後又負笈香港、日本等地深造的黨國元老，自一九〇四年起便積極參與革命，追隨孫中山先生從事推翻滿清的行動，並在《星期評論》、《建設》等雜誌發表「貨物本位錢幣的具體制度」、「全民政治」等閎文，對伸張民權和穩定物價諸多貢獻，與蔣介石同是被孫中山先生所全心信任並傾力培植的重要助手。

曾經遊學海外多年的廖仲愷，因爲善於理財，所以生平最感興趣的是經濟問題，他曾語重心長地表示：「中國現在自己的經濟基礎如此薄弱，而所受國際經濟的壓迫如此深重，若要有所樹立，除非是依科學組織，用集合的方法，解決生產問題。生產問題解決，其他問題均可迎刃而解。」除了對財經問題有獨具慧眼看法外，他也因奉命辦理黨務和加強工農組訓而對政事有所感悟，嘗在所譯《全民政治》序文結尾處寫道：「穆勒・約翰曰：『政治制度者，人力之產物。非夏夢初醒，瞬眼而得。亦非如樹木植後即見成長，從茲不費工夫。』吾願國人三復斯言。」

8月21日

托洛茨基

Leon Trotsky

1879～1940

到底誰是雞蛋？

擁戴布爾什維克在俄國十月革命中奪權成功，並一向以列寧正統自居的「蘇聯人民委員會軍委會」委員長托洛茨基，一九四○年本日，被史達林派出的特務察克遜以利斧活活砍死在墨西哥流亡處所的書房中，死狀甚慘。

早在一九二六年，托洛茨基便被俄共當權派指爲「聯合反對派」的首魁而掃地出門，不旋踵並在一九二九年時被格別烏特務押解驅逐出境，流亡土耳其尋求政治庇護；隔沒幾年，又遠遁北歐的中立國挪威避難。這時，史達林大開殺戒，曾在一日之間槍斃了十六名開國元勳，除宣布他們爲「十六條法西斯瘋狗」之外，還宣布托洛茨基爲「賣國賊」，宣判了他的死刑，致使托洛茨基聞訊大驚，於是又逃到千里之外的墨西哥避難，然而卻仍不免一死。

托洛茨基的慘死，是因爲他認爲史達林在根本上就違背了布爾什維克的基本教條，因此聯合其他老布爾什維克推出所謂的「八十三人政綱」，大肆抨擊史魔。沒想到鬥不過史達林的老奸巨猾，遂引致一連串血腥的整肅風暴，所有敵對者全都死於非命。

對於這些腥風血雨的恐怖手段，史魔的辯解竟然是：「不打碎雞蛋，做不成蛋糕。」結果，好鬥成性的共產黨徒們後來也是把他當成了雞蛋，不但打碎，還拖出來鞭屍一番。或許，這就是共產黨的邪惡本質吧！

8月22日

向田邦子

Mukaida Kuniko

1929～1981

平常心可以剋病魔

一九八一年本日，遠航第一〇三次班機在苗栗上空失事，造成一百一十人不幸罹難的慘劇，其中來自日本的十八位乘客中，包含了風靡東瀛三島的女作家向田邦子在內，致使這件我國民航史上的最大空難事件，也在日本引發一陣不小的震撼！這位爲了蒐集寫作材料而特地走訪臺灣的知名女作家，生前曾任雜誌記者和出版社職員，一九五八年始全身投入創作生涯，旋於隔年以發表《請撥一一〇》電視劇本嶄露頭角，到了一九六四年出版《七個孫子》後，行情看漲而躍昇暢銷作家行列，一九八〇年又以《水瀨》、《花的名字》、《狗的木屋》三部小說榮登第八十三屆直木賞寶座，向田邦子的文學生涯至此可謂已臻顚峰狀態。死時年屆五十而仍獨身的向田邦子，最擅長將日常生活的平凡題材化爲動人而有趣的作品。觀察細膩、感情豐富，特別是對於女性心理的刻畫，尤具功力，因此深受廣大讀者的歡迎。

向田邦子寫作甚勤，生活也非常有規律，可是在生前仍不幸罹患乳癌。當時，她爲了顧及年邁母親的健康而悶不吭聲，所以即使在夢中都會夢到「癌」這個字眼的情況下，平常卻仍以毫不在乎的心情去刻意過著悠閒的生活。隔年，更以滿腦子所想到的只是「生」的活字，並以搖筆桿來當作精神安定劑來自我治療，結果在第三年竟獲痊癒。遺憾的是，向田邦子雖然逃過病癌魔掌，可惜卻掙脫不了死神所安排的空難厄運，徒然留給世人永恆的回憶。

8月23日

龐陀碧丹

Henrik Pontoppidan

1857～1943

自己的前途自己開

主辦過十六屆諾貝爾獎評審工作的瑞典當局，一九一七年爲了「獎金能否同時頒贈兩位得主」的問題而傷透腦筋，經過討論，最後終於決定打破傳統。於是，兩位丹麥作家傑萊洛普和龐陀畢丹遂得以共享這項空前的殊榮。其中，以「由於對丹麥生活忠實的描述」爲其獲獎理由的龐陀畢丹，係在一九四三年本日安眠，享年八十六歲。這位出身書香世家的北歐作家，自幼酷愛文學，可父親卻執意要他去學工程，龐陀畢丹拗不過家庭的壓力，只好勉強從命。結果，唸到大二時，即因成績太差而被校方勒令休學。雖然事態發展惡化至此，但父親卻仍堅持己見，硬是把他再安排到工程界打雜見習，龐陀畢丹在忍無可忍之餘，遂在十八歲那年憤而離家出走。當時，龐陀畢丹是在身無分文的窘況下逃家遠行的；雖然沿途打工吃盡苦頭，可是，他的心胸卻因此而海闊天空。尤其難能可貴的是，在離鄉背井的六載歲月裡，龐陀畢丹經常利用業餘時間到圖書館充實新知，同時也將這段見聞，自落腳的瑞士等地投稿回國發表。由於他行文率眞樸實，所以很快的就受到丹麥舉國上下的矚目，最後終於由國王出面再三催促，這才載譽返抵國門。龐陀畢丹被視爲文壇瑰寶榮歸後，曾爲自身的遭遇有感而發地說：「我有我自己的想法，而且上天並沒有安排我一定要走父親指定的路，我多希望我能安排自己的一切。如果每一個人的思想和行動都受制於人的話，這世界將不可能是今天這樣子。」

8月24日

蘇特蘭夫人

Bertha von Suttner

1843～1914

愛他，不如幫他

在人類即將進入二十世紀的前兩年，歐洲各國君主爲了謀求長遠的合作起見，曾經特別於一八九八年的這一天，選在海牙召開了首次的「世界和平會議」。

促成這項盛會的主角，表面上是沙皇尼古拉二世，而實際上卻是由一位女士暗中斡旋而促成。她的父親因爲官拜奧地利大元帥要職，所以她自幼就從長輩的交談中，隱隱約約地知道戰爭的可怕。後來因家道中落，爲了維持生計和發展前途，這位厭惡戰爭的女士還是勉爲其難的擔下了軍火大王諾貝爾祕書的職務。在雙方關係逐漸由賓主關係躍昇到知音地位時，她曾向諾貝爾表示：在To Love（愛）之後的全世界最美好詞句是To Help（助）。結果果真影響了諾貝爾的人生觀，從此放棄炸藥的研究而改投資油田等產業的開發，同時也就此決定創設增進人類福祉的諾貝爾基金會。

這位女士在改變諾貝爾觀念後，後來回到本國，下嫁到一個貴族家裡。爲了徹底消弭戰爭的慘禍，她特地爲了一本叫做《放下你的武器》的書來鼓吹和平，結果感動了沙皇而召開「世界和平會議」。同時也由於這方面的貢獻表現，使她在歐陸博得了「第一位女性和平工作者」雅譽。這位極富傳奇性的女性到底是誰呢？她就是一九〇五年的諾貝爾和平獎得主：蘇特蘭夫人。

8月25日
尼采
Friedrich Nietzsche
1844～1900

人是被錯誤教出來的

被譽爲世界哲學史上不朽的思想大師，同時也博得「當代存在主義者的先驅」美譽的德裔詩人兼具思想巨匠——尼采，是於一九○○年八月二十五日，在歷經長達十一年的精神分裂和中風的摧殘下，終因嚴重的意識狂亂發瘋而死，享年僅五十六歲。

尼采的思想，乍看之下總會給人一種「離經叛道」的感覺。因爲，他曾經發表「上帝已死」的論調來大力抨擊基督教；也曾極力貶斥蘇格拉底，說他是西方文化的墮落之聲、是缺乏生命力量的罪魁禍首；甚至還說：「絕對的眞理是右眼絕對不可相信左眼，而在未來的某段時期裡，光明也許會被稱爲黑暗。」凡此種種，在在都很難令人輕易接受。不過，如果能夠瞭解到其內心深處所曾經做過的自白：「哲學家就是經常體驗、見聞、猜疑，並希望夢想那些不尋常事的人」之後，也許就會對他的特立獨行有所理解了。儘管行爲和思想如此異於世態流俗，尼采依然有些頗爲「入世」的雋語傳給世人，他說：「人是被錯誤教導出來的，第一，他總認爲自己不夠完美；第二，他賦予自身豐富的想像力；第三，他覺得置身在一種虛假的境況；第四，他不斷建立並接受新的價値標準，俾使行爲和動機都能夠顯得非常高尚和尊貴。如果我們忽略了這四種錯誤所促成的影響，也就表示我們忽略了人性、人情和人性的尊嚴。」

8月26日

黎謝特

Charles Robert Richet

1850～1935

沒有鑰匙，如何引人入室

十九世紀，歐洲最負盛譽的首席外科醫生艾佛烈，在一八五〇年本日親手爲其夫人接生的時候，絕對料想不到這個悶不吭聲就降臨人世的嬰孩，在日後的醫學成就竟會青出於藍，凌駕已經高踞歐洲杏林第一把交椅的父親。

這個孩子後來不但克紹箕裘，同時在生物學、細菌學、病理學、心理學、醫藥統計學等方面也有極其出色的表現，並且還在新詩、小說和戲劇等文學創作上亦著作等身，甚至在航空等科學領域上也有相當可觀的造詣。因此，綜觀其有生之年，幾乎是把時間計分計秒地發揮到淋漓盡致的境界。這個孩子之所以有如此驚人的創造力，主要是緣自家庭所賦與和培養的，因爲他自幼即不曾上過學校，從小就在醫院充任父親的學徒，晚間下班後則受教於母親的嚴格庭訓，規定每週必須熟背一本詩集，如此密集式的臨床研習和家教督促，使得他在十七歲那年便已成爲巴黎醫界口碑載道的手術間好手，同時也是廣被鄰里間誇讚的大詩人了。這個孩子，就是日後以發現血清注射入體內來產生免疫作用、以及有關過敏反應等現象而獲得諾貝爾醫學獎殊榮的黎謝特。

他生平最耐人尋味的話是：「這個世界充滿著自以爲是的人群，他們手裡沒半把鑰匙，可是卻大言不慚地揚言能把大門打開，並且引領大家走進去。」

8月27日

黑格爾

Georg Wilhelm Friedrich Hegel

1770～1831

再深奧也不必怕

被譽爲近代最具有影響力的思想家，同時也是哲學界異軍突起的巨擘黑格爾，係於一七七〇年的八月二十七日在德國史圖加誕生。

黑格爾所闡揚的哲學中，包括「唯心辨證」、「形上學」等論調在內，都是非常艱澀難懂。因此，學術界雖然極力推崇他用「思想」來凝結宇宙萬有現象之力量是如何如何地偉大，可是毋庸置疑的，必然會落個曲高和寡的下場。不過黑格爾卻能透過弟子們的宣揚，甚而之後還形成「黑格爾學派」，卒使他的深奧思想能夠突破世俗重圍而留傳千古。

究竟黑格爾是如何去感召這批門生呢？試以他在海德堡大學首次上課的開場白爲例，黑格爾在當時是這樣說道：「我要特別號召青年的精神，因爲青年是生命中最美好的一段時期，他沒有受到狹隘目的系統的束縛，而且還有從事於無關自己利益的學術工作之自由。……我首先要求各位的是信賴學術、信仰理性、信賴並信仰你們自己；追求眞理的勇氣和對精神力量之信仰是研究哲學的第一要件，而且，人是必須應該自尊自重，並自視能配得上最高貴的東西！」

當時，德國思想正因政局板蕩而陷入混亂，黑格爾適時予以醍醐灌頂，難怪受業學生會對他敬仰有加。德皇在聽過他的理論後也立刻調陞他到柏林大學執教，由此足見適時的身教言教是極具振聾發聵作用，而且還備受朝野注目和敬重。

8月28日

歌德

Johann Wolfgang von Goethe

1749～1832

少年維特的人生旅途

「這才是一個人！」這句出自拿破崙肺腑之言的讚語，無疑肯定了集詩人、小說家和劇作家於一身的歌德在歷史上的不朽地位。單是拿破崙個人就曾經把歌德之傑作《少年維特的煩惱》整整拜讀了七遍。

《少年維特的煩惱》是歌德在二十五歲時所發表的作品，由於這本書的成功，使歌德能躋身世界級作家的行列，同時也使德國文學躍登國際文壇，並促成浪漫主義因此崛起。而讓歌德之「文壇宗師」地位臻於頂峰境界的作品則是耗時他十六年歲月才撰就的《浮士德》歌劇。在這部不朽鉅構中，歌德強烈地刻劃出人心中的光明與黑暗、求眞理的努力與惰性、矛盾與克服矛盾後的不斷上進，狠狠撞擊了每一個讀者的心靈深處。《少年維特的煩惱》、《浮士德》的成就，固使歌德地位如日中天，可是能讓一般讀者了解其意念者，則莫過於他所發表的自白《我的生平：虛構與實錄》。

在此書中，歌德曾刻意地在各單元中題詞道：「此生第一階段是『受到懲罰，始成爲一個人』；第二階段，『年輕日子裡的冀望，年老之後將獲得豐盈的滿足』；第三階段，『樹可以長高，但終不能抵天』；第四階段，『除神之外，沒有其他能與神爲敵』。」已然簡捷俐落地勾勒出生之旅途的觀感。這位爲後人留下豐碩智慧遺產的哲人，係於一七四九年的八月二十八日降臨人間。

8月29日

安格爾

Jean-Auguste-Dominique Ingres

1780～1867

嚴謹的畫作，古板的性格

安格爾是十九世紀法國古典主義畫派的領導人，也是有名的歷史畫、人像畫及風俗畫家。一七八〇年八月二十九日出生的安格爾是在藝術家父親教導下啓蒙藝術的。歷經學院教育及大衛的私人指導後，在二十一歲的年紀就獲得了一等羅馬獎。之後並到義大利繼續深造而留在當地達十八年之久，也使得他的畫作頗有文藝復興時期的味道。

身爲古典主義的擁護者，安格爾相當重視素描，對於油畫的構圖、繪法都非常嚴謹，每一個細部的描繪均費盡心血，如此的畫法讓他的畫作有如攝影般逼眞、精緻。而從安格爾多幅名作：如《浴女》、《蒙娃泰吉夫人》可以了解他的繪畫風格也影響了當時新興乍起的攝影技術的發展跟手法。尤其在構圖方面，當時的作品在拍攝方式和構圖方面、布景擺放方式也明顯受安格爾一絲不苟、四平八穩的風格影響。

而安格爾似乎一生都在堅持自己的信念，當他從義大利回到法國巴黎後，利用當時他在藝術學院的影響力去對抗所有不贊同古典主義的人士及畫家，甚至不惜與強調改革的浪漫主義先驅德拉克洛瓦對立，形成許多爭議。但安格爾的堅持仍然敵不過改革的聲浪及趨勢。攝影技術的進步同時也預告了古典主義的死亡，這時取而代之的是擁有攝影技術無法取代並具獨特風格的印象主義。

安格爾雖然無法抗拒改革，但他的唯美畫作還是値得我們細細鑑賞的。

8月30日

克麗奧佩特拉

Cleopatra

69 B.C.～30 B.C.

埃及豔后的「色」字訣

在歷史上諸多赫赫有名的女性當中，「埃及豔后」克麗奧佩特拉無疑是一位焦點人物。這位托勒密王朝的末代女皇，她那傳奇性的絕世美貌，以及和凱撒、安東尼等英雄人物的情緣，都曾經刺激過歷代詩人、作家與畫家們的豐沛想像力。如但丁的〈地獄篇〉、莎士比亞的〈凱撒大帝〉等，都曾將其描述爲一個「曠世紀的肉慾性妖婦」，而蕭伯納也稱她爲「一個任性而不專情的女性」；不過，卻也有歷史記載她的美「並不出眾也不驚人」；也有考古學家打趣道：「如果她的鼻子不那麼高的話，世界史恐怕會因此改寫！」

儘管眾說紛紜，但克麗奧佩特拉的政治手腕確屬一流，她憑藉色相，誘使凱撒拜倒在石榴裙下，助其擊潰親生胞弟而出掌王位；凱撒遇刺之後，她又吸引安東尼將羅馬帝國征服來的敘利亞等領土拱手相讓，逐步完成其心目中將埃及締造爲「大東方帝國」的構想。可是，天不從人願，安東尼的作爲激起了羅馬市民的憤怒，旋在「亞克丁海戰」徹底敗北之後，克麗奧佩特拉眼見大勢已去，不得已乃在西元前三〇年八月三十日以毒蛇噬胸自殺，時年僅三十八歲。後世在論及這段史實時，大都認爲她以肉體和智慧來換取埃及王朝的復興，確是情有可原；但若以色相和野心來征服男人世界則注定失敗。不過，身爲一介女流而能如此操控曠世英雄於股掌之上，她的才能委實令人永遠激賞的。

8月31日

麥格塞塞

Ramón Magsaysay

1907～1957

麥格塞塞不怕老共耍空頭

一九五七年三月十七日凌晨一時十五分，一架載有總統、教育部長、空軍總司令等政要的CI四七座機自菲律賓南部離島宿霧飛返馬尼拉途中，不幸在曼隆果爾山失事墜毀。除了一名隨機採訪的記者倖免於難外，其餘二十六人全部當場罹難。消息傳出，舉世震驚。出生於一九〇七年八月三十一日的菲律賓總統麥格塞塞，便是在這宗慘劇中去世身亡。

麥格塞塞出身貧寒，早年靠著半工半讀，好不容易才完成了大學學業。後來，一直到太平洋戰爭爆發，始得以把潛藏的統御能力有所發揮。戰後，這位游擊英雄被麥帥派往他的故鄉三貝爾省擔任軍事總督，同年並當選國會議員，由此展開他睥睨政壇的序幕。

一九五〇年，菲律賓由於軍警腐化和菲共「虎克黨」猖獗，麥格塞塞臨危受命出任國防部長，結果不負眾望，軍紀在其鐵腕作風之下大獲整頓，並將菲共從萬餘名削弱至三千餘名而聲名大噪；隨即在一九五三年以壓倒性的勝利，輪替季里諾而當選總統。

麥格塞塞膺任元首重職後，一秉往昔鐵腕作風，積極和共產主義繼續戰鬥。他在生前最後一場演說中，還不憚其煩地重申：「共產黨正利用民主主義制度下的權利為推翻民主的武器……只要我們冷靜理智而不感情用事，那就不會被他們所開的種種不兌現支票所欺騙的！」

9月名人

張季鸞
重光葵
王貞治
愛迪生
胡文虎
珍·亞當斯
霍爾斯特德
米斯特拉爾
華德·迪士尼
譚嗣同
歐·亨利
曹雪芹
田耕莘
西奧圖·羅斯福
奧鏗

朱德
宋美齡
葛麗泰·嘉寶
貝隆
蘇菲亞·羅蘭
鄭豐喜
法拉第
馬可仕
張之洞
魯迅
艾略特
胡適
梅爾維爾
布爾熱瓦
張愛玲

September

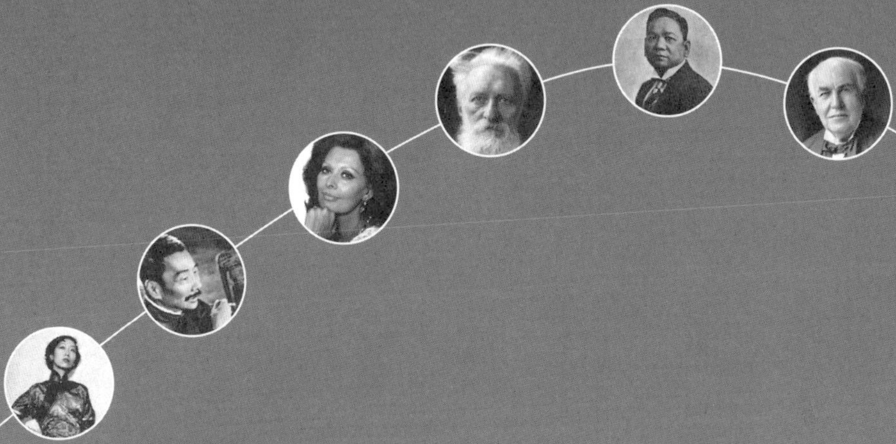

9月1日
張季鸞
Chang Ji-Luan
1888～1941

名記者的報恩主義

對於曾經被第二次世界大戰烽火延燒過的人而言，今天是一個值得緬懷的日子，因爲，人類史上最慘烈的浩劫就是在九月一日爆發。而中國也早在一九三三年時制定九月一日爲「記者節」。因此九月一日這一天所包含的雙重意義，便顯得分外令人注目，其中尤以後者爲然。

在中國近代新聞史上，辦報實力能在國際間與美國《紐約時報》或倫敦《泰晤士報》相媲美者，即抗戰時期創辦《大公報》的張季鸞爲箇中翹楚。這位因辦報而獲頒密蘇里新聞學院榮譽獎章的名記者，畢生奉獻新聞事業達三十年之久，臨死時猶留下「無時不以善盡記者的天職自勉」作爲遺囑。他在《大公報》發行一萬號時，曾經撰文強調辦報精神有四：「不黨、不賣、不私、不盲」；後來亦曾指出：「職業報人就是不求權、不求財，並且不求名……一個新聞記者無論寫什麼，應該謹慎，不可人云亦云；但有了重要意見應該勇於發表。」張季鸞不但要求對讀者負責，也對作者呵護有加，不但稿費較別家高出兩三倍，還破天荒地創辦了鉅額的文學獎金以提攜後進，影響甚爲深遠。但其所抱持的人生觀卻非常簡單，他說：「簡言之，可稱爲『報恩主義』，就是報親恩、報國恩、報一切恩！……一切只有責任問題無權利問題心安理得，省多少麻煩……」

9月2日

重光葵

Sigemitsu Mamoru

1887～1957

動武就能刺激經濟嗎？

一九四五年的今天上午十時許，日本外相重光葵代表日本天皇和內閣，一拐一拐地蹣跚步上停在東京灣內的英美艦隊總司令尼米茲的座艦「密蘇里號」，準備簽署舉世注目的投降書。

當時，這位曾任駐上海總領事、代理駐華公使，以及駐華大使的資深外交家在行抵橫濱碼頭的時候，曾自忖美國之所以挑選軍艦作爲簽署儀式的場所，可能就是想要藉此表示遙念在戰時曾經付出重大犧牲的海軍健兒，尤其是在珍珠港事變殉難的美國子弟。而之所以挑選「密蘇里號」這艘旗艦，重光葵也私下推測係爲迎合美國層峰，因爲密州正是杜魯門總統的故鄉。他敏銳的直覺雖使其本身感到很不是味道；但是「人在屋簷下，不得不低頭」，縱然美軍的設想是如此巧妙，投降的日本又能奈何？

登艦之後，他看見當年在太平洋戰爭中被逐出菲島的麥帥，如今高高在上地出面宣告戰爭結束，並命令日本代表簽署降書。目睹此景，重光葵至此不禁老淚縱橫，暗嘆日本軍部未免太過天眞，怎可以爲「刺激經濟只要用武力向外伸張即可發展」呢！當年窮兵黷武的結果，只換得兩顆慘烈的原子彈以及如今磕頭乞降的恥辱！……上述這些感想，是重光葵在「東京裁判」後，坐監服刑七年中的片斷追述，眞是道盡了上一代日本人的無奈和追悔！

9月3日
王貞治
Wang Chen-Chi
1940～
圖／Mori Chan

全壘打的祕訣是「為什麼」

以「金雞獨立」式打擊姿勢而名聞全球的王貞治，是在一九七七年的九月三日擊出萬眾矚目的第七百五十六支全壘打，打破了漢克．阿倫所保持的世界紀錄，就此躍登「世界全壘打王」的寶座。

王貞治天性敦厚、刻苦耐勞，他在投身棒球生涯之前，身體非常羸弱；但其內心所燃燒著的旺盛鬥志，促使他毫不放鬆地去追尋適合本身的打擊法，最後終於在「稻草人式打擊法」中得到了竅門，並循此創下了驚人的輝煌成績，改寫了世界體壇歷史和空前紀錄。

然而，究竟是什麼力量促使他如此鞭策自我呢？王貞治在退休後所發表的回憶錄中如此寫道：「我之所以能努力到今日，實在是心裡常存有『爲什麼？』的緣故，也因爲能一直抱持這種心境，所以才能在棒球生涯二十二年中持續馳騁，並且擊出八百六十八支全壘打。」

「爲什麼」的念頭是怎麼產生的呢？王貞治認爲：「爲了做得更好，吃苦是應該的，因爲越做越好之後，你就會很快樂，一旦快樂起來，伴隨而來的痛苦也將轉化快樂，成爲一種不可思議的力量；這種『想做得更好』的欲望越加強烈，『爲什麼』的疑問便油然而生。唯有在想把工作做得更好的心情下，才會產生這種疑問，倘若自己對所做所爲提不出『爲什麼』的疑問時，那一切都完了。」

9月4日

愛迪生

Thomas Alva Edison

1847～1931

天才是百分之九十九的努力

一八八二年九月四日，紐約「愛迪生電氣公司」經過長達一年半的籌備，終於正式供電給四百多隻燈泡使其發光，從此劃開人類嶄新的紀元。

完成這宗電燈系統商業化的愛迪生，生平發明過留聲機、電影機等一千多種專利產品，其中以電燈一項最爲世人所稱頌。愛迪生自一八七八年立志征服和利用電流開始，前後曾作了兩百多本實驗筆記，頁數多達四千頁之鉅。而且，在每頁實驗筆記上，愛迪生不厭其煩地自我批示「成績不如昨日」、「無成績可言」、「成績特佳」、「今日成績很好」等評語，同時每天工作十七、八個小時，並常常就地躺在實驗室板凳上小憩，抱持不成功誓不休止的決心。

結果，皇天不負苦心人，在焚膏繼晷的努力下，終於在一八七九年十月二十一日那天成功地發明了電燈。但他並不因此而心滿意足，決定再改良燈絲的壽命和降低售價成本，期使一般民眾都能享受這項文明的成果。因此，愛迪生延續發明電燈的衝勁，一鼓作氣繼續設計出電線、電表、絕緣體開關和插頭等相關產品，遂使輸電系統臻於完備境界，奠定後世「大放光明」的基礎。

對於成功的訣竅，愛迪生有一句家喻戶曉的名言：「天才是靠不住的，我們的學問要靠自己努力；而所謂『天才』，實是百分之一的靈感加上百分之九十九的努力。」

9月5日

胡文虎

Hu Wen-Hu

1882～1954

萬金油濟助全社會

製造「虎標萬金油」等成藥風靡於世，同時又創設東南亞星系報業集團而享譽國際的華僑領袖胡文虎，不幸因冠狀動脈失調，於民國四十三年的今天撒手塵寰，享年七十二歲。

胡文虎原籍福建永定，僑居緬甸仰光，三代都經營「永安堂國藥行」。由於自幼繼承父業，因此胡文虎在精研中外醫理之餘，敢於大膽參酌漢藥和緬甸古方，發明了藥效卓著的萬金油等產品，終而風行全球而成為亞洲鉅富。胡文虎在賺取大量錢財之後，又繼續轉投資銀行和保險業，同時也戮力文化事業，先後創辦《星洲日報》、《星島日報》、《英文虎報》等，使得胡氏企業在東南亞之地位，儼然成為富可敵國的集團。儘管如此，胡文虎在業餘時間卻是個聞名世界的慈善家，他到處大量散財救濟，並創辦義務學校等文教事業。其中最為國人所感動者，莫過於在民國二十四年時，一口氣捐出三百五十萬元鉅款在中國大陸興建一千所小學的義舉，這宗舉世罕見的公益大手筆，迄今仍傳為美談。對於公益事業的輸將，胡文虎認為：「人生朝露，轉瞬即滅，黃白之物，生不與來，逝不俱去，其與人相聚，正如友朋偶然結識，終有一日之離散。斤斤於私蓄，而不顧群眾福利者，殊屬不智。」循此理念而發皇為「取諸社會，用諸社會」名言，所以才博得世人一致的推崇。

9月6日
珍・亞當斯
Jane Addams
1860～1935

不能見死不救

婦女參政的浪潮，從本世紀開始澎湃激盪，自一九一五年起，先後假海牙、蘇黎世、維也納、華盛頓等地召開國際性的婦女大會。在這一系列備受各國重視的集會中，主席重職都是公推珍・亞當斯女士出任，致使這位在一八六〇年本日出生的女性社會改革者，連帶的也受到世人的矚目。後來，美國總統老羅斯福在一項全國性的社會工作會議中，特地破例提名她擔任主席來召開這項重要集會，不僅創下美國獨立以來首次由女性受膺爲主席的先例，同時也奠定其個人在一九三一年榮獲諾貝爾和平獎的基礎。

由於年幼目睹拜金主義橫行，再加上自己在大學畢業後未能如願以償在醫院服務貧困大眾，珍・亞當斯女士因而才投身轉入濟弱扶貧的公益事業，期間並遠赴英國考察社會福利狀況，參與由湯恩比所創辦的全球首座社會救濟堂的服務行列，從中吸取了許多寶貴經驗，因此得以在返美後順利地開辦「赫爾救濟堂」，並循此集思廣益而倡議婦女工作不得超過八小時、生育補助、貧戶租賃，以及少年法院等社會福利法案，對美國男女平等和社會改革的思想影響至鉅。

由於她生平熱心公益，所以常會引起許多慕名者好奇地問其動機何在？珍・亞當斯女士從不直截了當予以回答，她只是常常拐彎抹角地指稱：「當大家都視自私自利的行爲是理所當然的現象時，世道人心怎不會可見險惡？有點良知的人又怎能見死不救？」

9月7日
霍爾斯特德
William Halsted
1852～1922

外科醫學的先驅

霍爾斯特德是美國醫學的外科先驅，他在霍浦金斯大學建立了全美第一所外科學院。當他於一八七七年從紐約市內科和外科醫師學院畢業後，隨即前往歐洲深造，學成歸國後，由於醫術高超，在紐約便迅速建立起口碑，同時於六家醫院服務。

霍爾斯特德首先發現血液經過充氧後能再輸入患者體內，於是在一八八五年時，他在自己身上做實驗，向神經腦幹內注射古柯鹼，研究出阻滯麻醉（即透過阻斷身體某部的感覺神經傳導而使該部位痛覺消失），但卻因此而染上藥癮，費了兩年時間才戒掉。

他在霍浦金斯醫院工作期間研究出治療疝氣、乳腺癌、甲狀腺腫、動脈瘤、腸道及膽囊疾病的新手術方法。霍爾斯特德更積極提倡無菌手術，獨具慧眼設計出薄橡皮手套施行手術。他強調：「只要能保證手術室保持完全無菌狀態，戴上手套就可以進行任何部位的手術。」

霍爾斯特德對保持身體的「內在環境」穩定十分重視，主張在外科手術中對活組織要手法輕柔、對割斷的組織要準確地重新縫合，且在培育外科醫生專業領域建立了住院醫師制度，如許嚴格遵守的工作規範及教學方法，對世界外科醫學一絲不苟的職業功能，影響深遠。他是於一九二二年九月七日在巴爾的摩去世。

9月8日

米斯特拉爾
Frédéric Mistral

1830～1914

把握它，不要改變它

以「詩作反映自然之美」爲主要理由而榮膺一九〇四年諾貝爾文學獎的米斯特拉爾，係於一八三〇年本日在法國隆河流城旁的邁雅小村出生的。由於童年時候經常徜徉在無憂無慮的大自然環境中，致使米斯特拉爾自幼便被綺麗優雅的田野生活所薰陶，故在十八歲那年，他就決心要「把握實實在在的自然，甚而親身加入農夫們收割的行列以瞭解實際的情景，並且要和這些拙樸的村夫村婦共用餐飲，同時與他們並肩在炙陽下耕作、或跟隨他們躲在麥稈裡午憩，藉此蒐集生動的材料來寫作」。

米斯特拉爾雖然有此雄圖壯志，可是父親爲了顧及兒子的前途起見，命令他要揚棄這種天眞、浪漫而不切實際的想法，並且安排到馬賽附近的大學攻讀比較有出路的法律。好不容易捱到學成返鄉，他甫踏入家門，遙望熟稔而親切的阿爾卑斯山脈後，不由得暗下重誓：今生今世再也不被人牽著鼻子走路，他決定要矯正每一所學校對於自然教育的曲解，期望透過詩作表現來喚醒人類對自然原貌的再認識。

循著這樣的心情，米斯特拉爾創作了許多寓人生哲理於自然中來表達意境的不朽佳構，比如：「麥子之所以能結穗，首先要把自身的種籽突破，然後種皮腐爛而開花結穗，此即恁誰也無法更改的天地萬物自然法則……同樣的，我們爲了獲致成果，也必須吃很多苦頭，並且以實際行動來體會，才能實現心願。」

9月9日

華德・迪士尼

Walt Disney

1901～1966

米老鼠的魅力即是「平凡」

全世界家喻戶曉的卡通明星米老鼠，經過華德・迪士尼神來之筆想像和創造，終於在一九二八年的今天登場問世。

有關他的誕生過程，還有一段頗具傳奇性的故事。原來，華德・迪士尼在首次創業時就吃了個敗仗，只好流落到洛杉磯另謀出路，再創「迪士尼兄弟製片廠」。由於負債累累，因此不但辦公室是由車房改造，而且三餐亦僅能以麵包勉強充飢，結果，掉落在地上的麵包屑竟引來了老鼠的垂涎。華德・迪士尼因爲性情和藹可親，且又用心作畫，久而久之，這群老鼠竟然大膽地爬上畫桌討取食物，引致華德・迪士尼靈感大發，「米老鼠」於焉誕生。

上述這段因緣，純粹華德・迪士尼信口說說的玩笑話，一般人也就姑妄信之。若深入分析米老鼠之所以會討人喜歡，照華德・迪士尼個人的認爲，是米老鼠自始即被塑造成從不坑人的好好先生，且具有冒險奮鬥、正直、忠實、不懂世故，還一直想要出類拔萃的典型小人物進取精神。後來，華德・迪士尼果眞以「米老鼠」而功成名就，贏得了四十五座奧斯卡金像獎的殊榮。許多人問其對於本身所攝製的影片有何看法時，他的回答總是：「我所追求的，只是平凡的東西，而平凡正合大眾的胃口，所以其中也包含了成功的道理。」

9月10日

譚嗣同

Tan Si-Tong

1865～1898

死得其所，快哉快哉

發生於清光緒二十四年的戊戌變法，是中國近代史上首次倡議民主憲政的運動，沒想到卻被慈禧太后斥爲「結黨營私，莠言亂政」而功敗垂成，不但使光緒皇帝被幽禁瀛臺，連譚嗣同、楊深秀、林旭、康廣仁、劉光第、楊瑞等六君子亦不幸犧牲。直到事隔十六年之後，才在民國三年的九月十日受到國民政府公開獎卹，得到應有的哀榮。這六位響應康有爲建議「採萬國之良規，行憲法之公義」的血性好漢，除服膺康有爲的主張；在政治方面頒布憲法召開國會、在經濟方面發展民族基本主義、在軍事方面重練新軍以圖富強、在文教方面廢止科舉八股……改革措施外，同時對於梁啓超所指變法之宜的闡釋：「變亦變，不變亦變，變之全操諸己，可以保國，可以保種，可以保教；不變而變者，變之權讓諸人，束縛之，馳驟之。嗚呼，則非無知所感言矣！」亦深表同感，因此才義無反顧地投身變法之中。在從容就義的戊戌六君子中，尤以譚嗣同的骨氣最具代表性，因爲他早於變法之前兩年，便以《馬關條約》割臺一事怒斥滿清爲「直合四百兆人民身家性命而亡之，此約不毀，聖人無能爲己！」，並以「臺灣人所著書」署名，發表大肆抨擊封建專制的「仁學」；及至參與變法被捕後，亦不爲所動的在獄中賦詩題壁云：「我自橫刀向天笑，去留肝膽兩崑崙。」到了臨終時，又絕命語道：「有心殺賊，無力回天，死得其所，快哉快哉！」眞是千古一絕的氣概。

9月11日

歐・亨利
O. Henry

1862～1910

在地毯那一端的男人

呱呱墜地於一八六二年本日的美國通俗小說家歐・亨利，雖然生平採過不少傳奇故事，但其本身亦是一部曲折的傳奇故事。

歐・亨利原名威廉・希德尼・波特，幼年由於家庭經濟拮据，直到十五歲那年才好不容易得以進入學校受點教育。不料，沒多久便因故輟學而被迫在藥房和書局工作一段時間，捱到十九歲，始掙得一只銀行的鐵飯碗，孰料卻因一百五十三元六角五分的帳款不清，迫使他被告上法庭，逼得走投無路，遂逃往宏都拉斯發展。那曉得會在半途碰上火車大盜傑寧兄弟，結果被他們所控制而在南美鬼混了一年，直到最後才掙脫魔掌在墨西哥落腳。這時，歐・亨利自覺老死異鄉並非良策，所以在聞悉故鄉的太太病重垂危之際，毅然返國自首，旋被發落到俄亥俄監獄。服刑期間，他透過懸疑的布局和俗俚的對白埋首創作，寫出一手混和幽默及感傷的文體，頗得世人好評，嘗獲致「美國的狄更斯、莫泊桑、吉卜林」的雅譽。出獄後，歐・亨利遷到紐約繼續創作生涯，所得稿酬，不是散財救濟乞丐，便是去酗酒買醉，過著異於常人的灑脫生活。歐・亨利這種幾近玩世不恭的態度，除在十四本著作中表露無遺外，同時也常在日常談吐中展露一手，比如，他對男士們的口頭禪即爲：「如果知道女人獨居是如何打發日子，那麼男人絕不敢踏上地毯的那一端。」可是，話雖如此，歐・亨利卻在有生之年結了兩次婚呢！

9月12日
曹雪芹
Cao Xue-Gin
1715～1763
圖／Yongxinge

他日葬儂知是誰

一九九八年九月十二日國父紀念館舉行了「紅樓夢文化藝術展」，而紅樓夢作者即爲曹雪芹。曹雪芹，名霑，號雪芹，是中國文化史上最偉大的現實主義作家。曹雪芹的祖先都是漢人，但是很早就進入滿人的官場當中擔任要職，康熙六次南下巡視，有五次是住在曹雪芹的家，可見曹家的權威顯赫，與皇室的關係之密切了。雍正五年（西元一七二七年），清朝宮廷內部鬥爭異常激烈，曹雪芹的父親因事受到連累，被朝廷抄沒家產，曹家從此走向衰落。曹雪芹一生經歷了曹家極盛至衰，這一巨大的轉變，使他對社會上的種種黑暗認識得比別人更爲深刻，貧困生活的體驗使他能以多種角度來看待世事，他的寫作經驗因此更爲豐富。

曹雪芹是在最貧困之時寫下《紅樓夢》這本書的，這部屬於中國人的曠世鉅作，原書名爲《石頭記》。《紅樓夢》一書描寫了貴族青年賈寶玉、林黛玉、薛寶釵之間的愛恨及婚姻悲劇，他一反中國古典小說「才子佳人」愛情故事的常規，而是以賈府爲中心揭露了封建社會的種種黑暗與罪惡。曹雪芹的創作生活極爲艱苦，他曾形容寫《紅樓夢》這本書是「字字看來皆是血、十年辛苦不尋常」。在即將完成《紅樓夢》的時候，曹雪芹的兒子夭折死亡，他因而感傷成疾，還不到五十歲就逝世於貧病交迫之中。在書中，林黛玉葬花時曾說過：「儂今葬花人笑痴，他日葬儂知是誰。」這句話中極其淒涼的感覺，道盡曹雪芹自己對於俗世變化的無常感嘆。

9月13日

田耕莘

Tian Geng-Shen

1890～1967

越是辛苦越有味

亞洲第一位樞機主教，同時也是白種人以外的第一位樞機主教田耕莘，在毅然拒絕周恩來許之以「中國天主教教宗」虛銜，在離開中國大陸七年之後，於民國四十六年的今天首次行抵臺北。

田耕莘具有炎黃子孫謙遜、堅忍、仁慈等傳統美德。因此，早於民國三十五年，當他首創紀錄被敕封爲第一位亞洲和有色人種樞機主教一職時，還一度以爲拍來的派任電報投錯了門。後來經過證實之後，他除了表示敬謹從命之外，並且還感恩地宣稱：「這都是因爲中國戰勝日本躋身四強後，由於國家地位增強才獲此地位，所以，這項抗戰勝利的收穫，我充其量只不過是個代表罷了。」當年，田耕莘在兗州府神學院修習時，曾因思鄉情切而時常背不出誦經，故被教導老師譏爲「將來絕不會有什麼成就」。後來他又因罹患胃病經常請假，還被院長勸說：「修院不比醫院，你的痛表示你沒有聖召的顯示，最好還是回家還俗吧！」

然而，這些挫折，田耕莘全都忍了下來，他堅持自己執意奉獻的理念，更加發憤圖強地服務教徒，終於博得海內外的有口皆碑。對於日後的成就和殊榮，其所堅持的信念：「越是辛苦，越有甘味；心安理得，與主合一；自由自在，無拘無束。」似頗能道出箇中學問。

9月14日

西奧圖・羅斯福

Theodore Roosevelt

1858～1919

老羅斯福的鐵漢柔情

由於麥金萊總統不幸遇刺殉職，遂使羅斯福在一九〇一年的九月十四日，躍登美國第二十六任國家元首的寶座，開始施展其一連串的「新政」，從而奠定美國富強的基礎，當年他年僅四十三歲。「意志力」始終是老羅斯福的招牌，老羅斯福年幼時候，身體非常孱弱，但在青年時期卻下定決心苦練拳擊和騎術等運動。因此自他從哈佛大學畢業時，不但身體硬朗健壯，同時也培養出「人生即戰鬥」的堅強意志。憑此意志在服務公職之後，儘管貪汙、托拉斯壟斷等惡勢力阻撓重重，老羅斯福亦仍然對此毫無畏懼、迎頭痛擊，做到他經常掛在嘴上的一句話：「委婉勸告，但同時也帶了一條大鞭子。」

老羅斯福對外雖以強者姿態打擊不義，可是當其摯愛的妻子和母親在同一天猝逝時，他所表現的抑制哀慟行止，更顯示一個男子漢內斂功力發揮到極致的本事。

事發當天，老羅斯福曾感傷地表示：「當我的愛死了以後，光明就永遠不在我的生命中存在了。」但在不久後，他馬上意識到：「如果我因此而做了不智之舉，那麼縱然是停止工作，也是於事無補的，如此情形之下，一個人所需要的不是勇氣，而是自制力和冷靜。人必須不斷努力學習意志力，假如他在關鍵上做對了，其意志力勢必顯著不斷的學習而日益茁壯。」

9月15日
奧鏗
Rudolf Christoph Eucken
1846～1926

文化為進步之母

被史懷哲盛讚爲「西方哲學界巨人，在思想方面與中國古老哲理不謀而合」的一九〇八年度德裔諾貝爾文學獎得主奧鏗，係於一九二六年本日溘逝，享年八十歲。

奧鏗自幼生長於書香世家，父母在管教方面有其獨到之處，每逢奧鏗不聽話或做錯事的時候，只是命令其乖乖的默坐沉思。這種不打不罵的處罰方法，對他往後的影響非常深遠，尤其是每逢疑難困惑時，奧鏗就把自己幽禁在空房內，隔絕外界干擾以集中意志來找尋解決之道。久而久之，他這項雅癖便遠近皆知，咸認這種獨思靜坐的工夫，實是奧鏗思維之所以能超人一等的緣由。

由奧鏗靜思所得的智慧結晶，如《認識與生活》、《人生之意義與價值》、《人生的哲學》等著作中，無不力倡精神生活的重要性。尤其是有關人類文化的發展與演進方面，他特別強調在本能和形式層面必須謀求一致，爲此，他曾經語重心長地表示：「當一個社會重視文化活動、或者鄙棄文化人如敝屣的時候，亦即顯示它已趨於沒落。」

此外，奧鏗並還認爲：唯有文化才能使複雜的事情涇渭分明，其主要因由是，唯有文化才能使人類不斷的提高內涵和層次，引領精神生活克服自然生活，而促成這種文化與精神匯合爲堅強的共同體，不唯是人的責任，同時更是人的權利。

9月16日
朱德
Zhu De
1886～1976

從「紅軍之父」至「投機家」

朱德生前與毛澤東齊名，爲中共黨史上舉足輕重的人物，係在一九七六年去世。這位在一九四〇年代與毛澤東分掌共黨軍政大權的「前八路軍總指揮兼十八集團軍總司令」的前清秀才，籍隸四川儀隴，係於一八八六年出生在農家，後來棄文從武，卒業自雲南講武堂第一期，旋於民國元年時，從少尉「見習」晉陞爲新軍少校，十年後更官拜昆明警察廳廳長高職，故在中共草莽起家初期，他在身分與勢力方面均有著舉足輕重的地位。

民國二年，朱德在柏林加入共產黨，被德國驅逐出境後，曾於民國十五年加入國民政府軍隊，不久便因南昌暴動、湘南暴動失敗後，與毛澤東開始整編工農紅軍。其後，經過與國民政府軍隊五次爭戰，朱毛退到延安，先是求和，之後利用抗日趁機坐大，進而攻占整個大陸，朱德也因此成爲「紅軍之父」，官至「人民解放軍司令」要職，更在一九五四年九月十六日被選爲「國家副主席」。

然而，即令如此「功業彪炳」，朱德在文革期間卻依舊慘被批鬥爲「混在革命隊伍裡的大投機家、大陰謀家、大野心家」，成爲中國共產黨文化大革命中的另一個悲劇。

9月17日
宋美齡
Soong Mei-Ling
1898～2003

影響民族盛衰的新生活

曾被國際間讚譽爲「二十世紀最傑出婦女之一」的蔣夫人宋美齡女士，由於「警覺確已罹疾，亟需醫理」，遂在十多名隨侍人員和護士的陪同下，於民國六十四年的今天搭乘「中美號」專機赴美就醫。

蔣夫人在中國近代史上，由於陪侍先總統蔣公近半世紀，歷經多次內憂外患，所以對於國家的多難興邦，自有其特別深刻的感受，故其一直認爲：國民的精神復興和道德的振衰起敝，影響民族盛衰至鉅。因此，當「新生活運動」在南昌揭櫫時，她便尤其強調以「禮義廉恥」四維作基礎而倡導的這項運動，其裨益中國的意義，可以用下述淺顯的闡律來了解：（一）禮：是衷心流露的儀節，而不是虛僞的形式；（二）義：對人對己的盡責與服務；（三）廉：能辨別權利界限，不侵犯別人；（四）恥：就是覺悟與自尊。

除了作此說明外，蔣夫人同時也申論四維的另一境界，亦即：待人接物要忠誠而不虛僞、不聚財利己和浪費自私、官吏知民無智足以自衛時不可朘民肥己；此外，能夠知恥，也就沒有卑鄙諂佞者了。

「新生活運動」的發起，迄今已有七十多年的歷史。歲月悠悠，時代的巨輪不斷地前進，國人可曾對「道德的振隆和精神的復興」做過一番檢視與考量？

9月18日

葛麗泰・嘉寶

Greta Garbo

1905～1990

才藝兼具的影壇巨星

出生在一九〇五年九月十八日的嘉寶是上個世紀最有魅力、最負盛名的女影星之一，至今仍爲大小影迷所津津樂道。嘉寶出生於瑞典的斯德哥爾摩，有關她眾說紛紜的出生背景，她本人都不願意出面澄清任何一項傳言。她的出身貧窮，十四歲就得爲了維生外出工作。一九二二年她在斯德哥爾摩皇家藝術學院學習時，拍攝了第一部電影《流浪漢彼得》，並結識了當時有名的導演斯帝勒，嘉寶應邀在斯帝勒導演的片中擔任主角。並爲她取了這個「葛麗泰・嘉寶」藝名，讓她接受電影表演技術訓練。

一九二五年，嘉寶接受米高梅電影公司的聘請前往美國工作。在美國生活的這段期間，她主演了二十四部電影，最著名的爲《聖潔女》，在拍片期間還與該片的男主角吉爾伯特傳出緋聞；還有《安娜・克利斯蒂》，是嘉寶的第一部有聲片，初顯她那表達力豐富的嗓音；《安娜・卡列尼娜》等等。在最後一部影片《妮諾基卡》中，她顯示了驚人的喜劇才華。導演及劇作家均認爲，嘉寶在攝影機前完全是憑自己本能認爲是正確的做法來表演。她的卓越才能、超群的美麗和對輿論的不介意，使她在電影史上留下光輝的成績。

嘉寶在三十六歲那年退出藝術界，在紐約過著隱居的生活，並獲頒奧斯卡特別獎，一九九〇年在紐約去世。

9月19日
貝隆
Juan Domingo Perón
1895～1974

憑一首歌當選總統

在歷經六次軍事政變的衝擊後，南美強國阿根廷的總統貝隆，終於被迫在一九五五年的這一天飲恨下野。

這位曾經統治阿根廷達十年之久的強人，係於一九五二年蟬連。當時，貝隆之所以能夠連續當選兩屆總統，一般咸認是得助於其第二位夫人伊娃懂得利用群眾心理，尤其是勞工階層的狂熱支持所使然。否則，貝隆充其量也只不過是一介軍夫而已。但出身娛樂界的伊娃有著極爲強烈的政治野心，自結褵後便刻意慫恿夫婿積極參政，一俟貝隆坐上總統寶座後，伊娃本人也打算踩著他的腳步，準備出任副總統，但卻被軍隊反對而作罷。當一九五二年伊娃罹疾謝世，貝隆的政治前途也從比急轉直下，政變迭起，最後竟被叛軍脅迫流亡到巴拿馬、委內瑞拉、多明尼加和西班牙。

去國十八年後，這位被推翻的元首竟能奇蹟式地第三度贏得總統席位。而其第三任妻子伊莎貝也竟然能爭取到中南美洲有史以來的首位副總統殊榮，誠屬不可思議。

後來，經過明察暗訪終於發現原因是：伊莎貝利用貝隆第二任夫人伊娃的延續影響力，在競選期間大播《阿根廷，別爲我哭泣》這條追悼伊娃的歌曲助陣，同時又到處以繼承伊娃生前不能出任副總統的未竟遺志來宣傳，致使民眾產生她就是伊娃化身的錯覺而予以全力支持。一首動聽的歌曲能造成這麼大的影響力，說來也眞是不可思議。

9月20日

蘇菲亞・羅蘭
Sophia Loren

1934～

圖／Allan warren

實實在在的女人

主演過《香港女伯爵》、《難忘的一天》、《義大利式結婚》等影片而聞名全球的國際知名紅星蘇菲亞・羅蘭，係於一九三四年的九月二十日誕生在羅馬的貧民窟。

蘇菲亞・羅蘭早年生活非常貧困，直到十五歲那年在選美會中脫穎而出，這才扭轉她多舛的命運，從此步入極其多彩多姿的銀色生涯。從影之初，由於體態豐滿而又曲線玲瓏，因而一度被塑造成性感偶像，直到一九六一年以《烽火母女淚》一片榮獲奧斯卡最佳女主角獎後，這才證明了她是個道地憑演技取勝的優質演員，而非單靠賣弄色相來嘩眾取寵的豔星。

成名之後，蘇菲亞・羅蘭對影片挑選有嚴格的取捨，她尤其計較所扮演的角色務必要能夠充分表現「實實在在的女人」，唯其如此，即使是衣著平淡、面容憔悴的角色，她也一樣樂於接受。

當時大家都對她這種幾近「自毀形象」的大轉折深感訝異，但其卻有一番道理，她如此認爲：「電影明星絕不是光靠打扮或捏造情感便可迎合觀眾，這樣做是會脫軌的。唯有以最接近生活的模樣來拍片，自自然然地表演劇中人的角色，如此『實實在在的女人』原貌，才會使我對生活的感覺和溫情充分流露，因而，淋漓盡致地發揮平易近人的演技，引起觀眾的共鳴，也使我的影劇生涯得以無限延續。」

9月21日

鄭豐喜

Cheng Feng-Hsi

1945～1975

要爭氣，要比人強！

民國六十四年的中秋節夜晚，正當全國民眾都在歡度佳節的時候，位於雲林縣的口湖鄉，卻籠罩在層層的哀愁氣氛中。因爲以《汪洋中的破船》一書而轟動全省的殘障青年鄭豐喜，就是在這一天敵不過癌症的摧殘，撒手塵寰。

這位曾經當選過「優秀青年獎章」、「十大傑出青年」等多項殊榮的鄭豐喜，由於出生即因「兩隻與眾不同的腳，右腳自膝蓋以下，前後左右彎曲，左腳自膝蓋以下，突然萎縮，足板翹上」，注定他在往後漫長的歲月中，必須要「矮人一截」地自我奮鬥。從嬰兒時期的八、九個月大開始，鄭豐喜便是靠著雙手學爬地。期間亦曾被賣給奔走江湖的老先生，伴隨猴子四處表演討生活。後來，命運的造化使他得以安返家園。在極端刻苦的環境中，先後完成了中小學教育，甚而在北港高中畢業後又考入中興大學法律系，順利的完成學業，同時在校期間結識同系的學妹吳繼釗，兩人克服萬難結爲連理，並聯袂返回故鄉服務鄉梓，一齊在口湖國中執教，作育人才，回饋社會的栽培。

鄭豐喜生前自喻爲「一艘被遺棄在汪洋大海的破船」，其所以能忍人之所不能忍，主要是繫乎他那不爲勢劫的念頭，時時都在自我期許：「將一切輕視、侮辱、揶揄當作奮進的工具，每遇到他人一次欺侮，我就一次的激勵自己，要爭氣，將來一定要比他強！」

9月22日
法拉第
Michael Faraday
1791～1867

最甜蜜的回報

人類之所以能在今日享受電氣化的現代文明，主要即是源自於一八二一年的電流實驗成功。而這項劃時代研究的實驗者——英國著名的化學兼物理學家法拉第，就是於一七九一年九月二十二日誕生。

這位被譽爲「史上從未有過的最偉大實驗者」，幼年環境非常困頓，曾迫使法拉第於十三歲那年便告輟學，在印刷場的裝訂所工作以貼補家計。可是，生性好讀書的法拉第卻逮住這個機會，在上班時間乘隙廣泛閱讀各種送來裝訂的書刊，以致他在二十歲出頭的時候，便因自學成功而應聘到英國皇家學院充任「德斐實驗室」的助手。展開他造福人類的轉捩點。因爲他在實驗室中大顯身手，不僅發現了苯，同時也在玻璃改良、鐵合金以及氯的液化等等方面屢有傑出表現，而箇中最爲世人所感懷者，莫過於是他所發明的電解量定律、電動馬達、發電機及電磁感應原理等。法拉第曾將這些心得撰述爲「電學實驗研究」，前後耗費六年工夫才將這部多達一萬六千零四十一章節的鉅著完成，引起科學界一致的矚目，也奠定他日後不朽的地位。

功成名就的法拉第，對於名利仍很淡泊。當時，曾有人擁戴他出任英國皇家學會的會長，但卻被他婉拒。他說：「如果我接受此榮譽，可能在一年內便不能再保全我純潔的知識了。」並自認爲：「我在工作中所得到的最甜蜜報酬，就是從世界各地流入我身上的同情和好意。」

9月23日

馬可仕

Ferdinand Edralin Marcos

1917～1989

一世英名不敵一次失足

一九六五年十一月間，菲律賓參議院議長馬可仕在總統大選中，以三百六十二萬票擊敗角逐連任的馬嘉柏皋，正式接掌元首席位。這是馬可仕崛起國際政壇的第一步，當時，世人並未給予相當的重視。直到一九七二年九月二十三日，他「平地一聲雷」似地在全國性電視及廣播演說中宣布全境實施戒嚴，這才引起全球各界一致的側目。

在編號爲「一〇八一」的戒嚴令中，馬可仕宣布清除貪官汙吏、關閉各級學校、嚴禁攜帶武器及集會示威遊行等七項措施外，同時逮捕反對黨領袖艾奎諾等在野人士、封閉報館，而且接管了菲航等民間企業，甚至還查封私人船隻以防止他們從事「違反國家利益」的行爲。

透過這項法令的施行，菲律賓政情逐步穩定，於是在一九八〇年解除戒嚴另行制定「國家安全」和「公共秩序」法律條款來取代，如此相安無事了三年；不料，卻因艾奎諾遇刺的突發事件而政潮洶湧，致使馬可仕驟臨掌政以來最危險的困局，而且也備受國際間所爭議。艾奎諾之死的眞相尚未完全水落石出，可是馬可仕聲望受損則是有目共睹，尤其當時馬尼拉更盛傳一件他過去的汙點：早在十八歲那年，馬可仕曾爲了父親在國會議員選舉中失敗而殺死獲勝的對手，這件事雖經上訴而獲判無罪開釋，並且已經沉寂許久，但因此又被外界舊事重提，顯然和艾奎諾被刺的疑問有關，可見在人生的旅程中，是不容得你不經常戒慎恐懼的。

9月24日
張之洞
Chang Chih-Dong
1837～1909

中學為體・西學為用

晚清風雲人物之一的張之洞，係於清道光十七年（西元一八三七年）的這一天在貴州出生。張之洞的崛起，始於「諒山大捷」之役。張之洞大破法軍於鎭南關，締造「中國與外兵交鋒始稱戰勝之一役」，不但逼使當時法國首相因而倒閣，同時也使自己大受清廷重用，自此平步青雲。由巡撫、總督，一直做到軍機大臣，對清末政治的影響可謂舉足輕重。

由於目睹中國對外迭遭敗績，張之洞早在湖廣總督任內便積極推行洋務運動，除聘請德籍教練以西法訓練新軍外，又創設兩湖書院、開辦自強、儲才等學堂，並還力倡留學，認爲「出洋一年勝讀西書十年，入外國學堂一年勝於中國學堂三年」，不但對我國的興學育才貢獻至鉅，同時也促使兩千餘年來的私塾教育和一千多年的科舉制度，遭到時代淘汰。其擴張教育領域的劃時代舉措，主要是源自他在《勸學篇》一書中所主張的「中學爲體」與「西學爲用」之見地。

在這本風行學術思想界的重要著作中，張之洞指出「舊者因噎而廢食，新者歧多而亡羊，舊者不知通，新者不知變」，導致「舊者愈病新」而「新者愈厭舊」，「恐中國之禍不在四海之外，而在九州之內」；所以必須將中西思想和新舊歧見調和，藉此取長補短，才能使中國迎合時代潮流。這項主張果眞啓發不少觀念，同時也醞釀國人嚮往立憲和革命運動，卒使腐敗的滿清及早崩潰。如此發展，恐非張之洞當初所能預料吧！

9月25日

魯迅

Lu Hsun

1881～1936

中國新文學的旗手

《阿Q正傳》的作者，亦即被認爲是「最偉大的現代中國作家」的魯迅，是於一八八一年九月二十五日誕生在浙江紹興。魯迅原名周樹人，早年負笈東洋學醫，因偶然機會在電影上看見一個中國人因故將被斬首，但刑場上的中國同胞卻爭著要看這一幕人頭落地的鏡頭。這使他覺得：「在中國醫好幾個人也無用。」於是棄醫從文，就此成了新文藝運動中一枝銳利的健筆。回國後的魯迅，大膽運用了西洋的寫作技巧創作小說，再披上尖刻鋒利的文字，陸續發表了《吶喊》、《徬徨》、《野草》等書，使其成爲中國現代短篇小說的奠基人，同時也被推崇爲五四運動以來最受崇拜的文壇大師。

民國十九年，被「中國左翼作家聯盟」奉爲盟主，儼然是當時最受青年矚目的文化界偶像。坐上左翼文壇寶座的魯迅，雖然位極榮寵，但心靈深處卻深以受人控制而有難言之隱，他就曾對包圍在四周的左派文人嘀咕說：「以我自己而論，總覺得縛了一條繩索，有一個工頭在背後鞭打我，無論我怎樣起勁的做，也是打，而我回頭去問自己的錯誤時，他卻拱手客氣的說，我做得好極了，他和我感情好極了，今天天氣哈哈哈……眞令我手足無措。」由於魯迅對中國舊社會的抨擊極爲嚴苛，也由於他當過「左聯」盟主，因此被認爲是共產黨的一支強力傳聲筒；然而他的一生卻是在持續不斷地追求更新的文學形式。

9月26日

艾略特

Thomas Stearns Eliot

1888～1965

反叛傳統，卻不忽視傳統

以一首四百三十六行的新詩〈荒原〉暗諷美國沒有文化、歷史和傳統而轟動世界文壇的艾略特，是於一八八八年的九月二十六日出生在密蘇里州。

這位被譽爲「現代但丁」的詩人兼批評家，早於一九四八年時，即因「對現代詩的革新具有卓越貢獻」而榮獲諾貝爾文學獎及英國皇家勳章雙項殊榮，使其在歐美詩壇的宗師地位獲得一致的肯定。艾略特雖然生長於美國，可是卻非常嚮往歐洲的文化氣息，因此在他三十九歲那年，決然歸化爲英國籍，並同時宣稱：「以宗教言，爲英國正教教徒；以政治言，爲保皇黨黨員；以文學言，爲一古典主義者。」成爲徹頭徹尾的典型英國人，此舉甚爲美國人所不諒解。

針對祖國的有色眼光，艾略特曾率直表示：「今天的文明是包容多樣性和複雜性，而纖細的感受則會因應的產生多樣和複雜的結果。」所以，他認爲要認同哪一項文明，或者想往另一條道路去開天闢地，這都是個人的自由，端視本身有無抱負和能力而定。除了對人生際遇多所描述以外，艾略特對於一般愛好新詩的讀者，也曾不客氣地藉題發揮說：「沉醉在往昔的傷感中自是有害無益的，因爲在某一時代被認爲是健康的信仰，往往到了另一個時代就成爲危險的偏見！」他就是抱持這種反叛傳統，卻在某一方面又不忽視傳統的心境下披荊斬棘，使得艾略特終而打開文壇勇於創新的風氣，成爲二十世紀最具影響力的文學家。

9月27日
胡適
Hu Shih
1891～1962

胡適的馬票心理哲學

正當日軍謀華日亟的時候，中國政府於民國二十七年九月二十七日派令胡適使美，一時之間，這樁「學人外交」竟成爲當時國際大使圈的美譚。

胡適本是一介書生，所以他奉命出任駐美大使一事，自然很受國內各界注視，尤其是他於奉召前三天，才剛剛在重慶出版的《血路》雜誌第三十一期發表〈美國的態度究竟怎樣〉一文，文中指稱：「我們這次可說是爲世界作戰，至少是爲民主國家作戰；但我們自己要先咬牙苦撐，不要先打如意算盤。苦撐一年、兩年甚至十年。幾年內忽然來了一個幫助，就好像窮人一旦得到愛爾蘭的大香檳馬票，豈不痛快！但先當求之於己，咬牙苦幹。」

胡適的「馬票」心理哲學，可以說是道盡了中國在當時的難堪和無奈處境，故而深得苦難國人的共鳴，卻也頗使民主國家諸盟邦聞之汗顏。這種見解，其實早在胡適於一九一五年負笈美國時即已形成。當時，由於受到日本對中國「二十一條要求」最後通牒的刺激，胡適漫步走到學校後面狹谷上的吊橋散心，俯視這一被水沖刷而成、景色非凡的千年幽谷，不禁想起老子所說的名言：「天下莫柔弱於水，而攻堅強者，莫之能勝！」由此體會到並不是水之弱終能勝強；而是力（眞正的力）才能使流水穿石。胡適在後來回憶此種頓悟時說道：「這實在是我在智慧上變動的起點。」

9月28日
梅爾維爾
Herman Melville
1819～1891

《白鯨記》外一章

在歐美文壇名家中，以撰寫《白鯨記》一書而享譽於世的梅爾維爾，其生平所遭到的特殊際遇，恐怕迄今尚難以找出第二人來與之比擬。因爲，這位出生於一八一九年九月二十八日的美國作家，幼年家境非常富裕，從小就過著上流社會的奢侈排場生活；不料在十三歲那年，由於經商的父親突然猝逝，遺留下一家九口，頓失依靠而驟跌至貧困生活。

一八三七年時，梅爾維爾謀得一份紐約與利物浦之間的客輪僕役工作，由此展開驚濤駭浪的海上冒險生涯。後來，他爲了賺取更多收入，遂轉入捕鯨船「阿卡奈號」充當水手。結果，在長途的漂泊歲月中，他和另外兩位水手因爲不堪兇暴的船長凌虐，便在太平洋的奴古希瓦島跳船；熟料竟碰上食人族的侵襲，兩位同伴不幸遇害，而梅爾維爾因爲比較瘦弱才得以倖免於難。在拘禁四個月後，九死一生地逃脫野人魔掌，被一艘澳洲捕鯨船所救而幸運逃生。

由於他有如許特殊的遭遇，遂激起梅爾維爾創作小說的欲望。恰好，名作家霍桑就住在他隔壁，於是在這位成名的浪漫派作家指導之下，寫出了膾炙人口的小說《白鯨記》。在這部被譽爲「美國兩大史詩」之一的鉅構中，梅爾維爾充分表露了人類與罪惡搏鬥的堅強意志，同時也還暗示讀者：「人若對命運作惡意的挑戰，無異是自取滅亡。」這眞可說是一部深蘊哲學意味的寓言，對當時混亂的美國頗有醍醐灌頂之效。

9月29日

布爾熱瓦

Léon Victor Auguste Bourgrois

1851～1925

認清既存事實，打破傳統

二十世紀初葉，日內瓦和海牙兩地之所以會成立「國際聯盟」及「國際法庭」，主要催生者即是逝世於一九二五年本日的布爾熱瓦。

在布爾熱瓦活躍的年代，國際間糾紛此起彼落，因而促成各國代表在海牙召集過三次和平會議，希望透過桌面談判來解除人類自相殘殺的趨向。但布爾熱瓦大膽提出創設國際性永久機構的構想，並倡議組織國際間仲裁的永久法庭，期能藉此排解各種層出不窮的國與國之間糾紛，消弭各民族間不必要的誤解。布爾熱瓦的提議報告長達四小時之久，與會人士非但沒有感到沉悶和不耐，反覺得茅塞頓開而深受吸引。因此，史家在論及這場攸關人類前途的演說時，咸認這是「所有國際集會中最冗長但卻最爲中聽的一次」。

布爾熱瓦出身巴黎豪門世家，禮教約束雖十分嚴格，但他對於虛僞做作的朱門習尚向來深表不以爲然，而常有反抗傳統之舉。因而在就讀大學前一年敢和女僕熱戀，畢業後又寧可從事低級差事；及至成爲知名政治家後，又獨排眾議主張海外各殖民地獨立自主。諸如此類異乎常軌的作風，布爾熱瓦自認純是「認清既存事宜，打破過時傳統」所使然。正由於他的理念和魄力，所以才促成「國際聯盟」和「國際法庭」的誕生。而他本人也因此獲得一九二〇年諾貝爾和平獎的殊榮。

9月30日

張愛玲
Eileen Chang

1920～1995

「傳奇」女作家張愛玲

一九九五年的這天上午，洛杉磯南端外海三浬處，被譽爲「最優秀的中國作家」張愛玲之骨灰，在友人撒出紅白玫瑰花瓣時同步舉行簡單的海葬儀式，正式告別她曾慨嘆過的「生命是殘酷……我總覺得無限的慘傷」之七十五年歲月，距離其於一九二〇年本日出生在上海，正好是七十五載。

這位早於二十三歲便因出版「傳奇」聲譽鵲起的不世出作家，原名張煐，歷史上的名人李鴻章係其外祖父，所以自幼家境優裕。到了十歲上小學時，母親爲她取個英文名字Eileen，中文名即「愛玲」，往後發表文章便以此名叱吒文壇。

但是，由於十七歲那年頂撞後母而被父親囚禁半載，加上出道時與胡蘭成「簽訂終身，結爲夫婦」卻不旋踵即告仳離等際遇，加上在抗日期間投稿在汪精衛政黨而遭到「文化漢奸」等大帽子，使得這位才華橫溢的女作家不得不有「生命是一襲華美的袍，爬滿了蝨子」的感嘆，甚且在遠遁美國的最後二十四年裡，她幾乎是大隱於市，連死亡也是在猝逝數天後，才經鄰居報警破門而入，始才發現；張愛玲畢生傳奇，即便是告別塵世也是傳奇。如許傳奇的人生之旅，或許正如張愛玲生前說過的：「寫小說，是爲自己製造愁煩。我寫小說，每一篇總是寫到某一個地方便覺得不能寫下去了。」或許，這也許是她晚年度過二十四年隱居歲月的由衷告白吧！

10月名人

尤金・歐尼爾
奧斯卡・王爾德
乃木希典
法郎士
羅素
莫里亞克
納菲爾德
塞凡提斯
菲爾丁
愛倫・坡
嚴家淦
狄德羅
卻爾頓・希斯頓
奧西耶次基
盛宣懷
史達林

楊振寧、李政道
佛朗哥
濟慈
比爾・蓋茲
莫那魯道
伊藤博文
畢卡索
安東尼・范・列文胡克
巴斯特納克
李斯特
諾貝爾
吉田茂
史惠夫特
柏格森
蕭邦

October

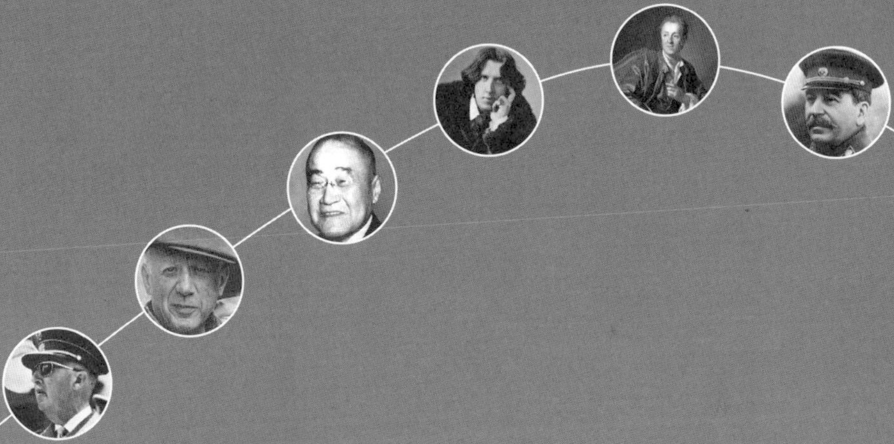

10月1日
史達林
Joseph Stalin
1879～1953

史達林弄出來的「黑鐵時代」

爲了加強獨裁統治，也爲了迅速工業化，人類史上所罕見的極權執政者史達林，在整肅他的政敵同時，亦於一九二八年的十月一日開始實行其所倡導的第一個「五年建設計畫」，企圖將全國私人企業及農業收歸國有，藉此達到蘇聯變成爲工業國家的目的。

史達林的這項計畫，自然遭到傳統勢力的地主和富農們群起反對，導致他爲了達到目的，不惜派出軍隊，引發一場前所未有的大規模血腥鎮壓，約計數百萬名的農人，因爲反抗集體農莊的安排而遭致祕密警察處死或送往西伯利亞苦役勞改的厄運，其餘的工人們則慘被嚴格控制，官方並下令禁止集體請願、無故曠工或轉換崗位，頓使全國工農民陷入悲慘的淵藪。

史達林「整頓」完工人和農人後，隨即將矛頭轉向軍隊，短短兩週之內，就一口氣槍斃了八名高級將領，還大舉逮捕了蘇維埃軍委會的三萬多名軍官，造成舉國上下無不震慄驚恐，陷入蘇俄歷史上最困苦、最恐怖以及最悲慘的「黑鐵時代」（喻爲人類墮落、悲慘的時代）。

蘇聯人之所以諷刺史達林的五年建設計畫爲黑鐵時代，純是一種指桑罵槐的本能反應。因爲，史達林這名字是取自俄文的「鋼鐵」一字。

10月2日

盛宣懷

Sheng Hsuan-Huai

1844～1916

發了財，成全了革命，還做了大慈善家

爲了培養理工專才以適應工業革命後的世界潮流，中國大陸培養科技人才的第一所大學——天津北洋西學學堂（民國肇建後改名爲「北洋大學校」及「國立北洋大學」），是於清光緒二十一年（西元一八九五年）十月二日舉行開學典禮，從此劃開中國工科教育的嶄新紀元。

北洋大學創辦人即清末權臣盛宣懷。他在後來曾經官拜郵傳大臣（相當於今日的交通部長），主持過招商局船務、創辦電報事業，以及出任鐵路總公司的督辦大臣。其後由於執行鐵路國有政策，商借外債來興建粵漢、川漢兩條鐵路，致而引發了四川民眾「收路爲他國所有，川人死不能從」的風潮。此逼得清廷被迫抽調湖北新軍入川鎮壓，使革命軍得以趁隙掌握湖北防務空虛之際發動武昌起義，導致清廷迅速潰敗；而盛宣懷本人也因此遭到「著即革職，永不敘用」的命運，旋即遠颺日本，隨後在民國五年含鬱以終。

盛宣懷死後，留下的遺產多達兩千多萬兩銀子，引發外界物議，有人認爲那是由於他所主持的招商局、電報、鐵路等事業都是「官督商辦」，肥水較多所致。事實如何，從來未有定論；但盛宣懷生前對教育及慈善事業的熱心卻是有目共睹，他除了出資創辦北洋西學學堂和南洋公學（交通大學前身）等兩所大學外，還因踴躍捐輸而被派爲紅十字會會長。而其死後亦捐出十分之四的遺產創辦「愚齋義莊」來救濟貧困，委實過了一個精采的人生。

10月3日

奧西耶次基
Carl von Ossietzky

1889～1938

圖／Deutsches Bundesarchiv（German Federal Archiv）

領不到諾貝爾獎的得獎人

舉世矚目的諾貝爾獎，自一九〇一年頒授以來，其間雖有幾位是堅持某種原則而拒絕領獎，但卻從沒有一位遭遇到類似德國籍的奧西耶次基這般特殊際遇者。

當諾貝爾獎委員會決定把一九三五年的和平獎頒給奧西耶次基的時候，他正因爲觸怒希特勒而身繫獄中，終其一生，竟都全然不曉得自己獲此殊榮。這位倒楣的奧西耶次基原係將門虎子，曾在首次世界大戰時投效軍旅，親身經歷過人類的浩劫，從此確立了反戰的信念。因此，當他退伍後便積極獻身和平運動，同時也主持報刊和雜誌的編務，極力抨擊當局的盲目黷武政策，結果遭致三次逮捕的厄運。前兩次僅係罰鍰和短期囚禁處分，但最後一次則被移送集中營改造，期間雖曾引起國際間注目，而由世界各國報人出面聯名抗議和具保，唯都被納粹當局堅拒不果。一九三八年五月四日，奧西耶次基終於囚死獄中，距他出生的一八八九年本日，享年僅約五十而已。

壯志未酬的奧西耶次基生平一再強調：「唯有包括國防工業等生產機構在理性控制下，才有可能奠定穩固的和平基礎。」因此敢大膽斥責：「破壞和平及摧殘民主最鉅者，莫過於這批執掌兵符而自以爲萬能的活寶！人類每一次戰爭的發生，就是這批低能兒在興風作浪！」他雖然命運多舛，但卻博得諾貝爾委員會稱爲「一個眞正的人」的至高讚譽，堪稱死而無憾。

10月4日
卻爾頓・希斯頓
Charlton Heston
1923～2008

踢碎鼻梁的好運氣

曾任美國電影協會理事長、好萊塢明星聯誼會主席，並且以《賓漢》一片奪得奧斯卡金像獎最佳男主角榮銜的國際紅星卻爾頓・希斯頓，係於一九二三年的十月四日在美國伊利諾州誕生。

這位曾在民國四十九年及六十六年兩度前來我國訪問的性格紅星，從影時間非常長久，並先後在多部影片中扮演重要角色。據其個人統計，單是總統角色就演過三次。而聖人和天才則各兩次，其中影響最鉅者莫過於膺選爲《十誡》這部鉅片的男主角，由於他在該片有極爲精湛而傑出的表現，「希斯頓」名字乃一砲而紅。當初，希斯頓之得以獨挑《十誡》的大樑，說來也眞是無巧不成書。原來該片導演在籌拍期間，發現由米開蘭基羅所雕塑的摩西像，鼻子竟因年代久遠給腐蝕掉了，參與其事的藝術評鑑家當即指稱那隻毀損的鼻子酷似希斯頓，而希斯頓鼻子是在就讀中學時，由於參加美式足球賽不愼被踢碎而變型的，沒想到竟因此而博得導演的青睞，一舉而躍登難以奢想的地位。

由於這段緣由，所以每當有人問起他走紅的訣竅時，希斯頓總是不憚其煩地簡扼答稱：「天賦、訓練再加上運氣。這三種是組合成演員的基本要素，凡是認眞學習和努力向上者，都將會成爲有運氣的人。」

有史以來的第一位偉大編輯

10月5日
狄德羅
Denis Diderot
1713～1784

「不管怎麼樣，別以爲我在野蠻人群中工作，就會感到害怕或膽小。我的信念是絕不寬恕迷信者、狂徒、無知者、瘋子、壞蛋和暴君……我們難道是白白被人叫爲『哲學家』的嗎？」

這一段充滿自信的告白，是編寫《百科全書》而享譽全球的狄德羅，在回覆勸告他趕快逃亡的伏爾泰時所下的豪語。當時，狄德羅爲了這套二十七卷的曠世鉅構，除耗費他十九年的寶貴歲月外，還飽受國王、教會的壓迫威脅，切身經歷了如後人所說的：「撰寫百科全書，確實爲當時最偉大和最危險的一種戰爭。」

出生於一七一三年十月五日的「啓蒙時代」最偉大之理性主義者狄德羅，早在一七四七年決定受託編纂百科全書時，就曾明確地宣布：「其目的純是爲了改變迄今爲止的思想方式，蒐集知識以傳諸後世，使後代子孫不僅在知識方面更加豐富，而且還要更加有教養，並且生活得更爲幸福；唯其如此，忝爲人類的我們，方才不致虛度此生。」

狄德羅便是在這種理念的堅持下，硬撐到底，終於在一七六六年完成此一曠世鉅作。這套震撼皇室和教廷的書籍，不僅使史家肯定「此項史無前例工作的完成，全然是創造領域的首舉，爲往後的百科全書提供了一個模式」，同時也使狄德羅本人被形容爲「有史以來第一位偉大的編輯，因爲工作環境是如此險惡，恐怕往後再也找不到比他更偉大的編輯了」。

10月6日
嚴家淦
Yan Jia-Gan
1904～1993

你我他共同努力

民國六十四年的十月六日，在臺北中泰賓館舉行了對臺灣經濟影響甚大的華商貿易會議閉幕儀式，由於蔣總統當年四月五日逝世，故由嚴家淦先生繼任總統並出席主持此會議。

嚴家淦先生曾出任臺灣省主席，當他初抵這塊甫自日本手中接收過來的土地時，臺灣各方面的條件幾乎是「滿目瘡痍」。據嚴先生回憶表示：「當時基隆的破壞要在百分之九十以上，臺北還比較好一點；再到高雄一看，差不多從現在的市政府向海港一看，都看不到房子。這種都市上的破壞，損失價值尚不算大，損失價值最大還是工業設備和電力設備，到處都是殘破不堪。」

光復初期的臺灣，條件雖然如此令人失望，可是後來爲何能夠逐步扭轉乾坤呢？這方面的功勞固是政策和領導有方所致，但其中最重要的因素之一，還是如同嚴家淦先生所剴切陳詞的：「如果對於經濟建設要做一個整個檢討的話，最重要的因素還是人，人是什麼？是你！是我！是他！」、「……如果能把有利條件充分發揮，不利條件加以控制，我們就成功；否則就失敗。……所以我們檢討地理環境得到結論還是人，人是什麼？是你！是我！是他！」、「你我他大家努力，一定能克服。」

上述這一席話，經過「你我他大家努力」的力行，如今果眞在臺應驗了。

10月7日

愛倫・坡
Edgar Allan Poe

1809～1849

堅持自我風格

一八四九年十月七日，美國文壇著名的怪傑愛倫・坡，在被發現酗酒醉臥陰溝的第四天，終因嚴重的精神分裂等併發症而逝世於巴爾的摩醫院，死時年僅四十歲。

愛倫・坡早在十二歲時即成孤兒，幸賴一位富豪收容，還栽培他攻讀大學，但他卻因酗酒輟學，又和養父大吵一架後離家出走。後來雖然重歸舊好，由養父推薦到西點軍校深造，然而還是因爲犯上而遭開革，遂就此和家庭完全決裂而混跡紐約求發展，並開始努力創作小說和新詩。

在這期間，愛倫・坡的生活非常窮困，甚至連寄稿的郵資都付不起，然而他的許多精采作品，卻都是在這段落魄時期問世的。當時，美國文壇時尚的是「文以載道」，但古怪的愛倫・坡始終堅持「爲藝術而藝術」、「文學是享樂，而非求眞」的創作理念。這種簡潔作風給人強烈的印象，使他被認爲是現代小說的先驅者，連開除他的西點軍校也在後來建造紀念坊來加以緬懷，足見愛倫・坡受到重視之一斑。

死後備受哀榮的愛倫・坡雖在生前與酗酒患病、厄運、失意打滾搏鬥，可是其至死拒與觀念不同的文學潮流苟同，終而創造出嶄新門路。難怪後人在「現代世界作家中」會暱稱他爲：大家的表哥——愛倫・坡先生。

10月8日
菲爾丁
Henry Fielding
1707～1754

立志改變社會的英國小說之父

十八世紀英國小說家亨利．菲爾丁，擁有「英國小說之父」的美譽，同時也標示了他在英國文學史上的崇高地位。雖然生於一七〇七年的菲爾丁並非英國第一位小說家，但他卻是用完整的小說理論來從事創作的。他所寫的小說一直廣受歡迎，包括名作《湯姆．瓊斯》、《阿米麗亞》等，時至今日都還是擁有極高的評價和廣大的讀者。

菲爾丁出生在薩默塞特的世家，出身名門的他曾就讀於英國名校伊頓公學，後來就讀於荷蘭萊頓大學時，因家道中落而被迫中輟學業。不過，菲爾丁並未中斷他對文學的熱情和廣泛知識的追求。他開始寫作劇本，內容多半諷刺時政、社會弊端，因而得罪了當政的首相。爲此，首相還設法通過一條所有劇本上映前都須送審的法律，讓菲爾丁的劇作家生涯從此結束。

然而菲爾丁並不氣餒，他改而從事小說創作和學習法律以成爲律師。雖說他的律師事務沒有什麼成就，他爲改革英國時政及社會風俗的小說創作卻大受歡迎，成爲砥礪時政的清流。後來，他還爲接受沒有薪俸的法官職務而中斷小說創作。菲爾丁自律甚嚴的法官生涯，不但恢復了百病叢生的法官名聲，還有效地打擊犯罪，成爲史學家口中十八世紀最佳地方法官之一。不管小說創作或法官生涯，充滿理想及力行改革的菲爾丁都是我們後人應該倣效的對象，而這位英國小說之父在一七五四年創作完《里斯本航海日記》後，於十月八日與世長辭。

10月9日

塞凡提斯

Miguel de Cervantes

1547～1616

唐吉訶德的啟示

我們常把一個意圖有所作爲卻又不顧實際者比喻爲「唐吉訶德式的人物」，而創造這個人物的作者塞凡提斯，即係於一五四七年的本日誕生在馬德里附近的阿爾卡拉市。

這位被公認不朽的西班牙文學代表作家，幼年家境不甚理想，經常在街上撿拾字紙來唸讀以充實新知。到了二十三歲時，塞凡提斯爲生活所迫投入軍旅，不料在對抗土軍的「勒班多之役」中，胸中兩鎗且左手被砍而告殘廢，後來解甲歸鄉，途中又被擄人質，折騰了五年才被救回。返家後，好不容易謀得幾份差事，不料卻遭倒帳而身繫囹圄。幸虧在這段蒙難期間，他從中構想「唐吉訶德」悲喜劇的雛形，終爲後人留下了西班牙在世界文學中最偉大的遺產。

塞凡提斯在這部於一六〇五年問世的作品序文中，曾毫不諱言地寫道：「你也許料想不到這惡形惡狀孩子（指唐吉訶德）的母親（指他本人），竟是在牢房裡受孕的吧！」

唐吉訶德在塞凡提斯描述下，充分表露了勇往直前的大無畏精神，他在無形中所產生的感化力，使人覺得在這個世界上，尊敬那些獻身於更高理想而不專爲滿足自己需要和快樂者是極其必要的，這是因爲他們寧肯忍受揶揄及艱苦，堅持毅力而勇敢獻身於本身的理想所致。

10月10日
納菲爾德
William Nuffield
1877～1963

英國工業家兼慈善家

納菲爾德是英國著名的工業家兼慈善家，他從十五歲創業，開設自行車修理店，同時還製造和銷售自行車，而且，他製造的車子還常在競賽中獲勝。在熟悉自行車的結構與原理後，納菲爾德開始對摩托車產生興趣，並且開始製造和維修摩托車。接著，他又對汽車產生興趣，在一九〇三年與朋友合開一家汽車修理廠，卻因經營不善而宣告破產，但是納菲爾德並不因此而喪氣，一九〇四年重新創業，這時他只剩下工具和一筆五十英鎊的債務。背水一戰的努力終於有了成果，納菲爾德在一九一三年製造出第一輛八點九匹馬力雙座莫里斯牛津牌汽車。後來，他在訪問美國期間，又購買了發電機研發，再製造出同樣出名的十一點九匹馬力的莫里思考萊牌汽車。

鑑於大量生產可以製造出價格低廉、性能可靠的小型汽車，他徹底改革了英國的汽車工業。一九一九年所創辦的莫里斯公司，用大幅度削價的辦法度過了一九二〇年至一九二一年的經濟困難，從此企業規模不斷擴大。一九五二年與奧斯汀汽車公司合併成英國汽車公司後，成爲世界上第三家最大的汽車公司。

生意成功之後，出生於一八七七年今天的納菲爾德也開始投注心力於慈善工作上，終而成爲英國企業界的典範。

10月11日
莫里亞克
François Mauriac
1885～1970

信仰虔誠的法國小說家

莫里亞克是法國小說家、評論家、詩人，並榮獲一九五二年諾貝爾文學獎。他與那些從永恆去審查現代生活醜惡現實的法國天主教作家一脈相承。他的小說主要是陰鬱而嚴峻的心理劇，有一股難以化開的緊張氣氛。在他的每一部作品的中心，都有一個和罪孽、神恩及拯救等疑難雜症相搏鬥的虔誠靈魂。

莫里亞克是於一八八五年十月十一日誕生在葡萄酒聞名於世的波爾多。他出生於一個篤信宗教、嚴守古風的上層中產家庭，曾在波爾多大學就讀。二十一歲那年進入巴黎的國家文獻學院，不久就放棄學業從事寫作。二十四歲發表一部優美的詩集《合手敬禮》確定了莫里亞克在小說界的重要地位；四十歲出版的《愛的荒漠》證明他的技巧日臻完善，更榮獲一九二五年法蘭西學院大獎。而一九三二年出版的《複蛇結》則是世人公認爲最佳之作，這是描寫一個婚姻悲劇：一位年邁的律師對其家庭的仇恨、對金錢的貪婪和他最後的轉變。和莫里亞克的其他小說一樣，這部作品的人物在人與人間的關係中所徒然追求的愛，僅在對上帝的愛中才得到滿足。一九三三年他當選法蘭西學院院士。儘管莫里亞克在國外的名聲不大，但他仍然是法國最偉大的小說家。

10月12日
羅素
Bertrand Russell
1872～1970

數學美，中國更美

當代最具活力且備受時人議論的英國哲學家羅素，在民國九年的今天應中國「講學社」之邀，專程抵華旅行講學，同時也在北京大學開班教授哲學，受到朝野一致的熱烈歡迎。

羅素年輕時酷愛數學，他曾經讚美這門學問爲「不僅含有眞理而已，還蘊涵著最高度的美！這種美是嚴肅而冷靜的」。來華講學後，羅素對中國人產生了莫大的好感，於是就用數學的角度來讚嘆說：「不管是現實或虛幻，人們都必須根據數學來加以思索；而當我在北大教學時，深覺中國有句老話頗爲難能可貴，他們說：『蠻不講理的人一定不識數！』這句話確已包含極深的哲理。」

除此之外，羅素還洞悉到中國人另一個偉大層次，他曾對此有感而發地指出：「如果歐美人種在戰爭中死亡，並不能就此造成人類的滅亡或文化的終結。因爲世界上仍存有數量可觀的中國人！而且，無論從哪個角度來看，中國都是我見到最偉大的國家，而它之所以偉大，最主要是在文化和知識方面。」

事隔數十載，羅素這段話仍在哲學界廣爲流傳；可是，我們自己可曾努力正視或探討呢？

10月13日

法郎士

Anatole France

1844～1924

被讀者逼出來的大文豪

「無法投遞，退回原處」，這是法國文豪法郎士對付每一位慕名而來的讀者投書處理方式。手法相當絕情，但卻由此省下許多時間來沉思、創作，或者倒在書堆裡睡個懶覺養養神，他就是喜歡過著如許類似自閉症的遁世生涯。

可是，許多法郎士的忠實讀者卻死心的纏著他，總希望能和這位唯美派的作家促膝聊一聊。其中，尤以有位名叫「愛曼夫人」是最有恆心的一位。她在投函四年都被一一退件後，只好殺出撒手鐧花錢買通出版社的職員，央求帶其到法郎士隱居的住處門口，這才皇天不負苦心人地得以和心儀已久的文豪一晤。

由於愛曼夫人本人才貌雙全，所以法郎士很快就和她熱絡起來，而作家慣有的惰性和懶散行為，也很快的就在夫人面前露出馬腳，愛曼夫人想盡各種辦法來逼他寫稿，有時甚至是由法郎士口述，她在旁邊用筆記下來，再交由他本人親自過目修飾。於是一部部文詞秀麗而簡樸的大作，如：《勃納特的犯罪》、《泰綺思》便是這樣問世的。甚至後來還因此獲頒一九二一年的諾貝爾文學獎殊榮！留給後人一段奇特而美好的文壇佳話。

法郎士自是非常感謝愛曼夫人的傾力協助，所以，他不僅在諾貝爾頒授典禮中公開聲稱這段軼聞，甚至在一九二四年的十月十三日逝世前一刻，還念念不忘愛曼夫人的提攜呢！

10月14日

乃木希典

Nogi Maresuke

1849～1912

殉死的武將

一八九六年十月十四日，日本中將乃木希典赴臺上任，成爲日本在臺的第三任總督。乃木希典出身海軍中將，一八四九年出生於日本江戶（即現在之東京），十歲就入集童院學習，後來追隨西鄉隆盛麾下投身軍旅。而眞正使他一戰成名的戰役則是「日俄戰爭」。在此役中，俄方及日方激烈交戰於旅順，由於蘇俄配備有當時最先進的軍火武器及鋼筋水泥堡壘，讓日本一直無法順利攻破俄軍。後來，第三軍總司令乃木希典採用以肉身擋子彈的方法，在死亡人數高達六萬的慘烈情況下，終於打敗俄軍，成爲當時日本的社會英雄，甚至後來還被軍國主義者稱爲「戰神」。

乃木希典雖然爲人嚴謹，自律甚嚴，且以光榮顯赫的功勳赴臺上任，但畢竟他對政治並不擅長，所以在他就任期間，除一改前二任總督的放任政策爲緊縮統治外，並沒有特殊建樹。後來，乃木卸任回到日本後，繼續擔任主持軍事方面事務。一九一二年，明治天皇駕崩，乃木夫妻聽聞消息後兩人一同殉死，日本人爲追悼他們，還建造神社來紀念兩人的忠君思想。

雖然乃木長久以來在日本都享有很高的聲望，但近年來，日本對其爲軍國主義甚至不惜犧牲軍民生命的作法有了相當嚴厲的批判，包括芥川龍之介、司馬遼太郎等作家都對他大加撻伐，認爲他不過是個愚臣而非良將，才會讓日本人死傷無數。

10月15日

奧斯卡・王爾德

Oscar Wilde

1854～1900

對男女關係觀察入微的王爾德

著有《少奶奶的扇子》、《杜連魁的畫像》、《獄中記》等知名作品的英國唯美主義派代表王爾德，是在一八五四年十月十五日出生於愛爾蘭的都柏林，從此展開如他自己所引以爲豪的「我對於我這個時代的藝術和文化，是站在一個象徵性的投影」的輝煌歲月。

這位年輕時就讀聞名遐邇的三一學院，後來又畢業於牛津大學的文學家，交遊廣闊且才華洋溢，除了曾經提倡「生活的藝術化」來鼓吹唯美論點外，還曾因同性戀的性向而遭致兩年的牢獄之災。後來，他服完刑役便自我放逐到歐陸各國，不出三年即潦倒而客死法國，享年僅四十六歲，徒然留給世人「天妒英才」的嘆息。

對於英年早逝的王爾德而言，其最被激賞而擊掌叫絕者，莫過於他對男女之間的觀察入微了。以下這些發人深省或發噱的名言，即散見於王爾德的小說、劇本、童話、新詩和論著中：「男女結婚是彼此誤解而發生的行爲」、「男女之間只有愛情而無友誼」、「男人因寂寞而結婚，女人因好奇而結婚——結果，雙方都叫苦連天！」、「女人嫁給愛她的，比嫁給她所愛的爲佳」、「男女之所以再婚——女人是在試運氣，而男人則在賭運氣」、「女人改變男人唯一的方法，就是使他厭倦不堪，以至於失去對人生的一切興趣」。

10月16日

尤金·歐尼爾
Eugene O'Neil

1888～1953

唯一獲得諾貝爾獎的美國劇作家

尤金·歐尼爾是美國唯一獲得諾貝爾文學獎殊榮的劇作家。

歐尼爾的父親是十九世紀末一個巡迴劇團的演員，他誕生在一八八八年的十月十六日。他的童年是在旅館房間、火車和劇場後臺度過的，長大後在普林斯頓大學學習一年後輟學離校，過了六年海上漂泊的日子，曾經酗酒並企圖自殺。歐尼爾在二十四歲那年罹患肺結核而進入療養院治療，他後來把這段飄零生活稱爲「眞正受教育的人生」的體驗，並把他在療養院的生活稱爲他的新生，因爲他在那裡第一次清醒剖析自己，決定開始從事戲劇事業。

一九一六年的夏天，一批年輕作家和畫家在一個小漁村創辦了實驗劇場，上演了歐尼爾的第一個獨幕劇《冬航加的夫》，他的才華在這場短劇中已有所顯露。一九二〇年百老匯首次上演他的第一個大型劇本《天邊外》，成爲歐尼爾第一個榮獲普立茲獎的劇本。此後二十年，他的聲譽在國內外不斷上升，繼莎士比亞和蕭伯納之後，歐尼爾的戲劇被翻譯的版本最多，上演場次也最多。

在他一生的創作事業中，青年時代始終是他作品的生活依據。老年之後，他因病而不能再握筆寫作，最後在一九五三年過世。回顧尤金·歐尼爾出生在紐約百老匯的一家旅館，晚年也在波士頓的一家旅館中過世，如許一段居無定所的經歷，正好說明了他顛沛流離的一生。

10月17日

蕭邦

Frédéric Chopin

1810～1849

至死不忘故園土

被魯賓斯坦讚譽爲「鋼琴詩人」，同時也被舒曼嘉許爲「天才」的波蘭鋼琴家蕭邦，由於不堪心臟病和肺結核的無情侵襲，終於在一八四九年的十月十七日撒手塵寰，享年僅三十九歲而已。

這位與莫札特同爲音樂界神童的鋼琴演奏兼作曲家，早於五歲稚齡時便已嶄露頭角。到了八歲那一年，華沙樂壇就特別破例爲他舉辦一場演奏會，當時「安可」聲潮不斷，盛況空前，從此奠定了蕭邦致力於鋼琴曲的創作生涯，並留下一百八十九首動人心弦的作品予後世。

蕭邦不僅在鋼琴曲方面締下空前絕後的成就。同時也在愛國情操上表現卓越，他除了每支曲都刻意賦以波蘭情調外，更在祖國慘被俄、普、奧三強分割時，發憤創出膾炙人口的《革命練習曲》（亦即第十號作品《C小調練習曲》），及至被迫離開華沙逃難時，他甚且還一路哭泣地表示：「我覺得我好像會客死異鄉。」於是就在波蘭邊界上，特地將故國芬芳的泥土盛滿在銀盃裡，從此帶著它們浪跡各國。

十九年後，蕭邦在巴黎逝世，他最後的心願是能夠埋葬於這堆故國泥土裡，而在其遺囑裡，則表示要把靈魂遙葬於波蘭，充分表露其對祖國的赤衷，難怪世人會被蕭邦感動地稱其爲「愛國音樂家」，而波蘭人也因此尊奉他是「民族英雄」。

10月18日
柏格森
Henri Bergson
1859～1941

從小就給他一個廣闊的世界

十九世紀末葉，歐洲民眾對於出生在一八五九年本日的柏格森，都是異口同聲地表示：「他所講的每句話，都是當今治世的箴言！」由此即不難知道這位法籍哲學家的誕生，對於歐陸思想的影響是如何地至深且鉅了。

贏得這項盛譽的柏格森，早年畢業於巴黎師範大學，自二十四歲起便在學術界發表閎論，主張科學是源自哲理，所以要研究哲理必須依循科學方法。此外，他還刻意鼓吹「未來只在生活瞬間中產生」的觀點，對於啓發現代人生的見解頗多獨到之處，以致從二十七歲起便屢獲獎章殊榮，深受學術界推崇。

造就柏格森如許卓越表現的緣由，主要是家庭的調教有方所致。當柏格森年幼時，他的父母便決定在其接受教育定型之前，盡量帶著他到歐洲各國去接觸形形色色的社會，並體驗各種截然迥異的生活，藉此使柏格森從小就大開眼界和增廣見聞，養成不被既存觀點所限的習性。

曾有一次，當這個四處遷徙的家庭在挪威落腳時，六歲的柏格森於三更半夜起床時，突被北歐那種在午夜時刻仍有陽光普照的景象所震懾住了！他木然地楞視了好一陣子，而其父母在旁睹狀並未打擾他，只靜靜地陪著這小小的心靈去接受震盪和衝擊。難怪柏格森在日後的成就也會如其父母所期望般異常廣闊了。

10月19日

史惠夫特

Jonathan Swift

1667～1745

站在另一個星球觀察人類

「對風靡甚久的《格列佛遊記》，作者係以不加修飾的淺易文字來說明深奧的道理，這讓欺世的僞君子讀了會感到難堪……但是也有人以爲這本書是父母買給孩子們讀的奇妙故事書，殊不料作者卻是想向孩子們的父母說教！」

上述不同觀點的看法，正說明了這部故事書之所以會流傳迄今的因素。而造成這種文壇爭議話題的本書作者史惠夫特，其個人強烈之愛與恨交織的雙重性格、以及與生俱來的桀驁不馴個性，竟使他被人說成「是在另一個星球觀察人類」，甚而被封爲「不僅是詼諧的發明者，更是出類拔萃的諷刺文學巨匠」。

這位筆觸敏銳，而且尖嘴利舌的英裔作家，母親雖在其稚幼時猝逝，可是史惠夫特在叔叔的悉心照顧下，仍然取得牛津大學的碩士學位，同時還被封爲大教堂的院長高職。生活成就不錯的他，卻喜以超乎世人的細密審察力，無情揭發政治圈或學術界的腐敗和虛僞。及至晚年生涯，更是格外憤世嫉俗和刻薄，最後終於精神錯亂，不幸在一七四五年的這一天瘋狂而死，留給世人對他腦袋所想以及文筆所述的內容涵義是一團霧水般迷惘。不過他生前所慧黠而帶諷刺講過的：「人生九成是金錢」，倒是頗被功利主義的西方世界所激賞！這就難怪史惠夫特會如許特立獨行一輩子了。

10月20日

吉田茂

Yoshida Shigeru

1878～1967

戰後復興日本的第一功臣

引領日本人從廢墟中站起來的已故首相吉田茂，在經歷日本最動亂顛沛的年代後，病逝於一九六七年十月二十日。

在其出掌首相的七年又二個月任期內，他曾於京都的一場講演會中，因爲不滿攝影記者橫加攪局，竟萬分火大地將桌上開水潑向這位採訪記者，且還不肯罷休地執起手杖來打對方！這種驚人舉措不僅震驚日本大眾，同時也轟動世界政壇。可是卻從未損及吉田茂的政治生涯，所有在他手下調教出來的門生，如池田勇人、佐藤榮作等人，後來都在政界頭角崢嶸，充分證明這位「元老政治家」始終廣受人民的愛戴。

這位榮獲日本天皇頒封「大勳位」至高殊榮的政治家，雖有過上述罕見的舉動，可是小瑕不掩大瑜，由於制定新憲法、創建自衛武力，以及與友邦締結和約等功動，曾經五度組閣，領導國家度過難關，堪稱戰後復興日本的第一功臣。

由於吉田茂曾經出任駐中國東北、山東、天津等地的總領事，因此對於中日關係非常珍惜。他曾再三語重心長地表示：「日本必須對中華民國進行善鄰外交，如不和中華民國攜手合作，就無法對抗共產主義；其結果勢將危及日本的存在。」所以，中日和約的簽締，乃至於《吉田書簡》的立場表明，都是在其生前所完成的。對於這樣一位率眞而具有遠見的政治家的逝世，誠爲日本的至大損失。

10月21日
諾貝爾
Alfred Bernhard Nobel
1833～1896

熱愛和平的火藥大王

一八三三年十月二十一日，位於北歐的瑞典首都斯德哥爾摩，誕生了一位日後家喻戶曉的人物，他就是目前大家耳熟能詳的諾貝爾。

這位以發明強烈火藥而聞名於世的發明家，由於父親經商失敗破產兩次，因此幼年家境不好。而其個人也因爲身體孱弱，早在就讀小學時就被校方以「只有數學及美術及格」爲由，希望家長把諾貝爾帶回家去教養。所幸，她的母親深信諾貝爾確爲可造之材，遂在家裡親予教誨，同時忍痛以重金聘請家庭老師給予教導，奠定他日後的深厚學識基礎。

及長，諾貝爾因爲醉心於發明事業，年甫三十三歲便成爲歐洲鉅富。卻也因爲火藥的發明，竟遭到「戰爭販子」或「劊子手」之類的譏稱，使他常感落落寡歡，因而曾表示：「科學創造財富，而財富僅可以消滅因貧窮所引發的罪惡；所以只有透過文化的提昇，才能促成人類眞正的繁榮，而科學只是推進繁榮的最大力量而已。」基於這個理念，再加上祕書蘇特蘭夫人鼓吹世界和平的影響，使諾貝爾於逝世前一年毅然創辦文學、物理、化學、醫學及和平五項獎賞，藉以酬謝那些爲人類帶來美滿生活的世界各國不同種族人士或團體。

諾貝爾生前曾說：「即使是一介如我，也爲人類的文化與和平盡了心力。」如此磊落胸襟，使他得以名傳千古。

10月22日
李斯特
Franz Liszt
1811～1886

李斯特推己及人

生平寫過多首著名樂曲，同時更以登峰造極的鋼琴彈奏技藝獨步樂壇，博得世人稱爲「浪漫派交響詩創造者」美譽的李斯特，是於一八一一年的十月二十二日出生在匈牙利的一個偏遠小村。

李斯特從六歲便開始涉獵音樂，九歲開演奏會即一鳴驚人，旋由鄉里貴族資助他到維也納深造，兩年後再次舉辦公開演奏，技震全場，連貝多芬都稱讚他爲「了不起的天才」。受此鼓勵，李斯特遂決定翌年親赴巴黎音樂院進修。沒想到天不從人願，巴黎音樂院竟以「不收外國學生」爲由拒絕李斯特入學，這件事對他的衝擊之大，直到日後功成名就時都還耿耿於懷。

有一天，當李斯特出外旅遊時，忽然在一個小鎭報上看到某位自稱是「李斯特門生」的女鋼琴手在此開演奏會，訝異之餘，他便故意投宿該地並設法與這位冒牌琴手見面。西洋鏡被拆穿的女鋼琴手，羞愧地跪在地上央求李斯特饒恕。但李斯特毫不生氣，只要求她彈奏一曲，曲完之後，他面露祥和地對這位女鋼琴手說：「現在，妳已經是李斯特的門生了，明天的演奏會上，我除了會出席之外，同時也會上臺參加演出，妳儘可在招牌上預告了。」女鋼琴手聞罷，當場喜極而泣，而隨行的友人亦爲之動容。事後，有人詢及李斯特何以如此處理，他即以十二歲時被拒入學的憾事，並認爲只有設身處地幫對方著想，才能使世界更加美好。

10月23日

巴斯特納克

Boris L. Pasternak

1890～1960

引發一場災難的大獎

如果一項殊榮的宣布會引致一場災難，而且威力十足到震驚全球的地步，在一九五八年十月二十三日所發布的「巴斯特納克榮獲諾貝爾文學獎」訊息，無疑是箇中最具典型的案例了。

這位猶太裔的俄籍作家是因私運出境印行《齊瓦哥醫生》一書而備受好評，瑞典學院因而頒予他諾貝爾獎榮銜。不料當下即引發蘇聯境內的齊聲抗議，非但使其飽受蘇聯各有關單位的公開凌辱，連瑞典當局亦遭蘇聯汙衊，指責「此舉是對蘇聯政治上的反對活動，旨在煽起對俄冷戰」。而其中最最倒楣者，莫過於是蘇聯文化部長了，因爲他在獲悉諾貝爾文學獎得主首度落在俄羅斯本土的佳音時，即毫不思索地讚揚瑞典學院，孰料隔天馬上丟官，而且還被逮捕下獄囚禁。這場意外的風暴，最後在巴斯特納克投書蘇聯頭子赫魯雪夫表示「懺悔」，並具函瑞典學院拒絕領獎後草草收場；前後雖歷時不到六天，但卻已成爲文壇永存的歷史性話題了。

巴斯特納克由於自認自己的出生、成長、工作、生活都已和蘇聯這片土地緊密結合，若因爲領取諾貝爾文學獎而被迫出境，則無異比宣判死刑還難耐；因此，只得委屈自己與強權妥協。儘管現實處境如此，但是《齊瓦哥醫生》這本書仍不失爲文學鉅作，其中所蘊含的許多眞理，又豈是被政治當權者否定便會失去其珍貴的價值呢？

10月24日
安東尼・范・列文胡克
Antony van Leeuwenhoek
1632～1723

微生物的發現者

列文胡克是微生物的發現者，他出生在荷蘭的一個中產階級家庭，他的大半生都是在政府當中擔任一個低階的官員。列文胡克的偉大發現是他將使用顯微鏡當作一種嗜好，他自己動手製造他的機器，雖然他不是一位專業的磨鏡師，但他發展的技術相當非凡，遠超過當時任何一位專業人員的水平。列文胡克透鏡的解像力大於任何早期的複合式顯微鏡，現在保存下來的一塊透鏡的放大能力是兩百七十倍。

列文胡克是一位極具耐心的觀察者，他觀察了數量繁多的各式各樣物質，並繪製了精細的觀察圖。從一六七三年開始，列文胡克與英國皇家學會通信，英國皇家學會是當時主要的科學學會，儘管他沒有受過高等教育，除了荷蘭語外也不會其他語言，但是因爲他爲科學上的貢獻，在一六八〇年被選爲該學會的會員。

列文胡克有許多重大的發現，他是第一個描述精子的人，也是最早發現紅血球的人，然其最偉大的發現是在一六七四年，他第一次觀察到微生物，在一小滴水中，列文胡克發現了一個完整的新世界，一旦他開始研究它們，列文胡克就發現微生物存在許多不同的地方，這是人類史上取得重大進步的發現之一。

這個對未來科學產生巨大影響的人，逝世於一七二三年的十月二十四日。

10月25日
畢卡索
Pablo Picasso
1881～1973

我決定繼續停留在三十歲

被肯定爲本世紀以來最偉大的畫家畢卡索，一八八一年十月二十五日在西班牙的南海岸小鎮馬拉加誕生，從此展開他在現代畫壇多彩多姿的生涯。

這位畢生標榜「崇尚自由，並愛隨心所欲」的藝術界天才，生平精力旺沛；不僅是立體派、超現實派、新潮派的前衛畫家，同時也是極其傑出的陶匠、雕刻家、版畫家和草圖家，每樣作品都充分流露他是最有創見、最變幻無常且最具衝勁的人。看過畢卡索作品者，常讚嘆他的作品是來自「天堂的火焰」。畢卡索九十歲那年，當時執政的法國總統龐畢度，也公開讚許這位久居巴黎的老畫家是座「一直在沸騰的火山」，由此即不難管窺畢卡索的旺盛創造力之一斑了。

對於這種世人難以企及的精力，畢卡索曾毫不隱瞞地透露：「我只有對自己挑戰罷了。」他說：「每一個人的年齡都是由他自己決定，我個人是決定繼續停留在三十歲。」至於對繪畫的狂熱，他常表現在畫布之前，往往一站就是紋風不動地佇立三、四個鐘頭。人家詢問他累不累？他反而納悶的回答：「什麼話嘛！這就是畫家會長壽的原因，因爲當我在工作時，肉體就像回教徒要進入寺院時，必得脫鞋般地留在門外……繪畫是我的愛好，當我作完畫後又會情不自禁地再拿起筆來作畫，爲的只是鬆弛一下精神而已！」

10月26日

伊藤博文

Idou Hirobumi

1841～1909

灑血於中國領土上

日本明治維新的功臣伊藤博文，係於一九〇九年的這一天，在中國東北哈爾濱車站接受俄國財政大臣哥烏佐輔的歡迎儀式上，慘遭韓國志士安重根持槍襲擊，當場身中三彈而死，享壽六十八歲。

伊藤博文之所以權傾一世，主要源自他早年熱中尊王攘夷，同時也活躍於推翻德川幕府的運動所致。而且，他早在二十二歲時便遠赴英倫留學，二十年後又奉命到德、奧兩國研究普魯士憲法，可說是位罕見的博學之士，因而被亟思革新的明治天皇倚爲左右手。他曾先後出任第一任內閣總理大臣、首任樞密院院長、首屆貴族院議長、首任朝鮮統監等重職。同時在其四次組閣之餘還特別手創日本第一個政黨「立憲政友會」。

除在朝廷舉足輕重外，伊藤博文並在對外關係上野心勃勃。例如：清廷被迫簽訂的《天津條約》和《馬關條約》，即是在其任內完成的；此外，日俄海戰一役，亦是他與明治天皇在通宵研商後，斷然表示：「即使戰況不利，我也要扛著槍管到山陰海岸出陣，絕不容許一個俄兵上岸」、「只要具備充分的決心，相信萬無一失」。海軍懍於首相這席壯言，於是一鼓作氣擊潰強大的俄羅斯艦隊，使日本帝國從此一躍而爲世界列強。可是，常年用兵的結果，終使伊藤博文招致朝鮮志士的憤怒而惹來殺身之禍，一世的功榮，就此劃下一個休止符。

10月27日
莫那魯道
Mona Ludao
1882～1930

可歌可泣的霧社事件

臺灣被日軍占據的半世紀悲慘歲月中，臺灣同胞爲了抗拒異族統治，曾經多次策劃可歌可泣的抗日運動，其中最爲悲壯慘烈、同時也備受國際間所矚目的，首推於一九〇三年今天爆發的「霧社事件」。

莫那魯道是南投霧社泰雅族賽德克人。青少年時就是族內英勇的戰士，十三歲就開始出草獵首級。莫那魯道是泰雅族頭目之子，在父親魯道魯黑死後，莫那魯道成爲馬赫坡社的新頭目，也是霧社地區最具有影響力的領導人物之一。

一九〇三年因爲日本巡查石川和吉川在籌備學藝會和運動會期間，藉故打死原住民，此舉終使原住民們忍無可忍，於是透過花岡一郎的精心籌劃，全體原住民在莫那魯道等酋長率領下，當場殺死臺中州理蕃科長菅野正寬等一百三十四人，除了一位日本巡查太太山田里惠子躲入糞坑三晝夜，以及郡視學菊川乘隙逃入叢林倖免於難外，其餘日本人全被殺死。

事發後，日軍入山屠殺，並施放慘無人道的毒瓦斯爲武器，卒使起義的泰雅族原住民當場犧牲四百餘人，其餘被俘者亦難逃毒手，前後成仁者總計達一千零七人之多。由於日軍在這場鎮壓行動中施放毒氣，因此使得參與抗暴的六社原住民悲慘下場受到國際重視，紛紛譴責日本這種不人道的凶殘行爲，也由此認清日本軍閥的猙獰面目，埋下日後臺灣重返祖國懷抱的伏筆。而且爲紀念莫那魯道，二〇〇一年中央銀行所發行的二十元硬幣即爲他的頭像。

10月28日
比爾・蓋茲
Bill Gates
1955～

圖／World Economic Forum, Severin Nowacki 攝

一秒鐘賺進五百八十三美元

年僅三十一歲，便在一九八六年躋身為億萬美元富翁的比爾・蓋茲，係於一九五五年的今天在西雅圖出生。

這位在哈佛大學數學系中輟的大富翁，一九九七年的身價達到三百五十億美元之鉅，隔年更躍爲五百一十億美元，堪稱是美國有史以來最富裕者。如果依據當時對《財富》雜誌統計：「蓋茲在那一年所增加的一百八十億美元財產，換算成每天收入是四千九百五十萬美元，或一個鐘頭賺到二百一十萬美元、一分鐘三千五百美元、一秒鐘五百八十三美元！」因此，網路上流傳的一則笑譚是：如果蓋茲在上班途中看到有人掉了五百美元在地上，那張大鈔甚至不值得他費時彎腰去撿，因爲直接去上班會賺得更多。然而，創辦微軟而日進斗金的蓋茲，對於億萬財產的感受卻如此自白：「即使到了今天，使我產生興趣的並非賺錢本身，如果要我在工作與擁有的龐大財產兩者之間做一抉擇的話，毋寧會選擇前者！因爲領導一群才華洋溢的聰明人所組成的團隊，委實要比擁有龐鉅的銀行帳戶更加刺激！更何況，商業行爲是一種好遊戲，競爭激烈規則少，所賺到的錢財像得分計算罷了。」

蓋茲除了在錢財方面看得開之外，他一直認爲「世界充滿著臻於極致的挑戰，使我不斷提昇新的極限」。

10月29日

濟慈

John Keats

1795～1821

名字寫在水上的詩人

一七九五年十月二十九日，以唯美主義和浪漫風格而享譽歐美詩壇的濟慈，誕生在英國。

這位出身赤貧的詩人，父母先後在其年少時候去世，從小無依無靠的濟慈，只得委屈地在一家外科醫院充當七年的助手，以求勉強溫飽；但當其終於熬到可以領取一張營業執照時，卻深受文學吸引，半途決定改行做個詩人！

儘管抱持這種清高的心願，但由於全靠自修自習緣故，造成他早期創作的詩集未臻成熟之境，因而遭受書評界猛烈抨擊，使得醉心文學的濟慈差點憤慨地發狂。所幸，意志力壓制這種悲劇傾向，同時有位欣賞他的姑娘芬娜．布朗出現，這才使得濟慈恢復信心，終而寫下了許多不朽的詩作。可惜，就在他逐步走紅文壇之時，竟因爲照顧生病的弟弟而感染到當時無藥可治的肺結核。爲了不願連累相戀的情人，濟慈忍痛解除婚約，寫下英國文學史上至爲悲慘的一頁。同時，他又化悲憤爲力量地創作許多充滿秀麗文藻和浪漫情調的扣人心弦詩作，終而博得世人稱爲「詩的花朵」美譽。濟慈生平本就強調「美即眞，眞即美」，同時在各種事務裡都以尋求美之原則爲目的，導致最後在致函深愛的芬娜．布朗信中表示「死，我能忍受的，但我實不忍離別妳」之後遠赴羅馬，並遺下一份自己的墓誌銘：「這裡躺著一個名字寫在水上的人。」他後來逝世於異鄉，年僅二十五歲。

10月30日
佛朗哥
Francisco Franco
1892～1975

山不靠山，人靠人

以鐵腕統治西班牙長達四十載之久的佛朗哥，由於腹膜炎病發，被迫在一九七五年本日，正式將他的領導權移轉給卡洛斯王子。

這位崛起於內戰的大元帥，早年出身軍事世家，年僅三十二歲，便因戰功而晉級爲將軍。一九三一年，西班牙國王阿方索十三世因爲政爭失利亡命海外，引發國內陷入一團紊亂，佛朗哥遂發表宣言起事，歷經三年慘烈的內戰後，終在一九三九年入主馬德里，建立獨裁政權。

當這場內戰爆發時，列強都將西班牙當成第二次世界大戰的實驗場。先是美英法在此試行安撫政策、德義排演轟炸奇襲，而俄國則企圖培植共產主義。結果，佛朗哥活學活用西班牙老諺「山不必靠山，人必須靠人」，透過德、義之助而克竟全功。後來一見國際局勢苗頭不對，他又馬上站到英國這一邊，卒使山河在列強大戰中未受嚴重波及。

外患壓力一除，佛朗哥便開始對內施行高壓手段，許多歧異分子在其認爲「重溫的肉湯味道差，就像和解的敵人會裝傻」情況下，一個個被打進大牢做苦工。而對其統治的群眾，則極力鼓吹「辛勤挖土，黃金就會出土」的精神與做法，終能順利地領導國家安然度過政治孤立和經濟困難等危機，鞏固他一手締造的政權。

如果究其成功緣由，還眞可說是拜了諺語之賜呢！

10月31日

楊振寧（Yang Chen-Ning, 1922~）
李政道（Lee Tsung-Dao, 1926~）

大自然所培育出的兩朵奇葩

民國四十六年十月三十一日，一份屬於中國人的空前光榮轟動了全球，那就是李政道和楊振寧同時榮獲諾貝爾物理獎，其得獎理由是對「所謂等律的深入研究，促成了有關基質點的重要發明」。主辦單位特別推崇兩人的年歲才分別為三十一和三十五歲而已，是這項舉世矚目獎項中的最年輕得主，難怪得獎消息公布時會立刻轟動全球。

早在獲頒諾貝爾物理獎之前，楊、李兩人就曾於同年得到國際物理界最高榮譽的「愛因斯坦獎」。當時，二十四歲即得到博士學位的李政道，曾很謙遜地透露：「這項物理學上的發現，只是我和楊振寧在哥倫比亞大學附近一家中國餐廳用膳前，經常交換意見所獲致的結論而已。」致使前往採訪的記者聞訊無不感到瞠目結舌。而年歲較長的楊振寧，比較有感而發地表示：「給予青年學者適切的關懷，唯有重視、支持、鼓勵和發展科學，為現代國家謀求安全與繁榮的基本要求。」堪稱是一針見血的真知灼見！

兩位優異的科學家，是成長在中國抗日最吃緊的大時代裡，他們也都是在母親的呵護下，跋涉千山萬水到後方的「西南聯大」受教，經過吳大猷博士等多位師長的提拔，再負笈美國而卓然有成。如果當時沒有這些中國母親和師長的刻意栽培，恐怕兩朵物理界奇葩便不會如此年輕就功成名就了。

11月名人

毛姆
尼赫魯
陳布雷
賈桂琳・歐納西斯
杜斯妥也夫斯基
于右任
屠格涅夫
蔡鍔
卡繆
史懷哲
威爾遜
萊布尼茲
朴正熙
華倫・哈定
孟姆森

汪精衛
奧爾科特
羅伯特・歐文
小仲馬
左宗棠
三島由紀夫
科羅狄
布蘭庭
約翰・甘迺迪
紀德
托爾斯泰
舒伯特
李西普
羅丹
克里蒙梭

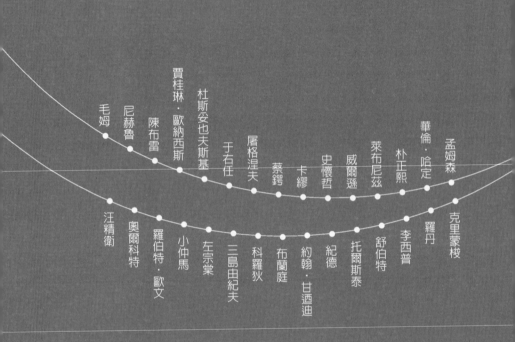

November

11月1日
孟姆森
Christian Matthias Theodor Mommsen
1817～1903

連反對者也服氣

由於「研究羅馬史基礎，提高史實在藝術領域的價值」而獲頒第二屆諾貝爾文學獎殊榮的德國學者孟姆森，係在一九〇三年的這一天溘逝於德國的夏綠蒂宮，享壽八十六歲。這位畢生皓首於歷史研究的學者，因爲一口認定「歷史即道義的苦鬥」，同時確知「羅馬民族使人性得到最高的發揮」，所以，窮其一生之力都專注在羅馬史的考證。除了花費二十餘載光陰創作五卷《羅馬史》外，他更寫過近百部有關羅馬的論著，使其在這方面的權威地位，迄今仍無人能望其項背。

孟姆森在學術界的造詣雖然輝煌，但在政治圈的發展卻不甚愜意。他的政敵「鐵血宰相」俾斯麥雖曾公開排斥他，但私下也曾向友人表示：孟姆森的《羅馬史》，他已經拜讀到連書皮都快要磨破的地步，實在獲益匪淺。

而遭致排斥的孟姆森在聞悉這位忠實讀者的內心話後，雖然不作任何表示；可是從他事後在某次場合邂逅俾斯麥時，竟應其要求在書的扉頁簽名誌念，以及在俾斯麥死後仍願爲他執紼一事來看，顯然地，孟姆森實已盡釋前嫌。針對此事，他曾說過：「從事一件工作，若無意義便會覺得不愉快，若無迴響則更會覺得不過癮；如果連反對者都會由衷服氣你所作所爲，無異是肯定這一生還活得滿有價值的。對於這種恭維，我怎可不予回敬呢？」這番話中，充分表現了泱泱大風的學人胸懷，頗值得大家深思再三。

11月2日

華倫・哈定

Warren Gamaliel Harding

1865～1923

以「恢復正常」作競選策略

一九二〇年的這一天，不但是美國第二十九任總統華倫・哈定的當選日，同時也是他五十五歲的生日。而匹茲堡「ＫＤＫＡ」電臺當日在開票現場實地轉播選情快報，亦成爲全球首次舉行的現場轉播。

華倫・哈定是以一千六百餘萬票，擊敗了試圖東山再起的羅斯福而當選了總統。當時，他的競選口號是「恢復正常生活」，頗能迎合甫自第一次世界大戰惡夢中度過的選民心理。這位原是俄州《瑪里昂每日星報》老闆的總統，早在政壇崛起時，便動輒宣稱：「美國目前所需要的不是英雄式，而是復原式的；不是郎中式，而是正規的；不是革命，而是恢復；不是煽動，而是調整；不是從外整治，而是求內部平靜；不是戲劇性，而是公平的；不是實驗，而是求均衡的；不是默默在國際之中，而是支持成功的國內政策。」這種平宜的論調，深受時人矚目。

因此，哈定在總統任內促成包括「中國的主權、獨立、領土及行政完整」的九國公約，和五強限制海軍條約的簽締，顯見他是說到做到並頗有建樹的。

唯一令人遺憾的是，哈定過於遷就安定和諧，並且礙於情面和所用非人等緣故，致使內閣貪汙醜聞層出不窮，而他又沒有勇氣張揚，以致任內兩年多的時間，竟被歷史形容成「貪汙腐化」的代名詞。致使連其至交亦無不慨嘆他這種老好人態度，竟會演變成「被朋友出賣的悲劇人物」。

11月3日

朴正熙

Park Chung-Hee

1917～1979

陋習比共產黨還可怕

一九六一年的韓國「五一六政變」中，朴正熙脫穎而出掌握政權，成立大韓民國第三共和。十餘年後，卻遭致同鄉、同學兼親信好友的中央情報局局長金載圭所擊斃，於一九七九年的十一月三日舉行盛大的國葬大典，身後備極哀榮。

這位享年僅有六十二歲的韓國大統領，早年畢業於大邱師範學院，曾經在小學執教過三年，後才考入設在中國東北長春的新京軍校；其後又負笈日本陸軍士校，二十八歲那年開始踏入軍旅生活，不及十載光陰，便因表現優異而躍升爲砲兵司令，同年韓戰協定成立時，他便被選定派任赴美國奧克拉荷馬州砲校留學半年。

留美期間，朴正熙某日在一家餐廳吃飯，巧遇一對三十歲左右的夫妻，彼此打過招呼後，朴正熙被這對刻意掩飾自己是韓國人的夫妻，氣得連飯都嚥不下了。談起這段往事，朴正熙在一次題目爲「要有民族自尊心」的演說中曾言：「那時候，我們國家的人到國外去或者旅外的僑胞，有些不正確的國家意識，都掩藏自己的國籍……爲什麼韓國人這麼沒有自尊心呢？沒有國家觀念呢？」因此，當朴正熙返國從政後，便時時不忘這段際遇而勵精圖治；同時他也認清「違法、腐敗、不合理、社會壞風俗等陋俗，從某方面看來，是比共產黨還壞的」。因而積極推行各項革新運動，促使韓國人得以在世界上昂首地站了起來。

11月4日

萊布尼茲
Gottfried Wilhelm Leibniz

1646～1716

萬事皆通、事事專精的全才

「我有那麼多的想法，如果有一天，比我更敏銳的人們能夠深入其中，把他們的見解與我的想法結合的話，或許它會有些用處。」這段話出自於十七世紀傑出的數學家萊布尼茲，他和牛頓在發明微積分上有很大的貢獻，但和牛頓專精數理方面不同的是，萊布尼茲擅長的不只是數學，他廣博的才能讓他在同時間擁有自然科學、法律、數學、哲學等領域的廣闊知識與能力。若說他是天才、也是全才，通常是沒有人會反對的。他生於德國萊比錫，因父親是大學教授，所以他從小從父親那兒遺傳了對知識的熱愛。他不但在二十歲便取得博士學位，同時還靠自修習得了語言、古典文學、哲學、自然科學、邏輯學等方面超越一般人須窮畢生之力才有的成就。在他以外交家身分前往法國後，因結識許多數學家之故，從此啓發他的數學天才，讓他與同時代的牛頓齊名。但萊布尼茲實在擁有太多才華了，他在任何領域都游刃有餘、成績驚人，所以他不可避免地並未窮畢生之力去做同一件事，甚至還花了許多時間和貴族打交道，浪費時間在金錢的追逐和無謂的人際關係上。甚至在一七一六年十一月四日，也只有他的祕書爲他送葬。雖然，在他死後數百年已得到平反，且他留有大量手稿可供後人對其思想、著作做更深入的研究，但若不是如同高斯責備他的那樣：「他把不凡的才智浪費到各處去」，相信他會有更出眾的成就。不過，說他是西方文明最偉大的人物之一，相信沒有人會反對。

11月5日

威爾遜

Thomas Woodrow Wilson

1856～1924

赤裸裸的面對現實

曾經擔任美國著名學府普林斯頓大學校長的威爾遜，是在一九一二年十一月五日以壓倒性的勝利擊敗競選連任的對手，當選美國第二十八任總統，同時也爲其榮膺一九一九年諾貝爾和平獎的殊榮正式鋪路。

在威爾遜掌政的八年任期內，適逢人類浩劫的第一次世界大戰爆發，由於他能洞燭機先，所以在任內完成不少改革。同時對於國際間的衝突提出「十四點原則」的和平計畫，促使他能博得「美國最具權威的元首」雅譽，而且也使世人公認其係濟世爲懷的國際政治道德實踐家。對於國內外一致讚揚的口碑，威爾遜完全歸功於童年時期的際遇。

原來，當他生長於美國南方維吉尼亞州的時候，黑人遭受欺凌、富人奴役貧窮者的情形是屢見不鮮。威爾遜看在眼裡格外有所感觸，因此從小便養成他扶危濟弱的個性，再加上他那擔任長老會傳教士父親的身教、言教以及賢淑妻子的傾力輔佐，遂使他日後得以卓然有成。

威爾遜認爲自己之所以能夠克服萬難，乃是源於面對現實的勇氣。他常說：「人總得要、而且經常要毫無遮掩地赤裸裸去面對現實，因此，唯有膽敢面對現實者，其看法才會最切實際；否則，縱然是性急地召集一千次會議，也終究不如一次冷靜而理智地面對現實後所下的判斷。」這種面對現實的人生觀，終於成就了威爾遜的豐功偉業。

11月6日
史懷哲
Albert Schweitzer
1875～1965
圖／Deutsches Bundesarchiv（German Federal Archive）

民胞物與的善心

一九七九年十一月六日，「史懷哲之友」第二屆亞太地區大會假臺大醫院舉行，包括了當時的嚴副總統及史懷哲生前祕書阿莉小姐，均出席大會以紀念這位偉大人物。史懷哲是在德國一所大學講授神學課程時，聽到人家述說非洲人民生活貧困的情形，使他下定決心前往非洲幫助需要幫助的人，並進入德國大學學習醫療方面的課程。當時第一次世界大戰爆發，貨幣貶值，爲了要去行醫，他變賣了所有家產，還向朋友借錢，前後負債多達兩萬法郎，最後終於順利前往非洲進行他的醫療工作。

史懷哲經過千辛萬苦才到達非洲，當時的戰火已經蔓延到非洲當地，史懷哲因有法國國籍而被德國人逮捕，囚禁在當時的集中營當中，戰爭結束幾年後才在交換俘虜的條件之下獲得釋放，回到法國的加彭（他的故鄉）。史懷哲不僅是一位醫生，還是一位神學家、哲學家及風琴手。回到家鄉後的史懷哲非常沮喪，他不但找不到工作，還欠人家許多錢。當時有位朋友提供他一個樂團手風琴手的工作機會，演出後獲得相當大的迴響，才把錢都還清了。史懷哲回到家鄉開設診所，盡心照顧每一位患者，他常把一句話掛在嘴邊：「你們都是我的兄弟。」當時有人瞧不起他，批評他說這句話時就是把眼光從上而下看人，才會這樣說。史懷哲不以爲意，只是淡然地說：「歷史自然會作出公正的判決。」沒錯，歷史已作出相當公正的判決：史懷哲憐憫人類的心，積極行醫的善行將永留千古。

11月7日
卡謬
Albert Camus
1913～1960

「愛」把我們從荒謬中解救出來

在年紀僅爲不惑之年的四十歲時，即因著有《異鄉人》、《黑死病》、《墮落》等書而被肯定「在文學上的重要貢獻，以及對現代人的良知均有極爲敏銳和誠懇的闡明」，並循此理由而獲頒一九五七年諾貝爾文學獎殊榮的卡謬，是於一九一三年十一月七日誕生。

這位被稱許爲「法國青年一代的良心」且風靡全球的存在主義大師，出生在法屬阿爾及爾的孟多威鎭。由於父親在其十個月大時即戰亡，母親茹苦含辛撫養他成人，不料在大學畢業即將就業時，卻罹患當時難以診治的肺病，以致卡謬終生對死亡深感恐懼。

處此灰黯歲月裡，卡謬曾參加過反抗德軍的地下工作組織，同時也在這段期間裡，完成了以「生命是可笑荒誕悖理」、「上帝並不存在」爲前提的成名小說《異鄉人》。由於這部備受矚目的鉅構問世，引發世人對於「荒謬」的正視，並認識到其所曾指出的：「這世界的可憐和偉大，在於它不給眞理，只給愛的對象。荒謬是暴君，但愛的力量終會將我們解救出來。」故而，所有卡謬的作品都是延伸這項信念來向人類的心靈提出呼籲：「尋求忠實的做一個人！不唱任何高調、不奢望烏托邦，發揮大公無私的博愛精神。」

令人遺憾的是，這位「俗世的聖人」，卻在一九六〇年一月四日死於爆胎的意外車禍中，享年僅四十六歲而已。

11月8日
蔡鍔
Cheai E
1882～1916

人善益我，我善益人

率領護國軍在雲南起義以討伐袁世凱竊國而被推崇爲「掌握中華民國興廢續絕之關鍵人物」的蔡松坡將軍，由於肺結核沉痾難治，不幸在囑咐完「拿道德來愛國」、「積極地對外」兩句遺言後，在民國五年的這一天病故於日本福岡，享年僅三十四歲。

這位曾和北京八大胡同「雲吉班」藝妓小鳳仙傳出風流韻事的儒將，原名艮寅，後來改名爲鍔，而他所發動的討袁義舉，是其一生事業的顛峰之舉。當時在起義現場，他曾說：「我們拿這一小角的地方和整個局面相抗，明知不能夠得勝，但是我們所要爭的，是全中國萬萬同胞的人格；與其屈膝地活著，不如斷頭地死亡。」

而在通電全國時，他又慷慨激昂地表示：「成功了就等於一旅人的振興夏朝，失敗了則等於五百人的爲田橫殉難」，然後率領三千一百三十人起義，徹底粉碎了洪憲帝國的歷史醜劇。

由於此舉影響中國至鉅，所以他在逝世後被追封爲上將頭銜，而且是民國肇建以來舉行國葬的第一人，可謂備極哀榮。

蔡將軍生前常說：「人有善就拿來益我，我有善則拿出去益人，好比連環相生，所以善的源流永遠不會乾枯，善端永遠不會斷絕。這樣，一個人才能停留在最好的境界，成爲古今一個完全的人。」

11月9日
屠格涅夫
Ivan Turgenev
1818～1883

偉大的作品，就在生活的周圍

著有多部寫實小說、劇本及詩集的俄國知名作家屠格涅夫，由於發表了描述農奴悲慘生涯的《獵人日記》而躋身俄國文壇，其後再接再勵創作出《父與子》等六部小說，促使他成爲第一個享有國際聲譽的俄羅斯文學作家。

這位在一八一八年十一月九日誕生的文豪，是出生於俄略爾鎭的貴族家庭。他曾先後攻讀莫斯科和聖彼得大學，然後負笈德國柏林大學研究黑格爾及培根的哲學，學成歸國後，自一八四六年開始創作才嶄露頭角。不料，因爲一篇悼念果戈里的文章得罪當權者，差點遭致下放西伯利亞的厄運，旋被迫辭卸政府公職，遷居巴黎，並在花都度過後半輩子的三十載歲月。由於屠格涅夫自幼親睹農奴遭遇，及長又親身經歷極權政治的恐怖壓力，所以在他筆下的俄國人物，經常暗諷了當時知識青年的懦弱與虛矯，頗令那一時期的極端分子深表不滿，並以惡言譏評他；不過，屠格涅夫認爲事實終歸是事實，譏評者「早晚都會被自己的衣襟絆倒」，因而繼續堅持他自己所持有的信念。

屠格涅夫認爲：「一個眞正有才能的作家，絕不會爲一些不相干的事而效勞，他在他自己身上就能找到滿足。因爲，他周圍的生活提供他內容，而他也正是生活的集中反映，那些按題作文或照本宣科編撰出來的文章，只有那些沒能力作出更好的人才會作。」

11月10日

于右任

Yu Yue-Ren

1879～1964

以草書聞名，以清廉傳世

「我百年後，願葬於玉山或阿里山樹木多的高處，可以時時望大陸。」這是黨國元老于右任在民國五十一年間的日記感言；不料，時隔兩年，他即因肝病住院，旋於民國五十三年本日撒手人寰。

于右任在世的八十五年生涯中，除以那一手生動飛騰、筆走龍蛇的草體書法聞名遐邇外，他在早期辦報時所曾揭櫫的：「……是以有獨立之民族，始有獨立之國家，始能發生獨立之言論。再推而言之，有獨立之言論，始產生獨立之民族。有獨立之民族，始能衛其獨立之國家」，亦曾傳誦大江南北，被時人引爲至理名言。

除了在筆墨之處有其獨到面外，這位獻身革命事業達一甲子且曾擔任監察院院長三十二載的政治家，逝世後居然未留分文遺產，亦頗令人對他的兩袖清風感到肅然起敬。據追隨于右任達三十五年的副官宋子才表示：右老經常手頭拮据而向他調錢去接濟求助者。有次，宋副官也缺錢，遂向友人借了金子典當，以應右老之需，豈料這事被記者刊登了出來，惹得于右任大發雷霆。宋子才趕忙解說：「向人借錢並非羞恥之事，端視動機何在；而且，如果身爲院長卻也窮到要向人借錢，亦足以顯示爲官清廉，當不致有損聲譽的。」右老遂轉怒爲喜，與副官相視而笑。

11月11日

杜斯妥也夫斯基

Fyodor Dostoyevsky

1821～1881

以切身經驗為寫書原則

畢生在死亡、放逐、困頓、顚沛生涯中打滾的俄國著名小說家杜斯妥也夫斯基，是在一八二一年十一月十一日誕生。

著有《白癡》、《罪與罰》、《卡拉馬助夫兄弟們》、《被侮辱的與被損壞的》等作品而享譽世界文壇的杜斯妥也夫斯基，童年在父親服務的醫院中長大，終日所見所聞都是痛苦與死亡。及長，又因爲參加祕密集會被捕，雖然免除死刑，卻被當局放逐西伯利亞服勞役十年。後來返鄉又遭到工作壓力，負了一身的債，而妻子偏巧在此時病逝，致使其一生都是在痛苦的非人生活中度過。

在這一連串的痛苦日子裡，杜斯妥也夫斯基對於人類心靈的體悟與感受之深刻，恐怕無人能出其右。他的作品在普遍性、心理深度、道德涵義方面，都能顯現出極大的衝擊力。尤其對於那群被人所侮辱、或被人所不齒者，他更是表露出無限關懷的人道精神，因而博得世人視爲「探索人類潛意識與病態心理領域的先驅」，並被存在主義者視爲導師。

對於筆下這些人物的刻劃、或人性的探討，杜斯妥也夫斯基所想闡揚的，誠如他所自許的：「所有思想的對立與衝突，都可能導致眞理之了悟；而突然發生的悲劇，亦可使原在衝突之中的心靈獲得平衡。以此切身經驗爲寫作原則，所以我的作品才得以引人深思。」

11月12日
賈桂琳・歐納西斯
Jacqueline Kennedy Onassis
1929～1994

成功男人背後的推手

美國已故總統約翰・甘迺迪、希臘船王歐納西斯的遺孀賈桂琳，由於她非常重視自己的私生活，使其生前的一舉一動都像蒙上一層面紗般神祕。

賈桂琳一九二九年出生於紐約，她的父親是非常成功的股票經紀人；但她在完成大學學業後，卻不想在證券業發展，反而前往華盛頓《先鋒報》擔任記者，結果和當時麻州的參議員約翰・甘迺迪邂逅而陷入熱戀，不久便在一九五三年十一月十二日閃電結婚。沒想到兩人還在新婚蜜月時期，甘迺迪就與別的女人發生緋聞，而賈桂琳又不幸發生流產，傷心之餘，遂將精神寄託在閱讀。

一九六〇年十一月，甘迺迪當選總統，賈桂琳開始過著白宮第一夫人的生活；不料，一九六三年十一月二十二日那天，甘迺迪在出訪德州時遇刺身亡，賈桂琳強打起精神帶著孩子在紐約生活。到了一九六八年的十月，她答應希臘船王歐納西斯的求婚，隨即帶著孩子搬到希臘，並冠夫姓成了賈桂琳・歐納西斯。不過，婚後生活過得並不如意，尤其是年齡上的差距及性格上的不和，兩人聚少離多，拖到一九七五年歐納西斯因病辭世，賈桂琳再度成爲寡婦，那一年她才四十五歲。結束這一段異國婚姻後，賈桂琳再回到紐約，在一家出版社擔任編輯，一九九三年被診斷出罹患淋巴腺癌，身體日益虛弱蒼白，一九九四年五月十九日在紐約寓所去世，隨後安葬在甘迺迪總統的墓旁。

信守「正直平凡」的麵包孩兒

11月13日
陳布雷
Chen Bu-Lei
1890～1948

「我只有一句話奉勸各位好友與同志，趁少壯精力旺盛時，速爲國家、爲人民加緊作最大的奮鬥，莫待老大徒傷悲。」這是主持戡亂宣傳小組的名報人陳布雷，在一九四八年本日服食過量安眠藥自殺前所留的遺書。書中還曾交代家人，有關他的身後事「務必薄殮、薄棺、薄埋，喪事請於三至五天辦畢」。

由於陳布雷生前曾擔任過多項重要職務，且曾爲元首蔣介石撰寫〈西安半月記〉等文章，因此地位不可謂不重。然而，他既對名分淡處，對其所專長的文字也一再表示：「大家都說我能作文，其實我只是盡心。」充分表現其謙遜的美德。

原名訓恩的陳氏，係因求學時期面頰圓滿的緣故，故被朋友戲呼爲「麵包孩兒」。後來遂取其英譯名爲布雷。他從二十三歲進入新聞界服務，由於表現至爲卓越，以致早年見識於蔣公，而聘其佐助筆札且備諮詢，自此平步青雲於政壇，一展書生本色報效於黨國；惜因憂時憂國，卒至殉身屍諫以勵大眾，一時間震驚朝野。

這位鞠躬盡瘁的報人生平所信守不渝的原則：「做一個人不能有功於社會，便當無害於人群」，以及他「訓示子女恆以『正直平凡』四字相勉，謂能守正直，則不致爲環境所左右；能甘平凡，始可透澈了解自身之能力、志趣，以謀對國家作適當之貢獻」，誠值現代功利主義者反思。

11月14日

尼赫魯

Jawaharlal Nehru

1889～1964

一層層肉和一層層山的體悟

被譽爲印度「建國之父」的尼赫魯，在執掌這個世上不小的民主國家政權十六年間，每逢今天這個日子，便會依照傳統地穿上白色長外衣，胸襟插上鮮豔的紅玫瑰花，手中停著一隻雪白的鴿子，坐上敞篷吉普車前往體育館廣場，循例接受聚集在看臺上的觀眾們歡呼，愉快地度過他頗愜意的生日。

這位生於一八八九年本日的甘地門徒，出身北方印度教聖地阿拉哈巴的富裕家庭，所以有機會負笈劍橋大學，而且在載譽歸國後馬上謀得法庭推事的高職。可是，他卻因廣泛接觸群眾而萌發反英的念頭，以致後來不顧一切地追隨甘地倡導不合作主義，循此充分體悟到「以行動來踐履爲民族犧牲的理想，可使經歷的生活至感充實，若放棄這種理想而屈於強權，則不啻枉費此生」的偉大意境。尼赫魯就是如許勇敢地投入時代洪流，在強壓的政權下，囹圄之災自然不免，因此他前後進出監獄九次，累積坐牢日數達三千兩百多天。但也因此而獲得甘地的激賞，遂於一九二九年時扶持他出任國大黨主席，奠定其在獨立後掌權的政治基礎。

尼赫魯一直認爲：傲慢仿似脂肪，日積月累即成有害的膺肉，而艱困頓挫之事適足以減少或裁抑傲慢；又認爲遊山之樂不在達到目的，而在攀登中的努力，因此人生的意義也應在奮鬥，而不在最後的結果。有此體認，對於尼赫魯能在四十英年即受膺民族重任，誠乃不足爲奇了。

11月15日

毛姆

William Somerset Maugham

1874～1965

文學是藝術，也是生活記錄

著有《人性枷鎖》、《書與妳》、《君子》等多部小說與劇本的英國作家毛姆，在其近九十二年的漫長歲月中，足跡遍布世界各地，視野涉獵古今書海，眞正做到「行萬里路、讀萬卷書」的境界後，於一九六五年十一月十五日在法國安眠。

這位曾在民國十一年蒞華訪問，且曾發表《中國見聞雜記》專書的知名小說家，由於雙親患病早逝，促使他專攻濟世救人的醫科，後來又將在醫院實習一年的經歷撰成《蘭貝絲的麗莎》一書而備受好評。

由於受到處女作風行的影響，毛姆在決心獻身寫作時便已確認到：「文學是人類在人生中所見聞到、所體驗到以及感受到的生活記錄，它給予人們最直接和最深遠的影響。因此，文學在基本上就是藉文字爲媒介的人生表現。」循著這項特有的理念，在作品中特別注意人性的觀察，常以此爲主題來表達明澈、和諧及簡單三種特徵，以致每部著作極具強烈的可讀性，爲他賺取不少財富，並也因此而得以躋身世界文壇一席之位。

毛姆在名利雙收之餘，又難能可貴地爲讀者開列書單，圖的只是「期使大家爲生活更豐富、更充實、更圓滿而感到身心快樂」；其所推薦的作品，著眼點爲「具有讓讀者忘我的故事性」，此舉非但揚棄自古即有的「文人相輕」陋習，而且爲其所倡議的「讀書是爲了興趣，文學就是藝術」貢獻一己之力，留給文壇一段佳話。

11月16日
克里蒙梭
Georges Clemenceau
1841～1929

揚威政壇的老虎總理

當法國第三共和時期，有位政治家的表現突出而格外引人注意，當他擔任國會議員時，經常抨擊腐敗的當局，致使主政者黯然垮臺，所以博得「倒閣專家」的稱號。但等到其出掌政權時，卻又積極促成政教分離、壓迫工運等作爲，以致他的政敵爲他取了「老虎總理」的綽號。逮至德、法衝突至白熱化時，他受命領導法國度過艱困的時期，擊敗強敵，故又贏得「勝利之父」的雅譽。此外，他還是《凡爾賽和約》起草會議中「三巨頭」之一。他就是鼎鼎有名的大政治家克里蒙梭！

克里蒙梭早年生長於醫生世家，他本人也克紹箕裘，取得醫學博士資格，並曾經懸壺濟世過一陣子；後來因赴英國結識穆勒、史賓塞等人，且在美國南北戰爭時期實地考察過四年，這才促成他在法蘭西第二帝國解體時轉入政界，旋以雄辯之才和不屈不撓的個性而頭角崢嶸。特別是在對德作戰的艱危時期，克里蒙梭以總理兼國防部長的身分，在七十六歲那年還登臺力呼全民「作戰到底」，同時並引用拿破崙格言「勝利將被最有耐力者贏取」來激勵士氣。結果，果眞打敗德國，迫使這個世仇割地賠款，讓法國終於嚐到「虎威」的眞正滋味。

一九二九年的十一月十六日，這位備受法國人喜愛的政治家，以八十八歲高齡安息，但他特有的脾氣，至今仍爲世人緬懷不已。

11月17日

羅丹

Auguste Rodin

1840～1917

頑固的「沉思者」

由於肺炎發作之故，遂使人類雕塑史上罕見的巨匠羅丹，不幸在一九一七年的十一月十七日逝世，享壽七十七歲。

在一九一三年榮膺國際美術學會會長的羅丹，素有「偉大叛逆者」之稱。他從小便對繪畫具有狂熱的喜好，曾爲此而惹得雙親非常不悅。而且，一向偏愛人物造型刻劃的羅丹，因爲獨創的粗獷作風，與當時偏重纖細的時尙格格不合，非但使他投考美術學院三度落榜，還因爲家境貧寒，曾經淪落修道院和油漆店等處討生活。但是，儘管命運如此殘酷捉弄，卻抵擋不住羅丹執意在藝壇一展所長，隨時抓住時間埋頭鑽研，抱著「只要在工作，我就絕不悲觀，而且還深感快樂的態度過日子」。終於在三十七歲那年，才以雕塑作品《青銅時代》獲得世人一致的讚賞，在巴黎藝壇嶄露頭角，但譭謗也隨之纏身，讓他飽受困擾。

所幸，長年的堅忍奮發已養成其屹立不搖的信念，在秉持「人生最重要的事情，就是感動、愛情、希望、戰慄、生存，尤其在其成爲藝術家之前更要刻苦上進」的原則下，羅丹終於塑造出《巴爾札克》、《沉思者》及《擁吻》等藝術界的巔峰之作，徹底改變雕塑的存在意義，創下人類美術史上震古鑠今的一頁。

對於這種劃時代的成就，羅丹生前則以一句口頭禪作註腳：「我是頑固的！」

11月18日

李西普

Ferdinand vicomte de Lesseps

1805～1894

上帝不給的，我們自己來創造

一八六九年本日，全球最長的船舶運河，同時也是第一條人工聯海工程的蘇伊士運河，終於在舉世矚目之下，由法國皇后奧斯汀的座艦「鷹號」，率同六十七艘船隻，順利完成首航。

這條縮短傳統上的「好望角航路」，並且銜接地中海通往紅海及印度洋的運河，全長總計一百六十二點五公里，平均寬度一百九十七呎，水深則爲十四點五公尺，是一條動員了八千兩百一十三人以及三百六十八隻駱駝，前後耗費十年七個月的冗長時間，始才大功告成的歐洲直通東方的唯一水路。

締造這項偉大工程者，並非科班出身的工程人才，而是法國駐開羅領事李西普主持完成的。他是一位生長在凡爾賽的外交世家子弟，接任蘇伊士運河工程的任務後，始毅然創辦「萬國蘇伊士海洋運河公司」；旋於一八五九年四月二十五日正式破土興建。

蘇伊士運河甫開工之際，由於投資的英國居間作梗，致使其他各國也都採取保留態度。李西普睹狀，適時登高力呼：「上帝不肯給我們的，就讓我們自己來創造吧！」終於感動了所有投資者，群策群力完成了此一盛舉。完成運河工程後，李西普雖曾獲得許多榮耀，但依然不肯自滿，復於七十四歲高齡時仍在計劃鑿通巴拿馬運河。這種不屈服於造物者安排的脾性，當是他使世人稱頌的主因。

11月19日

舒伯特

Franz Schubert

1797～1828

用智慧與痛苦成就的天才

「我的音樂創作是用智慧和痛苦完成的，但是那經由痛苦所創作出來的音樂，卻總是向世間呈現一副歡愉的外貌。」這是被世人譽爲「歌曲之王」的舒伯特，在困頓窮苦的環境中所發出的悲壯豪言。

這位樂壇奇才出生於維也納，五歲時便嶄露非凡天分，十一歲那年，進入宮廷所創辦的音樂學校受教，傑出的表現，令老師也譽之爲天才。後來，舒伯特由於青春期變音而離開維也納合唱團，返回父親的學校執教，但卻對教師工作感到乏味，於是在勉強工作了三年之後毅然不顧父親反對而辭職，生活頓失保障，經常過著吉普賽式的浪蕩日子，有時窮困到連五線譜都買不起。然而，源源不斷的靈感卻也在這時候湧現，單在他十八歲那年，便創作《魔王》等一百四十四首曲子，其後的十二年漂泊歲月中，又創作了五百首左右的歌曲，充分洋溢出他世所罕見的才氣，連同一時期的貝多芬也不得不由然地感嘆：「舒伯特的曲子眞是具有神聖的火花！」

一八二八年的十一月十九日，舒伯特因爲罹患傷寒，以三十一歲的英年撒手塵寰，留給世人的豐碩遺產除了那六百多首豐富而美妙的歌曲之外，其生前常說：「人生正如舞臺，誰能判斷自己演出的好壞呢？錯誤可能出在那安排角色的人，除非他給你一個永遠不可能演好的角色。」這段話亦頗能發人深省呢！

11月20日

托爾斯泰

Leo Tolstoy

1828～1910

至死摯愛真理的大作家

著有《戰爭與和平》、《安娜．卡列尼娜》等文學鉅構而被毛姆譽爲「世界十大小說家之一」的托爾斯泰，由於受不了家人爭權奪利的百般打擾，被迫於八十二歲高齡的狀況下還離家出走，結果不幸在一九一〇年的今天與世長辭。儘管生平秉持「我寫的作品就是我的整個人」之理念具體呈現，但毋庸置疑的是，俄羅斯文學確實是到了托爾斯泰筆下才開展出大海般的波瀾之美，無怪乎他會博得世人有口皆碑的禮讚。這位俄羅斯文學家之所以博得世人一致的推崇，主要是他以悲天憫人的良知來從事筆耕，其創作的心境正如托爾斯泰自許「好像被綁在車上的馬一樣，人也不得不做一些事。因此，工作的眞實價值就和人需要空氣呼吸一樣地寶貴，重要的是一個人要做些什麼才能算是具有眞實價值的工作」。至於他的工作原動力，早於年輕時代休學時便已規劃妥「新人生」，其步驟是：（一）一旦決定要去做的事情，不管有多困難都要全力以赴；（二）一旦實行就必定貫徹到底把它完成；（三）忘記的事情絕不翻開書本去查，要自己努力想出來；（四）經常用智慧發掘自己的力量；（五）經常發出聲音來唸書，經常用腦子來思考；（六）經常要設身處地地推己及人。此外，更要立定一個大原則，立即必須貢獻自己的全部力量，讓世界變得更完美！正由於托爾斯泰在青年時期便立定追求的目標並執著地全力以赴，所以縱然遭遇各種困難，但他不改其志，擇善固執，甚且臨終最後一句話，也是：「我摯愛眞理……。」

11月21日

紀德

Audré Paul Guillaume Gide

1869～1951

在自我中找尋生活的理由

被喻爲「本世紀時代精神代言人」，著名的法國作家紀德，生於一八六九年的十一月二十一日。

他在世的八十二年間，不僅官場得意，而且還曾經榮獲一九四七年的諾貝爾文學獎等多項大獎。當時，瑞典皇家學院及諾貝爾基金會是以「他的作品題材深刻、意境完美，其所敘述之人間問題及情況，表示他勇於愛慕眞理、精於心理分析」的評語而肯定紀德精湛的文學造詣。

紀德之所以能贏得許多世所罕見的禮遇，主要得自於他那一手最經濟、最卓絕手法下創造人物形象的功力；尤其更難能可貴的是，他在字裡行間所不時流露閃爍的現代良心。這種源自於赤忱的忠心，不停地呼籲世人眞誠相待的偉大思想，致使其作品得以成爲一個人想認識自己、解釋自己的最完全作品；無怪乎會受到世人一致的肯定與認同。

紀德之所以能夠臻此境界，他曾毫不隱瞞的公開箇中奧祕，此即：「生活的理由必須尋求於自己自身之中，必須以自己的發展爲目標」，而且，還得「隨時占有並超越自己，不可墨守過去，同時還要忘記過去；保持心靈不受任何約束，也不企望未來，因爲一切企望都是不眞實的」。

循此腳踏實地，紀德果眞擁有了一片屬於他自己的天空。

11月22日

約翰・甘迺迪

John F. Kennedy

1917～1963

民主就是負責任

一九六三年十一月二十二日中午十二時三十分，在美國德州的達拉斯城，兩顆子彈奪走了曾經呼籲美國人「不要問國家能爲你們做些什麼？而是要問你們能爲國家做些什麼？」的甘迺迪總統生命。

甘迺迪出生於一九一七年，排行老二，在擔任國會議員期間，曾撰述《當仁不讓》一書，透過八位歷史人物的言行來闡述他認爲的「一個國家政治勇氣的至高泉源，在於整個人民之間對於獨立精神、特異思想，及不滿情緒容忍的範圍」。這本書使甘迺迪贏得「普立茲獎」的文學殊榮。

甘迺迪生前曾有不少銘言流傳於世，比如說，他強調：「要走得通，必須一齊走；一齊走，不僅是照顧而已，而且還要能夠容讓，知道什麼行得通。」這使得甘家的傳家格言「打不敗他們，就參加他們」一語，提至更高的層次。循此理念，當他角逐美國總統時，便以「人生老是坐著等待，並不是好事」自許，並且一鼓作氣，終於擊敗尼克森而贏得總統寶座。

當選之後，人們問其想當個「自由的總統」或「保守的總統」？他棋高一著地答道：「兩者都不要，我只希望做個負責任的總統！」遺憾的是，這位死於非命的總統，其遇刺眞相究竟如何，至今仍是個謎！

布蘭庭

Karl Hjalmar Branting

1860～1925

新聞出身、致力和平的政治家

曾經三度膺任瑞典內閣總理，並在一九二一年榮獲諾貝爾和平獎的名報人布蘭庭，是於一八六〇年十一月二十三日出生在斯德哥爾摩。

布蘭庭早年攻讀工科，並曾獲頒碩士學位，在求學時代，每次寫信回家問候家人後，他的姊姊總會不厭其煩地把信中詞句不順或修辭欠妥之處詳加潤飾修改，再與家書一同寄回給他。此舉不僅使得布蘭庭的文筆日益精進，同時也認識到文字造句的魅力，促使他日後能在報端暢抒己見，寫盡讀者大眾所欲表達之心聲，因此備受時人矚目。

後來當布蘭庭完成學業，而準備從事本身的科學工作時，那家經常發表其作品的報社老闆卻極力拉攏他到新聞界服務，而其姊姊也加以鼓勵，遂使其進入報社後，在短短的四年期間便因表現傑出而破格擢升爲總編輯；同時又合併了另一家報社，年甫三十便成爲炙手可熱的報人。

由於置身新聞界工作的關係，使他接觸到許多中下階層的眞實生活面，同時也感悟到：「一般民眾和從政者都難免犯錯，但這些失誤較諸專制者、獨裁者或暴政者闖下亂子而形成的過失，簡直小巫見大巫。」循此見解，布蘭庭於是獻身政壇並轉入仕途，爲社會改革和遏止霸權而奮鬥不懈，結果終使他成爲一位忠於崗位，並將生命奉獻給和平工作的不朽象徵。

11月24日
科羅狄
Carlo Collodi
1826～1890

讀了會笑，笑了還能想！

著名童話中那個一說謊，鼻子就會變長的小木偶「皮諾喬」，即是從誕生在一八二六年十一月二十四日的科羅狄筆下所創造的寓言主角。

科羅狄的本名是羅倫．卡路，他是位極爲了不起的義大利童話家。早年從事教育事業，後來曾經應聘擔任報社的編輯，由於他的文筆常使讀者在發噱之餘還能引發嚴肅的感想，所以許多朋友便主動建議他撰述專書，特別是對下一代有益的兒童讀物。

當時，他頗被這個問題所困擾，深深以爲這樣做會自貶身價，故而一延再延，直到五十七歲那年，他的姪兒雷巴向他埋怨道：「羅馬立國這麼久，至今還在用英、法等國童話來給義大利的小孩讀，我們爲什麼沒有自己的童話呢？」這句話使科羅狄感慨良多，於是改變初衷，終於不負眾望地爲祖國下一代寫出了這本動人心弦的《木偶奇遇記》。

這本書的成功，主要是科羅狄憑藉其豐富的想像、巧妙的幽默和逼眞的描寫，透過許多說故事的方式，在字裡行間製造詼諧氣氛之餘，卻又隱含深切的教訓意味，使得孩子們樂於聽從，而大人本身如果仔細回味一番，又可悟出自己可笑而學些聰明。於是大家都能夠「讀一句，笑一陣；笑一陣，回想一回」，因而不但能風行一世紀，且迄今歷久不衰。

11月25日

三島由紀夫

Mishima Yukio

1925～1970

切腹憂國武士魂

「經過四年周密的考慮，爲了現在一天天急速消失的日本美麗的古老傳統，我希望犧牲自身……旁觀者會以爲這是件瘋狂的事，但我希望你們瞭解，我們的行動完全出自於一片愛國的情操。」

這一段刊載於日本《每日新聞》和美國《紐約客》雜誌的片段聲明，是聞名世界的日籍小說家三島由紀夫於一九七〇年十一月二十五日離開自宅之前，預留給新聞界的最後書面告白。就在當天上午十時許，這位以《金閣寺》、《假面的告白》等著作蜚聲國際的名作家，率同其領導的「楯之會」信徒，進占東京自衛隊軍營二樓的司令辦公室，開始跨出被稱爲「日本的海明威」類似悲劇的第一步，做了震撼各國的驚人之舉。

原名平岡公威的三島由紀夫，先向圍觀的人群作了一番演說，接著，便拿起武士刀切腹自殺，利刃劃開他的腹部以後，勁道不夠而尚未斷氣，於是再由信徒朝他頸部連砍三刀，將其頭顱斬下，從此結束了三島由紀夫繽紛的四十五歲生命。

以切腹爲其最後「創作」的三島由紀夫，生前影響其最鉅的是他的母親。這位母親在兒子死後隔天對送來白玫瑰的弔祭者表示：「你應該帶紅玫瑰申賀才對，因爲這是公威（三島由紀夫）畢生想做而到如今才完成的事，所以你該爲他感到高興啊！」語氣充分表達出這位「憂國」作者母親知子莫若母的心情。

11月26日

左宗棠

Zhua Chong-Tang

1812～1885

天下事總要人幹，豈可避難而就易

清朝三大中興名臣之一的左宗棠，其被後人所肯定的功績係「自唐太宗以來，對國家主權領土功勞最大的第一人」、「整部晚清歷史幾乎都是吃敗仗、割地賠款、喪權辱國的記載……唯有西北經略是例外」。這位備蒙史學家肯定不朽地位的名臣，即係於嘉慶十七年（西元一八一二年）的今天在湖南湘陰誕生。

左宗棠曾經「收浙閩、平陝甘、定新疆」，克復清廷大半版圖，厥功至偉。然其早年生活卻非常清苦，仕途亦不甚得意，但他對於每一次的機運都能準確地掌握，故能出人頭地。比如說：他在父母雙逝守制期間，不能參加科考，便用這段時間精研《天下郡國利病書》等濟世的專書。這使他日後遭逢太平天國之亂時，得能提出「內定湖南、外援五省」之見解，並以五千名湘軍力克十餘萬太平軍，故而不及三年，便升官至閩浙總督。

然而，左宗棠並不以此自足，他常自許成爲「諸葛亮」，不久即以七年時間達成平定陝甘回捻之亂的任務，使海內外均大吃一驚。接著，他又秉持「平生習慣自然，敢因老而少懈」的理念，再以七年時間肅清新疆回亂，完成中國近代史上的西征壯舉，確保華夏領土完整無缺。對於這種老而彌堅的功績，左宗棠在其曉諭諸子家書中所示的：「天下事總要人幹……豈可避難就易哉！」似可做爲其非凡一生原動力之所由吧！

11月27日

小仲馬

Alexandre Dumas, fils

1824～1895

小仲馬的戀愛婚姻觀

生平寫過《茶花女》等多部小說和劇本，且因作品觸及社會和道德問題，以致博得世人尊稱爲「寫實主義戲劇開山鼻祖」的小仲馬，是於一八九五年十一月二十七日歿於花都巴黎，享壽七十一歲。

小仲馬是名作家大仲馬和女裁縫師瑪莉拉蓓的私生子，因而自幼飽受社會歧視，故自二十三歲開始創作起，筆觸所及莫不環繞在社會的黑暗面。尤其在他最拿手的劇本方面，竟然大都在討論亂倫、姦淫、納妾等問題，即連書名亦且命爲《放蕩的父親》、《私生子》等，此舉使得大仲馬按捺不住地批評兒子：「簡直是把舞臺變成爲辯論道德的講臺了。」

也許緣於出身，小仲馬堅決認爲「藝術」就是應該把社會現實的一面赤裸裸陳述出來，絕不能淪落在「爲藝術而藝術」的浮泛說詞裡。文學若失卻求眞的立場、道德的目標、或理想的表現，則作品必然不會有偉大的成就，也必然不會被廣大群眾欣然接受。秉持這種體驗，他特別致力於攻擊買賣式的婚姻、受到社會寬容的男人淫行，以及男人自私犧牲女子與女童的行止，並特別強調：「家庭應建立在平等和正義的愛情基礎上；戀愛和婚姻最大的意義，就是要健全地保持人之眞正價值，藉此而增進人類的進步。」小仲馬這種一針見血似的感念，終使他與《茶花女》作品並垂於世、千古留名。

11月28日

羅伯特·歐文

Robert Owen

1771～1858

教育、立法除社會之病

畢生爲勞資合作、社會福利而奮鬥不懈的英籍改革家羅伯特·歐文，在歷經世人的誤解和教會的抵制等惡劣情況下，依然不改其鼓吹社會新論的初衷，在一八五八年本日黯然溘逝，但其不爲勢劫的精神則迄今仍然名聞遐邇。

歐文早年生長於赤貧之家，十歲失學後到紡織廠打工，目睹許多極不合理的社會現象，因此，早在一七八九年時，當他略有積蓄而與友人開辦工廠後，便以不僱用廉價稚齡童工而轟動業界。待其經營的企業蓬勃發展成全英國最大紡織廠時，歐文更在一八〇〇年放手實施提高待遇、降低工時，並舉辦勞工教育等措施而更受時人矚目。

由於歐文在英國鼓吹理想不太順利，所以便將希望轉向新大陸。一八二四年，他在印第安那州創辦社會主義實驗區的「新和諧村」，其後爲了主張國家制定法律保護童工女工，並經由教育普及來發展自我人格，遂又創辦《新道德世界》等雜誌來宣揚理想，期對工業化結果所造成的破壞自然秩序、惡性競爭乃至使人類淪爲經濟活動的工具……等畸形現象有所裨益。

凡此種種特立獨行的舉措，歐文曾經針對此指陳：「人性會隨著環境而產生自私自利、愚蠢無知、不道德、僞善與戰爭；唯有藉助教育力量和立法活動，才能消除這些社會病態。」他這種先知式的意見，深深值得我們再三省思。

11月29日
奧爾科特
Louisa May Alcott
1832～1888

可愛的小婦人

出生在一八三二年十一月二十九日的奧爾科特，是美國頗負盛名的兒童讀物女作家，《小婦人》是她最成功的作品。

奧爾科特的一生主要在波士頓度過，愛默生和梭羅是她年輕時的朋友，霍桑是她的鄰居。奧爾科特出生在一個平凡的家庭，家中有四個女孩。她很早就注意到父親的不切實際，不能維持妻子和四個女兒的生活，於是她開始分擔家裡的經濟重擔。除了在學校擔任過短期的代課教師外，也當過傭人，最後從事寫作。

美國內戰開始後，奧爾科特身爲積極的廢黑奴主義者，她志願當護士，前往前線照顧受傷的士兵，卻在衛生條件很差的醫院染上了傷寒，被送回家養病，此後就一直沒有完全康復。但是她在擔任護士時期所寫回家的信被集結出書，書名爲《醫院速寫》，這本書很出名，使她開始嶄露頭角。短篇小說也開始在《大西洋月刊》上發表，由於家庭經濟困難而寫的《小婦人》一書，更獲得成功。在《小婦人》一書中奧爾科特就是第二個女兒梅，活潑、大方、勇敢、極富正義感愛打抱不平，卻是最體貼父母親的乖小孩。《小婦人》一書的熱賣，使奧爾科特家的債務得以解決，奧爾科特也可以專心寫作。隨後，一批與她早年經歷有關的作品相繼問世，奧爾科特終成爲美國史上最暢銷的女作家之一。

11月30日

汪精衛

Wang Jing-Wei

1883～1944

賣國求榮的代價

由於日本承認汪精衛所組織的「新中央政府」，並簽訂所謂的《調整中日關係條約》和「中日滿三國宣言」，遂使位於重慶的國民政府在民國二十九年的這一天，正式明令「嚴緝漢奸汪精衛」；從此判定他爲中華民國史上的千古罪人。

這位在抗戰中期失足的歷史人物，早年負笈日本攻讀法律政治，並在一九〇五年參加同盟會，同時被推選爲評議部部長，經常在《民報》闡述民族主義之旨，嚴斥保皇君憲之論，且和梁啓超的《新民叢報》筆戰，因而聲譽日隆。及至一九一〇年，他大膽地潛赴北平與黃復生謀刺攝政王戴灃，結果事敗被判終生監禁。是時，他在獄中以詩明志曰：「慷慨歌燕市，從容作楚囚，引刀成一快，不負少年頭。」這種豪邁的血性，曾經博得時人激賞。

後來，由於民國肇建被釋放出獄，汪精衛即隨侍孫中山先生奔走革命以完成未竟志業，曾先後出任國府主席、行政院長、國民黨改造派領袖等高職，連孫中山先生臨終遺囑，亦係出自其手，足見其在黨國位居要津之一斑；可是，他卻於日本陷入泥沼時，爲一己權欲而賣國叛黨，致使他永遠背負了「漢奸」的不光榮名銜。如果汪精衛在清末果眞「引刀成一快」，今天就是革命烈士了，可惜變節求榮，屍骨不存，而有負當年力倡「民族主義」的豪邁血性。其爲「漢奸」所付出的代價，委實太大了。

12月名人

吉米・卡特
李舜臣
阿嘉莎・克莉絲蒂
海涅
勃朗寧
愛德華八世
安娜・羅斯福
約翰・藍儂
山本五十六
西塞羅
林絲緞
莫札特
伊迪絲・卡維爾
巴納德
門羅總統
伍迪・艾倫

安德洛波夫
羅曼・羅蘭
張學良
史比德
巴斯德
馬偕
牛頓
霍華・休斯
湯瑪士・馬爾薩斯
克洛格
珍・芳達
傅斯年
艾蜜莉・白朗特
韋伯
玻利瓦爾

December

12月1日

伍迪・艾倫

Woody Allen

1935～

圖／Colin Swan

不掩飾缺陷的英雄

當第五十屆奧斯卡金像獎隆重舉行的時候，編導《安妮霍爾》的喜劇演員伍迪・艾倫，一個人形單影隻地溜往一家小夜總會裡吹簫自賞。主辦單位一口氣頒授了最佳影片、導演、女主角、原著劇本等多項殊榮給予這部影片，但他卻拒絕出席領獎，藉此來抗議日趨商業化的好萊塢風氣。這種特立獨行的作風，就是誕生在一九三五年本日的喜劇明星伍迪・艾倫的標誌。

外形一副天生小丑模樣的伍迪・艾倫，出生在紐約布魯克林貧民窟的猶太家庭，他從小就看透世態炎涼，所以在高中畢業後便執意走自己想走的路，不希望被傳統教育牽著鼻子而迷失自我。因此，他所編導的《愛與死》、《星塵往事》、《曼哈頓》等電影，都流露出對社會嘲諷的態度以及對生活採取莫可奈何的應付方式，片中不聘用大明星，也沒有大場面；然而，這種個人感傷性的劇情結構，卻爲美國開創了嶄新的知性領域，備受各階層人士所歡迎。

對於世人熱情的迴響，他在受封爲「喜劇成就被公認舉世最偉大天才之一」時，便曾有感而發坦然表露：當自己不必再掩飾缺陷而偽裝成英雄時，人們將發現，這傢伙的形象比誰都勇敢！如果想讓自己提昇境界，則堅持開明的生活態度來抗拒各種荒誕的事物，方能不失立場而顯露出對生命該有的態度，並循此贏得共鳴。

12月2日
門羅總統
James Monroe
1758～1831

誠實總統意料外的三原則

被美國人盛讚爲「誠實到將其靈魂深處翻出來，都找不到半處汙點」的門羅總統，爲了應付帝俄強索阿拉斯加領土以及對抗歐洲「神聖同盟」的干涉壓制政策，特於一八二三年的今天，在其向國會所提陳的國情咨文中，首度揭櫫了當時的美國外交政策，此即流傳迄今的「門羅主義」之所由。

「門羅主義」強調非殖民地主義理想、以及互不干涉主義理想，其要點有三：

（一）美洲大陸已具自由獨立狀態，歐洲列強不能再視其爲未來殖民對象。

（二）美國不干涉歐陸各國內政及其之間的戰爭。

（三）歐洲列強如對西半球有任何擴張企圖，均將視同危害美國的和平安全，美國不能坐視。

這項致送國會咨文的三原則，美其言是明白揭示了「美洲者，美洲人之美洲」的理想，但如果從利益觀點著眼，則分明是衝著帝俄出入太平洋以及歐洲各國明目張膽干涉拉丁美洲各國內政而發，顯然是刻意強調獨立自主的大原則，以致在後來被奉爲美國外交政策的基石。唯物換星移的結果，這則膾炙人口的宣言，後來竟演變成如同英國著名法學家所批評的：「門羅主義原係否認歐洲有干涉拉丁美洲的權利，可是後來竟像似主張只有美國可以獨占美洲的權利。」這種出人意表的發展，恐怕是門羅在當初所始料未及的演變了。

12月3日

巴納德

Christiaan Barnard

1922～2001

換心大師的頓悟

由三十位醫師所組成的手術小組，在開普敦大學副教授巴納德領導下，於一九六七年本日完成人類史上首宗的心臟移植手術。

然而，正當舉世爲之歡慶時，接受手術的病患路易士卻在手術後十八天，因感染肺炎而逝；臨終時，他的新心臟仍很健壯地跳動。

主其事的巴納德醫師爲此頗覺遺憾。事後，他曾有感而發地寫了一篇短文，藉此作爲凡事都應防微杜漸的告白。這篇發表於《開普敦時報雜誌》的文章，先是敘述巴納德早年獻身杏壇時，有次邂逅伐木的林工，他對巴納德說了一句當地諺語：「學到的都是早已知道的東西」，唯其矛盾點在於：「沒有學到的東西又怎會知道呢？」於是，這個林工便拿出看家本領，將一棵樹不偏不倚地砍倒在特別劃線的地上。巴納德見狀，很是恭維他的俐落動作和技術的準確。可是，這個林工臨行前卻不加解釋，只丟下了一句話：「我們運氣好，沒有風。永遠要提防風。」

林工這句臨別贈語，直到巴納德接獲換心人驗屍報告時才恍然大悟。原來，這名病患係因腿部一小處微傷感染肺部，以致發炎而死；由此點而提醒他「爲山九仞，功虧一簣」的道理，從此促使巴納德了解到對已知事情不可輕忽，尤其對微末的細節，是一點都不可以掉以輕心的。

12月4日

伊迪絲・卡維爾

Edith Cavell

1865～1915

捨己救人的護士

生於一八六五年十二月四日的伊迪絲・卡維爾是英國護士，在第一次世界大戰中成爲家喻戶曉女英雄。卡維爾在護校畢業後就從事護理的行業。她非常有愛心，處理傷患時總是小心翼翼深怕弄痛他們，她的細心及良好的護理技術深受醫院的肯定，不久她就被任命爲布魯塞爾貝肯戴爾研究所護士長。

二次世界大戰期間，德國占領比利時後，卡維爾的愛心油然而生，她自願前往前線參加一個幫助英國、法國和比利時的軍人逃往中立國家荷蘭的地下組織。這些軍人隱蔽在已成爲紅十字會醫院的貝肯戴爾研究所內，由比利時人菲利浦爲他們提供金錢和嚮導，在此大約有兩百名軍人受到幫助。

不過在一九一五年的八月卡維爾和其他數人被捕，同年的十月，他們一群人被提交到軍事法庭。卡維爾坦白說出她的作爲和這個祕密組織，她因而被判死刑。審判後三天，卡維爾和菲利浦被槍決身亡。戰爭結束後，對於他們的處刑受到相當嚴重的譴責，但是這再也喚不回如天使般擁有一顆好心腸的卡維爾了。

12月5日

莫札特

Wolfgang Amadeus Mozart

1756～1791

自然的菁英，音樂的化身

奧地利著名的作曲家莫札特，自幼便因罹患猩紅熱等病症，生平又飽受貧困煎熬，終在一七九一年的十二月五日，由於接受他人委託趕製《安魂彌撒曲》，在譜到《落淚之日》第九小節時，孱弱的身體因爲抗拒不過腎病引發的尿毒症侵襲，遽然猝世。

這位年僅三十五歲便撒手塵寰的偉大音樂家，從小就天賦異稟、鋒芒畢露。他在三歲稚齡時就會看譜辨音、四歲時會拉提琴、五歲時會彈鋼琴、六歲以後便開始巡迴演奏獻藝，因而博得歐陸聽眾美譽爲「樂壇神童」、「自然的菁英」、「音樂的化身」，乃至於「世上最有音樂性者」等眾多的嘉許。十四歲時，莫札特就開始撰寫歌劇和作曲，先後完成了《魔笛》等二十齣歌劇，以及二十五首鋼琴曲、四十九首交響樂、五十首協和聲樂曲，使其躍臻「最具魔力和戲劇感的作家」地位，普獲世人愛戴，連教皇都感動地頒賜「金靴刺騎士」殊榮給他。而蕭邦在死前亦指定葬禮時彈奏莫札特的作品，由此即不難看出這位作曲家在當時樂壇的地位是何等崇高了。儘管如此，莫札特依然屢受窮苦和謠言困擾，難得的是他從不把悲哀寫進樂譜中，聽其音樂，反多是生氣蓬勃、活潑明快、美妙動人的旋律與節奏。

莫札特死後，因爲窮困和暴風雨的影響而草草掩埋，以致事後竟遍尋不著安息處，但後人以其出生地命名爲「莫札特市」，倒也堪稱是世人對他的一種致敬和追懷了！

12月6日

林絲緞

Lin Si-Duan

1940～

裸體藝術模特兒的先驅

民國五十三年的今天，臺灣的日晚報分別刊登出「臺灣唯一的職業模特兒，林絲緞向赤裸告別」、「模特兒不易當，在臺灣將絕響」等特稿，致使當時的藝壇又爲此掀起一陣議論聲浪。

依據記者所撰的報導：「林絲緞從事九年多模特兒工作，而且是國內畫壇上唯一的」、「她爲了從事這種事業，也忍受了一般女性所無法想像的困擾與痛苦」、「她不顧社會的冷落與歧視，毅然以最大的勇氣、最大的耐力……貢獻出她的青春年華，以豐腴美好的身材……創造了嶄新的意境」。

上述這些新聞界肯定性的記載，能否因此掃除世俗陳腐觀念或色情的眼光，以致對於人體模特兒這一特殊行業給予適切看法，見仁見智。迄今事過境遷多年，在當時非常新穎的作法，如今已是藝術界普遍的觀念了。

林絲緞在十六歲時，就被張義雄教授網羅充當職業人體模特兒，根據她自己的回憶：「當時我的兩眼不敢向畫師看，心房加速的跳動，全身血液向上湧，覺得滿臉發燒，既怕羞又緊張，只有眼觀鼻、鼻觀心，心不外騖，以最大的力量控制了自己的情緒，以後便慢慢地自然了。」

其後她個人懔於「裸體的本身，絕不是一種罪惡」，繼續執著地從事她對藝術生命的追求和對理想的開拓，終於普獲藝術界的稱許、敬重和緬懷。

12月7日

西塞羅

Marcus Tullius Cicero

106 B.C.～43 B.C.

雄辯家的最後結論

古羅馬最負盛名的雄辯家，同時又集修辭家、政治家、神學家、哲學家和作家於一身的西塞羅，由於協助屋大維極力抨擊安東尼達十四次之多，以致引發對方惱羞成怒，遂不幸於西元前四十三年的這一天遭人暗殺，享壽六十三歲。

西塞羅早年參加過不少政治活動，後來轉往文化界工作，挾其曠達深邃文筆所撰述出的字句，措詞極具特殊風格，所以在拉丁散文領域中，馬上雄踞頂尖地位；而且，凡是他沒用過的字，時人都敬畏到不敢冒然僭用的地步。

除了著述普受好評之外，西塞羅曾發表的雋言更是有口皆碑。譬如散見於其所寫《義務論》、《論友誼》、《論老年》等遺作中的：「朋友是第二個自己」、「得意時不忘朋友，而在對方有難時不遺棄，這種友誼才眞正難得，方可說是神聖」、「凡是不會過著具有美德和幸福的生活者，不論在什麼年紀都是令人厭煩的」、「人在生活舞臺上，只要在演出自己那一部分時，能夠獲得激賞便夠了；犯不著每幕都出場。所以，聰明人是不須一直在臺上亮相到落幕的。」

如要總結西塞羅在有生之年的眞知灼見，他所時常懸掛在心而拳拳信服的「人應將對祖國的義務置於一切之上」，不啻是爲後世明確指出一條人生必走的道路。

12月8日

山本五十六

Yamamoto Isoroku

1884～1943

珍珠港上的空歡喜

「大日本帝國陸海軍於八日天明，在西南太平洋與美、英兩國陷入戰爭狀態！」「海軍對夏威夷方面的美軍艦隊及其航空兵力，進行決死的大空襲！」

這些夾插在貝多芬《命運》交響樂曲中的日本NHK電臺播音，是於一九四一年的十二月八日凌晨時分，緊隨裕仁天皇的所謂「宣戰大詔」，而正式向全日本民眾傳遞了這宗驚天動地的戰爭爆發訊息。

執行這宗「血腥星期日」者，是由日本駐美武官出身的海軍上將山本五十六。由他所領導的聯合艦隊，在接收到「登新高山一二〇八」的暗碼指示後，隨即下令機群進行如其自稱「不名譽的武士行爲」之偷襲行動。結果，一舉摧毀美艦十八艘（噸位高達三十萬噸）和兩千架飛機，使得美國在太平洋方面的軍力受到空前的重創。

山本五十六的將才，雖被日皇裕仁嘉勉爲「善謀勇戰，威武於世界」，可是他本人卻極力反對與美、英輕啓戰端，更何況還是不宣而戰。然而，當上級軍令指派下來時，山本五十六也只得全力以赴，他的無奈，似可從其寫給姊姊的信上看出一斑，他寫道：「戰爭終於開始……人生本是一場空歡喜，得意忘形到頭來還是一場空。教育、修養、置產都沒有什麼好處。」

這段肺腑之言，竟出自於一位叱吒風雲的名將心底，對於戰爭的禍害，可謂道盡了失望與酸楚。

12月9日
約翰・藍儂
John Lennon
1940～1980

圖／Roy Kerwood

披頭四合唱團的騙人哲學

一九八〇年的這一天，國際熱門樂壇「披頭四」（Beatles）的焦點人物——約翰・藍儂在自家門口不幸遇刺殞命，厥為當時最轟動全球的大新聞。

藍儂之所以備受矚目，除了他是「披頭四合唱團」的催生者、主唱和發言人外，其個人的特立獨行舉止，也頗受時人所側目。因為，他們不僅引進印度音樂、實驗古典音樂，並把黑人的節奏藍調帶給白人接受，激起人們洶湧而反叛的情緒、狂野而壓抑的美感，進而開創出歌樂的嶄新局面。英國女王為了表彰他們對世界文化潮流的影響及貢獻，還曾特地破例頒發MBE動章以茲獎勵；而美國的《生活》雜誌亦將他們進軍新大陸視為「形成美國的一百件大事」之一。因此，雖然合唱團早在一九七〇年便已宣告解散，但其影響至今仍未稍戢。

對於合唱團的名字「Beatles」，藍儂曾這樣解釋道：「這個字，除了具有音樂敲擊節拍Beat之意外，更意味著『Beatnik』（披頭族）。這意思是說，我們要在衣著方面與傳統服飾大異其趣，且非常注重自我表現方式，並藉此倡行一套特異的人生觀。」

年僅四十歲便枉死於槍下的藍儂，生前對披頭狂熱現象曾作過嘲諷性的剖析。他是這般玩世不恭地表示：「讓大家都能喜歡就夠了，因為人們天生希望被騙，而我們被賦予可以騙人的自由，所以才會大受歡迎。」

12月10日

安娜·羅斯福

Anna Eleanor Roosevelt

1884～1962

「人權日」的第一步

「茲鑒於人類一家，對於人人固有尊嚴及平等不移權利之承認，確係世界自由、正義和平之基礎……大會基於此，頒布『世界人權宣言』，作爲所有人民、所有國家共同努力之標的，務望個人及社會國體永以本宣言銘諸座右……」

這項「世界人權宣言」，係在一九四八年的今天於聯合國表決通過。其後，倡導「人權外交」的前美國總統卡特復於一九七七年本日宣布這一天爲「人權日」，致使這個日子更加受人矚目。當時，促成這宗重要法案定讞者，則是已故的羅斯福總統夫人安娜·綺倫娜·羅斯福（聯合國人權委員會主席）。自一九四五年受聘爲美國代表以來，爲了貫徹其先夫生前所提倡的證論：「自由的意志在每個地方都是人權至上……世界要建立在四種基本的人類自由之上：言論自由、信仰自由、免於匱乏的自由、免於恐懼的自由」，所以她在主席任內，傾全力將公文程序的繁文縟節排除，促使由古巴和巴拿馬提議的「人權宣言」得以問世。由於「人權宣言」本身未具法律拘束力，所以羅斯福夫人在付諸通過後，曾爲此聲明「它並非國際協定或條約，因此僅可作爲所有國家追求人權和自由的鵠的」，以致有人據此責怪其太理想主義化。但羅斯福夫人卻毫不以爲忤地回答：「請您記住，在前進的過程中，每一步都是由善於夢想的人跨出來的……踩出第一步後，我相信我們必須非常小心地培養和平的幼苗。」

12月11日

愛德華八世

Edward VIII

1894～1972

不愛江山愛美人

寧可放棄一千三百多萬平方英里河山，以及五億三千多萬子民統轄權的英國國王愛德華八世，爲了和美籍平民辛浦森夫人結婚，同時又因爲深感「無法在一個孤寂的環境中心執行任務」，以致被迫於一九三六年的十二月十一日下詔遜位。

這位甫登基爲「大不列顛、愛爾蘭、各英屬自治省之君主，及印度皇帝」的日不落國帝王，在決定這件震驚全球的「不愛江山只愛美人」事件之前，雖曾獲悉辛浦森夫人爲了維護他的前途而願意自動放棄這段感情；但愛德華八世依然決定拋棄一切與辛浦森夫人長相廝守，所以，在其遜位廣播中，曾刻意強調：「很多人所能享受到的快樂，如擁有妻子兒女的家庭快樂，卻不是我所能奢望的。」並因此認爲：「恢復固有的我，同時也證明愛情戰勝了複雜性的政治。假如命中注定這樣做，要犧牲皇位和過去一切的工作，也必然會注定我將獲得一個眞誠而忠實的愛情結合。」

經過重重困難，這位遜王終於和辛浦森夫人在一九三七年六月結婚；同時，也被輪替他王位的弟弟敕封爲「溫莎公爵」。但對於皇室始終不接納辛浦森夫人一事，溫莎公爵曾感慨萬分地對其夫人表示：「無論我做了什麼，我必得和妳一樣；無論我擔任什麼職位，我都要和妳一起擔任。」誠屬至情至性之告白。

12月12日
勃朗寧
Robert Browning
1812～1889

生活是鍛鍊靈魂的東西

一八八九年十二月十二日，被時人譽爲「繼莎士比亞之後第一人」的英籍作家勃朗寧，在其自白「我心已足」的最後遺言中溘逝，享年七十七歲。

勃朗寧自認一生深受雪萊寫作技巧影響，作品成就甚高。由於他年輕時邂逅女詩人巴蕾特，卻不被女方父親接受而雙雙私奔至佛羅倫斯，一躲就是十五年，所以對於生活的壓力感受，自比一般居住在象牙塔內的文人來得深刻。以致他復出後所寫的《鐘與石榴》、《男與女》等作品，馬上受到人們喜愛，連牛津和劍橋大學都還曾爲此而頒授他名譽學位的殊榮，足見其受重視之一斑。

勃朗寧生前曾說：「一個人往往由於逝世的緣故，常使他說過的平凡話，搖身一變爲非凡的箴言。」事實眞是如此，勃朗寧生前說過的「地球無愛存在則猶如墳墓」、「地球每天都在變化，但人類的靈魂和上帝卻永遠不變」等話果眞兌現了他的預言，因爲這些話都已成爲今日的名言。

當時，世人曾對勃朗寧竄紅文壇的原因作過剖析，結果發現他之所以大受歡迎，主要是作品中表現了最精采的獨白，如「青春一去不復返，事業一縱永無成」、「能寬恕別人是件好事，但如將別人錯誤忘得一乾二淨則更好」、「我視生命爲鍛鍊靈魂的東西，生活亦然」。由於字字珠璣，所以能引發讀者共鳴，至今仍被世人所緬懷和稱頌。

12月13日

海涅

Heinrich Heine

1797～1856

反省是一面鏡子

在十九世紀的歐洲文壇上，最受時人矚目且常成爲爭論焦點的猶太裔德國詩人海涅，晚年雖然不幸全身癱瘓、左眼失明，但仍不服氣地以口述的方式堅持創作，繼續發表了《羅曼賽羅》等故事詩集。

可是，歲月畢竟不饒人，儘管海涅於一八五六年的十二月十三日仍然呻吟著：「寫呀！紙呢？筆呢？」但死神卻無情地奪去了他的生命。

這位享年六十歲的曠世傑出詩人，生前常以「人道戰士」、「革命之子」自居，其作品中充滿了要求人類自由熱情，並反映出不合理社會壓抑下的痛苦；儼然是當時浪漫文學運動中「少年德意志派」的中堅分子。

海涅雖在文壇上的聲譽頗高，情場卻不甚得意，以致他對愛情和女人的看法頗爲與眾不同。如：「我從不認爲女人沒有個性，只是她們每天都有不同的新性格而已，每當我聽到結婚進行曲時，總會覺得那恍如一首邁向戰場的進行曲。」

儘管對女人的看法非常怪異，海涅仍深信：「幸福不在於對抗，而是在於協調」的道理，且又十分相信「人類具有決定幸福的能力」，但若想要臻於幸福之境，他爲後人指出一條必經之道：「反省，它是一面鏡子，能將我們的錯誤清清楚楚照出來，使我們有改正的機會。」

12月14日
阿嘉莎・克莉絲蒂
Dame Agatha Christie

1890～1976

圖／Agatha Christie plaque -Torre Abbey, Violetriga 攝

史上最暢銷的女推理小說家

克莉絲蒂是英國女推理小說家、劇作家。她的作品已銷售超過一億本。克莉絲蒂幼年時父親就去世，她由母親扶養長大，因爲家裡沒有足夠的錢供她唸書未受過正式的教育。第一次世界大戰時，她前往前線擔任護士，在這期間開始寫推理小說。處女作《斯泰爾斯的神祕事件》（一九二〇年）以比利時偵探白羅爲主角，這位曾在她的二十五部長篇以及許多短篇小說中出現，最後在《幕》（一九七五年）中死去。

克莉絲蒂塑造的另一位偵探是老處女瑪波小姐。此後共有七十五部長篇小說列入暢銷書。她的劇本《捕鼠氣》（一九五二年）在倫敦大使劇院上演達二十一年以上，創下一個劇院連續上演時間最長的世界紀錄，其他改編成電影的作品有：《東方快車謀殺案》和《尼羅河謀殺案》。

她的第一次婚姻因丈夫外遇而破滅。在此期間，她發生了一件著名失蹤事件：一九二六年十二月十四日，在消失於斷崖上的十一天後，她重新以化名被發現藏身在旅館中，由於克莉絲蒂宣稱她得了失憶症，故在她這消失的十一天中，無人知曉她究竟發生何事，至今仍是一個謎。一九三〇年克莉絲蒂與考古學家馬格溫爵士結婚，婚後每年陪丈夫去伊拉克和敘利亞進行考察。她的自傳在她逝世後出版。

12月15日

李舜臣

Lee Sun-Chen

1545～1598

以「龜船」大破日寇

倭寇肆虐東亞沿海的事件，自中國元朝時代便時有所聞，其中，尤以靠近日本的朝鮮半島所受的侵擾最烈。但是，幸而韓國史上出了一位有名的武將李舜臣，痛擊倭寇劣行，始才保住了高麗民族的命脈。

李舜臣是出身書香世家的武將，自三十二歲考中武科後，這才正式展開其所自許的「誓海魚龍動，盟山草木知」的生涯。當他受命防禦沿海領域時，韓國史上著名的「壬辰之亂」剛好爆發，日軍挾其利器攻占了首都首爾等大部分領土，但海上戰役卻遭到毀滅性的挫敗。

原來，李舜臣早在投身軍旅時，便深刻瞭解「日本之人變詐萬端，自古未聞守信之義也」。因此，他從接掌水使派命後，便積極整軍建武，特地創造一種龍頭藏有銃穴，船身四周則遍插刀錐，船尾亦有銃穴的「龜船」，來犯的倭艦都被這種滿布鐵甲的特殊戰船所擊潰，使得李舜臣在項浦、唐浦、閑山、釜山等海域所向披靡，大獲全勝。

一五九八年的十二月十五日，曾誓言「此仇若除，死即無憾」的李舜臣，率領部屬與倭寇決戰於露梁海，大破敵艦五百餘艘，不幸身中流彈。爲免影響士氣起見，儘管命在旦夕，李舜臣仍殷殷叮囑部屬後方才猝逝，享年僅五十三歲。他雖以身殉國，卻因而延續了大韓民族的命脈。

12月16日

吉米・卡特

Jimmy Carter

1924～

背棄盟友算不得是外交勝利

民國六十七年的十二月十六日凌晨二時許，美國末任駐華大使安克志突然請求造訪總統官邸，深夜晉見蔣經國先生，並呈遞美利堅元首所宣稱的「總結自一九七二年尼克森與北京展開過程之『最後歷史協定』」的斷交知會。

此舉非但使得臺灣朝野群情激憤，同時也引發世界各國爲之側目，而決定這一輕率的歷史性舉措者，便是出身美國南方喬治亞小鎮，一個花生農場裡的美國第三十九任總統卡特。

卡特是一個充滿政治野心的人，由於正巧撞上尼克森總統的水門醜聞，趁共和黨行情大跌之際，因而獲得民主黨提名，在眾人都不太認識他的情況下，居然大爆冷門地脫穎而出。當時兵荒馬亂的情景，就像《時代週刊》所指出的：「美國人一直弄不清他是什麼立場？大家好像剝洋蔥般地一層層剝，要剝到蔥心，方可以看出卡特眞正的想法。」遺憾的是，當美國逐漸認清這位總統的政策時，他卻已在一九七八年十二月十六日做出震撼全球的中美斷交決定。除了聲明締結達二十四年之久的《中美共同防禦條約》失效外，他還發表「與中共建立外交關係聯合公報」。對其這種驚人作法的較爲公允評語，誠如雷根在當時所慨嘆指陳的：「背棄親密盟友中華民國的舉動，是算不上美國外交勝利的！」

12月17日
玻利瓦爾
Simón Bolívar
1783～1830

拉丁美洲的解放英雄

一八三〇年十二月十七日，結束西班牙在南美洲長達三百年殖民統治的一代將軍——西蒙・玻利瓦爾因肺結核而與世長辭，他驚天動地、輝煌動人的革命歲月就此結束。這位著名的軍事政治家出生在委內瑞拉的一個土著貴族家庭。雖然他擁有西班牙血統，但他並不認同西班牙人的統治。他曾說過：「我們是整個人類的縮影，擁有悠久歷史、古老文明，我們是擁有印第安和歐洲血統的美洲人。」所以他從年輕便立志將處於西班牙統治下的南美各國解放出來。當然，他波瀾壯闊的一生也證明他的確做到了。玻利瓦爾在歐洲求學時，受到伏爾泰、孟德斯鳩、盧梭等人的政治思想影響，加上拿破崙一八〇四年稱帝的刺激，所以自許能夠使南美洲脫離西班牙而獨立。但是玻利瓦爾並不認同拿破崙恢復帝制的野心，他終身都認定「解放者」的稱號與榮譽高於一切帝王。所以，從委內瑞拉開始，玻利瓦爾陸續參與了新格雷那達（即今之哥倫比亞）、祕魯（即今之玻利維亞）、牙買加、智利等國家脫離西班牙的獨立運動。當一八二五年四月玻利維亞獨立時，終於結束了西班牙在南美洲長達三百年的殖民統治。後來，因玻利維亞希望南美洲一統政治版圖，與當時各國欲成立民族國家的計畫不同。所以，在一八二九年委內瑞拉及哥倫比亞分裂後，政治主張先進的玻利瓦爾終於灰心引退。隔年，他即因病溘然而逝。雖然玻利瓦爾生前未能實現他所有的政治主張，但南美洲爲了紀念這位革命英雄，不但國家、城市、街道都以他爲名，甚至連鈔票都以他爲貨幣單位呢！

12月18日

韋伯

Carl Maria von Weber

1786～1826

「不服氣」產生的魅力

在一七八六年十二月十八日誕生於德國魯貝克省歐丁鎮的韋伯，不僅是德國浪漫派歌劇的開山鼻祖，同時更是一位世界知名的音樂家。

韋伯自幼身體虛弱，從小患有先天性右大腿關節脫臼骨結核，以及深度近視，因而終其一生不僅個頭矮小、胸部狹窄、手臂長、手掌大、指頭纖長、跛行，而且長相亦如馬臉般地不甚雅觀；以致韋伯雖極盼望能成爲父母眼中的「莫札特第二」，卻經常招致胞兄的嘲諷取笑。他爲了理想，也爲了與正常人一般的爭一口氣，遂以超乎尋常的毅力與努力，發揮他在音樂領域上的天分，故於十三歲時便能創作《愛與酒的魔力》等曲；到了十七歲，他應聘出任劇院指揮，從此開創浪漫樂派之先河。直到歐陸發生「滑鐵盧之役」，啓發韋伯作出《戰爭與勝利》清唱曲，贏得德國境內大學視其爲英雄地位。但韋伯並不以此滿足，他常感慨樂壇所謂「不是義大利歌劇就不是歌劇」的現象是極不合理，於是再創作出震撼千古的《魔彈射手》；此舉非但爲德國歌劇奠下基石，甚且還影響了十九世紀的作曲家。

對於韋伯的這些作爲，其摯友貝多芬曾針對此有感而發地指出：「不服氣、不苟同的脾氣，往往使人能發揮常人所不可及的潛力！而韋伯更是箇中翹楚。」

12月19日

艾蜜莉・白朗特

Emily Brontë

1818～1848

愛整個的、完全的他

一八四八年十二月十九日，位於北英格蘭的約克郡荒原上，有幢被曠野包圍的牧師寓所中，一位年近三十歲卻因肺疾復發的未婚女性，安詳地在沙發上悄然逝世。她就是以《咆哮山莊》震撼十九世紀文壇的艾蜜莉・白朗特，在旁照顧她的姊姊，則是以《簡愛》聞名的作家夏綠蒂。

這對齊步聞名於世界文壇的姊妹花，自幼雙親棄世，因此從小養成自立自主的執著意志。而由於環境影響，她們幾乎沒有社交生活，姊妹倆最大的樂趣只侷限於「讀書自修」而已，但卻因此培養白朗特姊妹成爲「比男孩堅強，卻比嬰兒單純的獨特天性」。

艾蜜莉曾與姊姊合寫過《庫達爾詩集》，而她唯一的小說《咆哮山莊》，則是當她驚悉弟弟布朗威因瘋狂戀愛、終至酗酒身亡的消息後，受到刺激才動筆寫成的不朽鉅著。世人對這本充滿強烈愛與恨的小說評價不一，但毛姆曾表示過：《咆哮山莊》是本可「讀」而不可討論的作品，似乎應屬持平之論。

艾蜜莉筆下的愛情頗能扣人心弦，如：「我愛他腳下的土地，我愛他頭上的天空，愛他摸過的一切，愛他說的每一句話，愛他各種臉相，愛他一切的動作，愛整個他、完全的他。……我明知愛是不會有甚麼好處，但實在無法解脫……因爲他其實就是我。」這種對愛情特有的闡釋，已然道盡世間情感之極致。

12月20日

傅斯年

Fu Szu-Nien

1896～1950

真正的校長

「他能做最細密的繡花工夫，又有最大膽的大刀闊斧本領；他是最能作學問的學人，同時又是最能辦事、最有組織才幹的天生領袖人物。」

這是胡適筆下的傅斯年，頗能描繪出這位被譽為「眞正的校長」、「中國學術界的巨星」乃至於「一個公認的自由主義者」的身影，遺憾的是，這位在中國學術界唯一能治學又治世的人物，不幸於民國三十九年的十二月二十日，因腦溢血而猝逝在當年設址於臺北市南海路上的臺灣省參議會議場裡。

生前曾以建立「科學的『東方學研究中心』於中國」為己任的傅斯年，自幼天賦異稟，從小就有神童美譽。及長，先後在北京、倫敦、柏林等大學深造，學成歸國即應聘在中山大學、中央研究院、北大、臺大等處服務，其間並曾主持殷墟發掘和整理明清檔案等重要學術工作。享年五十五歲的傅斯年，早年曾創辦倡導批評精神的《新潮雜誌》，其後盡畢生心力於中央研究院歷史研究所及臺大校務。

其所以能夠擁有如許超凡成就，乃得自他年輕時即感悟到的：「要自我檢討反省，更以學生必須有自動的生活：辦理有組織的工作，所學所思始不致枉費」，秉此「學以致用的態度，全力以赴，終而成就其浩然正氣的一生」。

12月21日
珍・芳達
Jane Fonda
1937～

圖／Georges Biard

獨唱異調的珍・芳達

曾以《柳巷芳草》、《返鄉》兩部影片，在七年之內勇奪兩屆奧斯卡金像獎最佳女主角殊榮的珍・芳達，是在一九三七年的十二月二十一日誕生在美國紐約市。

珍・芳達的成長環境相當開放，她曾遠赴波蘭華沙留學，也曾在法國巴黎學畫，及至一九五八年，才拍了一些贏得「當代最有希望女星」等讚譽的影片。但她並未因此繼續在演藝事業發展，反而轉向提倡人權及反戰的激進政治活動裡，期間還一度深入北越河內訪問，製造了不少新聞話題，直到越戰結束，珍・芳達才又回到銀幕，充分發揮她優異的演技，如《茱莉亞》、《大特寫》等影片均是佳評如潮。對於這種精湛的演技，珍・芳達自認是「意圖透過表演來反映政治主張」的極致表現；她並認爲「影視界能投影出人民對國家的期許或唾棄」，所以對任何影片的參與不可不愼。至於令人眼紅的高額片酬，除了扣除掉生活的基本開銷外，剩餘的就完全捐助社區福利基金、或捐獻給改善大眾生活的消費者保護運動。

引發珍・芳達這種與眾不同的作法，是基於她本身所認爲的：「在我剩下來的半生當中，我要和誰站在一邊？是去參加那些高高在上自以爲尊的小集團？或者投身在弱肉強食社會裡，與那群受到剝削和受苦受難的大眾並肩呢？」

12月22日

克洛格

Frank Billings Kellogg

1856～1937

只顧全力以赴，不求親享成果

當國民革命軍完成北伐大業時，位於太平洋彼岸的美國，是全球第一個率先承認國民政府的國家。當時，決定這項重大政策者，即是一九二九年諾貝爾和平獎得主的國務卿克洛格。

這位出身自平民律師的政治家，係於一八五六年本日在紐約誕生的。在其所經歷的十年律師生涯中，他對美國紙業和石油業的托拉斯制度大力抨擊，因而普獲民眾的尊重，遂使克洛格在一九一七年榮膺參議員，未幾即出任駐英大使，聲譽至爲卓著。到了一九二五年，柯立芝總統特別禮聘克洛格出任國務卿；結果，甫上任未久，便迅速解決巴拿馬運河的國際糾紛，協助該國脫離哥倫比亞獨立，並由美國握有獨占權，藉此來安定中美洲。此外，他還促成列強簽締海軍擴充限備的條約以及備受重視的《巴黎協定非戰公約》，對於穩定動盪不安的世局，貢獻至大且影響至遠。

當時，列強對簽訂這些協約的可行性頗表懷疑，甚至嘲笑這些公約「形同廢紙」，但克洛格卻很不以爲然地說：「切莫以爲有些事是白操心或徒費工夫的。人間往往有些成果並非親眼看得見的，只要立定目標全力以赴，雖然可能無法目睹成果，唯仍必有達成的一天。」克洛格這種高瞻遠矚的見解，充分表現出國際間眞誠相待的一面，同時也博得了世人對其永恆的敬重。

12月23日

湯瑪士・馬爾薩斯

Thomas R. Malthus

1766～1834

為人口爆炸未雨綢繆

以《人口論》學說而聞名於世的馬爾薩斯，是在一七六六年誕生的。

這位堪稱爲「人類先知」的英國古典經濟學大師，當他在一七九八年發表「人口爆炸」這項幾近石破天驚的觀點時，宗教界保守分子和社會的激進派人士，都曾毫不留情地對他展開嚴厲的口誅筆伐，無知的市井小民也跟著鼓噪吆喝，痛斥他爲「謀殺兒童的辯護者」。

馬爾薩斯在當時，是被世人辱罵得最厲害的焦點。可是，儘管外界眾怒高漲，但維護眞理的決心意志卻鼓舞他堅持到底，並刻意申論：「如果不對人口增加予以限制，則其增長率將以幾何級數激增，而糧食生產卻僅能以算術級數增加」，率先爲世界性人口爆炸的問題，提出了先天下之憂而憂的遠見。

根據馬爾薩斯所持的見解，假如人類想要享受其最大的幸福，則必須在自身有能力供養家庭時方可娶妻生子；否則，在沒有力量肩負家庭責任時，就應該保持單身生活。人口壓力的排解之道，應是取決於晚婚或節慾的道德約束，如此才有追求較低死亡率、以及爲窮人謀取較高生活水準的機率。對於上述論點，固然是與造物者仁慈的安排有所違背；可是，鑑於人類追求幸福的大前提，馬爾薩斯喚醒後人預防人口超速增加的努力，則的確不失爲先見之明。而這位能預知未來的大師，於一八三四年十二月二十三日去世。

12月24日

霍華・休斯

Howard Hughes

1905～1976

愛是盲目的，愛錢尤然

曾經擁有令人羨慕的鉅產、美女和自己所醉心的世界，在晚年卻遺世獨居而轟動世界的傳奇性人物——美國億萬富翁霍華・休斯，是在一九〇五年十二月二十四日在休斯頓出生的。

這位被世人譽爲「最有權勢的曠世奇才」，早在三歲那年，便因父親發明新式螺旋鑽油錐賺了大錢，以致於十九歲繼承父親遺產時，便已立刻躋身德州地區少數鉅富之一，由於當時年事尚輕，故頗受人注目。

休斯一生相當曲折，一九二三年，他曾涉足影劇事業，拍過了不少賣座電影。及至二十七歲，爲了達成眞正飛行的願望，特地委身美國航空公司做副駕駛。實習兩年後，休斯便自行創設飛機公司，加入設計機型和試飛行列，先後打破東西兩岸無著陸飛行、以及用三天時間駕機環遊世界等壯舉，儼然成爲全球航空界先驅。

在休斯飛行歲月中，曾無法避免的兩度失事，其中尤以一九六四年那次特別嚴重；在死裡逃生後，他開辦醫院，甚至遠離俗務而隱居起來。有時把自己關在自製牢獄裡，有時則遠遁海外離群索居，過著一種讓人捉摸不定的「隱密歲月」，一直到休斯七十歲死於腎衰竭時那年。世人都對其特立獨行的行止始終大惑不解；唯一可臆測休斯心態的線索，似乎只有那句他曾講過的話：「所有的愛，都帶點盲目的，愛錢尤然。」

12月25日

牛頓

Isaac Newton

1642～1727

牛頓所創的「下苦工」定律

因爲蘋果落地所引發的萬有引力定律，是一般世人所熟知的牛頓傑作；但這位被譽爲「有史以來最傑出的科學家」，非但在年輕時即發現上述劃時代的定律，甚且在二十五歲之前即完成深奧的「微積分」以及「光之組成定理」等兩大發現。由於其具有如此超群出眾的卓越表現，難怪迄今仍被供奉爲科學界不世出的巨擘。

牛頓係於一六四二年的這一天出生在英格蘭的渥普梭。他雖然是個遺腹子，但在寡母循循善誘下，牛頓順利完成了劍橋大學和三一學院的學業，並陸續發表數理物理學、流體靜力學、流體動力學等著作和「光學論文」等，因而聲名大噪，年紀輕輕就已躍升爲科學宗師的地位。

牛頓的一生，除在科學領域有非凡成就外，平日談話也頗見慧心，如：「全然快樂的祕方，是使自己不被繁瑣小事忙得昏頭轉向」、「人該把名譽做爲人格的最高榮譽標誌」、「勝利者是堅持到最後五分鐘的人」、「做事如無恆心，則任何事都不可能成功」。

在這些傳世雋言中，最令後人所折服的，莫過於底下這句：「如想獲得知識，你便該下苦功；如想獲得工作，你便該下苦功；如想獲得快樂，你便該下苦功。凡事都該下苦功，因爲辛苦正是獲得一切的定律。」而這正也是牛頓本人之所以功成名就的活生生寫照！

12月26日

馬偕

George Leslie Mackay

1844～1901

傳教、行醫撒文化種籽

在臺北市的中山北路與民生東路上，矗立著宏偉樓宇的「馬偕醫院」建築，是紀念首位來臺傳教的馬偕博士而設立，其建築歷史的推溯，是在一九一二年的十二月二十六日便已落成啓用。

全名「喬治・萊斯黎・馬偕」的馬偕醫生，是基督教長老教會海外宣道會的首位宣道師，當他下定決心由加拿大千里迢迢來臺傳教時，由於路途遙遠和人地生疏的關係，還曾引起當時教會保守人士的非難和諷刺；但抱定志向的馬偕不爲勢劫，終於排除萬難在一八七二年抵達滬尾（淡水的舊名）。

傳教初期，二十八歲的馬偕所面臨到的險惡環境，誠如他所提：「我屢受威脅、侮辱、嘲笑；然卻是所遭遇的種種磨難，適足以促進福音之傳播。」因此，儘管萬華的官廳曾諭令過：「人民若以家屋，或地產貸外國傳教士，或賣教會者處嚴罰」，仍無法阻擾他穿著草鞋四處傳教的堅毅定力，終而順利地在短暫八年間，建蓋起二十所教堂。同時亦因救難有功，他還得到巡撫劉銘傳的獎勵。這一切使昔日在加拿大數落馬偕的人，都不得不佩服他是「宣教士中的王子，充分具備捨己、勇敢、策略與熱心」。

馬偕除了傳教和行醫外，更撰述《中西字典》和創辦牛津學堂、淡水女校，對臺灣新文化的貢獻至鉅；難怪他在臺所創的長老會，迄今仍在朝野各階層深具影響力。

12月27日
巴斯德
Louis Pasteur
1822～1895

永恆的忍耐，成功的要素

誕生於一八二二年十二月二十七日的法國名科學家巴斯德，由於在化學、醫學和細菌學等領域都有超凡成就，使人類受惠良多，因而贏得世人稱他是「耶誕老人給予人世間最佳禮物」。

巴斯德出身法國杜爾鎮，父親是靴匠，生活非常清苦，但由於受到父親嚴格的教誨，從小訓勉其「凡事要全力以赴工作，務讓生活能融爲工作的一體」，因而嚴以律己、努力求學，終獲博士學位。

巴斯德首先以立體化揭穿「結晶的祕密」，建立現代化學中驚人的發現。後來他鑑於釀酒會讓轉化呈醋酸現象，特別拿了七十三個罐子遠赴阿爾卑斯山實驗，循此發現空氣中存有微生物，進而研究出劃時代的「高溫殺菌法」。

當時，法國皇后曾問他爲何不申請這項專利以致富時，巴斯德僅謙遜而簡單地說：「我不會爲此而自貶身價！」隨後他在改良育蠶和狂犬病防治方面又有突破性發展，甚且透過動物疫苗的培養而首次發現濾過性病菌，並藉此解開生物染病之祕，爲世人眼中的「細菌學之父」。

當法國人因此讚譽他的「發現價值，足可以補償普法戰爭之五十億法郎的賠款而有餘」時，巴斯德卻指出其成就，應該歸功於「瞭解永恆之忍耐，便是成功要素」。

12月28日
史比德
Carl Friedrich Georg Spitteler
1845～1924

沒有理想，哪來文學

被稱爲「哥德以來，日耳曼民族中最偉大之文學家」的史比德，在走過漫長的七十九年生涯後，於一九二四年本日安然溘逝。

史比德是早熟型的天才，三十五歲以前，他攻讀過法律、哲學，並出任過牧師、教師等職位，足跡遍及歐陸，奠下見聞淵博的扎實基礎。

因此，當他推敲五年才發表平易近人的《英雄與英雄》史詩後，史比德馬上像平地一聲雷般成爲家喻戶曉的人物。其後他爲了更上層樓探索人間百態，遂在四十歲那年辭卸教職，受聘爲《蘇黎世新聞報》的文藝編輯，循此深刻體會到「不以理想當目標的作品，不能稱爲文學」的境界。這對他日後的創作理念裨益甚大，因爲在八年的編輯生涯中，已然證實「文學的故鄉是人類靈魂所深深嚮往」的事實，從而促成他埋首筆耕的方向，遂於一八九二年遁入山區小城隱居著述。

在這段長達十四年的隱居歲月裡，史比德抗拒人慾橫流的凡俗汙染，堅持自己所認爲的「停止邁向理想的文學腳步，亦即等於宣告生命終止」；並循此發表三部作品，在其中最後一部的《奧林帕斯之春》裡，史比德就愼重的毛遂自薦道：「我的芬芳盡藏於這詩篇裡了，我已無法再花心血寫出其他更好的。」

史比德這番毫不扭怩作態的自白，終使他榮獲一九一九年諾貝爾文學獎的殊榮。

12月29日
張學良
Chang Hsueh-Liang
1901～2001

一樣的日子，兩樣的際遇

十二月二十九日，對於中華民國或張學良而言，都是非比尋常的日子。因爲，在民國十七年這一天，由於張學良等人服從國民政府的領導，促使中國獲得了統一。但民國二十五年的十二月二十九日，張學良因爲「西安事變」的緣故，被國民政府撤除「西北剿匪副司令」本兼各職外，同時被移交軍委會嚴辦懲處。

在短短八年內，這位張作霖之長公子際遇，竟有如此巨大的變化，究其原因，恐與張學良仇日恨日的情節有關。如眾所周知的，張氏自民國八年從戎以來，由於直奉戰爭的「山海關之役」表現優越，聲威日盛；不料其父竟在皇姑屯被炸慘死，以致促成張學良當機立斷歸服中央，使得欲圖干預中國內政的日本陰謀爲之瓦解。

沒想到張學良後來又因反日情緒的激動，發動了震驚全球的「西安事變」，差一點「處置失當，及釀成民國以來空前之戰禍」。所幸蔣介石面告張氏：已「決心犧牲此身以維持國家之正義，成仁取義，籌之至審。須知此身可被劫持，而非抑制萬難劫奪」；頓使張氏憬悟而護送領袖赴京，並親自請罪，從而化解這場「中國四千年歷史決續之所繫」的民族危機。

事變後，張氏被軍委會判處十年徒刑。蔣介石「念其十七年歸附中央之功」，遂予以特赦。於是他隨即移居溪口讀書修養，並自此絕足政壇，不問國事。

12月30日

羅曼．羅蘭

Romain Rolland

1866～1944

人生第一要務，便是使生活可愛！

以《約翰．克里斯多夫》十卷鉅構而獨步文壇的法國名作家羅曼．羅蘭，是於一九四四年十二月三十日，走完了他俯仰無愧於天地的生命之旅。

羅曼．羅蘭是一九一五年諾貝爾文學獎得主，除了在文學領域有所造詣外，他對音樂方面也有濃厚的興趣，於巴黎大學執教期間，曾發表備受世人矚目的《貝多芬傳》而名噪一時。其後，他又耗費了八年的漫長時間，終於完成那本在序言中寫著「獻給全世界受苦而奮鬥不懈，同時終必戰勝的自由靈魂」的曠世鉅作《約翰．克里斯多夫》。也正由於此書的問世，終於確定他在世界文壇的宗師地位。

由於他在言論和行動方面的表現經常超越民族界線，導致法國狹隘的愛國主義者強力抨擊：「只要羅曼．羅蘭一開腔，法國就要活該倒楣、自摑嘴巴。」不過縱然如此，羅曼．羅蘭仍自許己身的作爲是想「在法國的道德及社會崩潰時期中，能藉此喚醒在這次死灰中快要熄滅的靈魂」，並以阿拉伯之諺語「不結果的樹是沒人會搖的，唯有那些果實纍纍者才會引起人們拿石子去打」來聊以自慰；當然，他這種高瞻遠矚的人道立場，經過時間的考驗，遲早是會得到肯定的。所以，這也無怪乎羅曼．羅蘭會最喜歡勸人說：「人生第一應盡之責任，即是要讓人覺得生活可愛。」、「一個人只要爲愛而活，其餘就沒什麼理由好辯解的。」

12月31日

安德洛波夫

Yury Vladmirovich Andropov

1914～1984

特務出身的風雲人物

被《時代週刊》選爲一九八三年風雲人物之一（另一位是前美國總統雷根）的已故俄共總書記安德洛波夫，由於晚年不常露面，導致國際間謠言頻傳，遂使得這位莫斯科克里姆林宮的首領在那動亂年度的最後一天裡，仍是受到世人矚目。

安德洛波夫出身寒微，早年曾經做過報務員、電影放映助理師、內河領航員等低階職務。後來，在共青團等基層單位打滾多年，好不容易才被派到匈牙利大使館擔任參事，孰料竟成爲他一生事業的轉捩點。

匈牙利一九五六年發生爆動時，安德洛波夫在這次反俄事件裡，除了悶不吭聲地把六千多位離心分子送去西伯利亞勞改外，更計誘發動政變的國防部長入彀，並解送俄京治罪。正因爲他有這種「會咬人的獅子不吭聲」脾性，遂使其深獲上級激賞，從而奠下他在六十八歲掌政的基礎，在此之前，並擔任蘇聯國家安全委員會（ＫＧＢ）主席達十五年之久！

綜觀這位特務頭子出身的安德洛波夫之所以能一帆風順的原因，除了他不像一般俄共頭目動輒喜愛掛滿勳章到處演講外，其不說閒話及一語中的本事，也是他獲得赫魯雪夫大力提拔和進入俄共核心圈子的因素。後來，布里茲涅夫也看上他的這項特長，放手讓他掌理具有生殺大權的格別烏特務系統，終於鞏固其無人可以取代的政治地位，因而成爲舉世矚目的該年度風雲人物。

緬懷與展望

李嘉

蔡漢勳是一位傑出的年青編輯與記者。除了具備博覽群籍、下筆千言的「新聞人」基本條件以外，他活動範圍廣，行動能力強，使他年未三十，已能在臺北的出版、雜誌和報界中嶄露頭角。

他有令人瞠目的衝勁和幹勁，據聞在三、四年前，曾經一手包辦兩份雜誌編務，當發稿、截稿期限接近時，居然能三天三夜不眠不休，爲怕瞌睡，站著編撰，如期交稿付印。這股衝動幹勁，是蔡漢勳能在報界、文壇有今天的成就，但同時亦是使它有時碰壁失意的因素之一。

我最初以爲他是一位「游擊」（Free-Lancing）編輯，但我始終覺得編輯這一行應從記者做起，更何況他筆快腳勤，年紀尚輕，應該進入一家大報專心採訪，做一段時期的記者。

後來，我看到他所著的《臺灣商戰風雲錄》一書，其中蒐羅了近二十篇他已在各報所發表過以臺灣商場爲採訪對象的報導文章，使我對他的才華與作品，有進一步的認識。我認爲他是今天華語新聞界最缺少而又最需要的

Investigative Reporter，能對事件和人物，做比片斷的採訪更深入的調查研究，把蒐集的資料整理成章，爲讀者撰寫平實卻生動的報導，尤其是他那時在政治掛帥、經濟科技尚未起飛的時代，已能銳眼把筆鋒對蛻變中的臺灣工商界，留下一系列不僅可讀性高，並有値得保存、富於史料性的報導文學作品，這是可喜可賀的個人成就。

這一兩年來，蔡漢勳參與了好幾件國際性的出版與文化計畫，有機會出國多次，訪問日本、東南亞乃至歐洲各國，見聞俱增，交遊更廣。這次，他將刊行紀念文集，說是「爲緬懷過去」；但是，我覺得他才屆「三十而立」之年，換句話說，正是古人所謂人生開始的出發點。站在這個關頭，蔡漢勳固不妨回首「緬懷」一下過去的滄桑與成敗，但更重要的，該是往前看去，在今後的三十年中，如何善用自己的才能、學識與蓄積的經驗，創新開拓，建立使個人有成就、對家國有貢獻的事業。

一九八四年五月五日於日本東京

（註：李嘉爲中央通訊社駐日主任，曾任東京外國記者俱樂部會長）

國家圖書館出版品預行編目資料

名人，這一天／蔡漢勳著；──二版．──臺中市：好讀，2011.09

面：　公分，──（人物誌；29）

ISBN 978-986-178-203-4（平裝）

1. 世界傳記

781　　100012884

好讀出版

人物誌 29

名人，這一天

作　　者／蔡漢勳
總 編 輯／鄧茵茵
文字編輯／林碧瑩、邱茹芳、梁金群、王淑華
校　　對／陳嘉汀、余立龍
美術編輯／賴怡君
行銷企畫／陳昶文
發 行 所／好讀出版有限公司
台中市 407 西屯區何厝里 19 鄰大有街 13 號
TEL:04-23157795　FAX:04-23144188
http://howdo.morningstar.com.tw
（如對本書編輯或內容有意見，請來電或上網告訴我們）
法律顧問／甘龍強律師
承製／知己圖書股份有限公司　TEL:04-23581803

總經銷／知己圖書股份有限公司
http://www.morningstar.com.tw
e-mail:service@morningstar.com.tw
郵政劃撥：15060393 知己圖書股份有限公司
台北公司：台北市 106 羅斯福路二段 95 號 4 樓之 3
TEL:02-23672044　FAX:02-23635741
台中公司：台中市 407 工業區 30 路 1 號
TEL:04-23595820　FAX:04-23597123

初版／西元 2001 年 12 月（原書名：今天的名人）
修訂版／西元 2011 年 9 月 15 日
定價／280 元
如有破損或裝訂錯誤，請寄回知己圖書台中公司更換

Published by How-Do Publishing Co., Ltd.
2011 Printed in Taiwan

ISBN 978-986-178-203-4

讀者回函

只要寄回本回函，就能不定時收到晨星出版集團最新電子報及相關優惠活動訊息，並有機會參加抽獎，獲得贈書。因此有電子信箱的讀者，千萬別吝於寫上你的信箱地址

書名：名人，這一天

姓名：__________ 性別：□男 □女 生日：____年____月____日

教育程度：__________

職業：□學生 □教師 □一般職員 □企業主管

□家庭主婦 □自由業 □醫護 □軍警 □其他__________

電子郵件信箱（e-mail）：__________ 電話：__________

聯絡地址：□□□ __________

你怎麼發現這本書的？

□書店 □網路書店（哪一個？）__________ □朋友推薦 □學校選書

□報章雜誌報導 □其他__________

買這本書的原因是：__________

□內容題材深得我心 □價格便宜 □封面與內頁設計很優 □其他__________

你對這本書還有其他意見麼？請通通告訴我們：

____

你買過幾本好讀的書？（不包括現在這一本）

□沒買過 □ 1 ～ 5 本 □ 6 ～ 10 本 □ 11 ～ 20 本 □太多了

你希望能如何得到更多好讀的出版訊息？

□常寄電子報 □網站常常更新 □常在報章雜誌上看到好讀新書消息

□我有更棒的想法__________

最後請推薦五個閱讀同好的姓名與 E-mail，讓他們也能收到好讀的近期書訊：

1.__________

2.__________

3.__________

4.__________

5.__________

我們確實接收到你對好讀的心意了，再次感謝你抽空填寫這份回函

請有空時上網或來信與我們交換意見，好讀出版有限公司編輯部同仁感謝你！

好讀的部落格：http://howdo.morningstar.com.tw/

請填妥後對折黏貼，直接投郵即可，無須貼郵票。

廣告回函
台灣中區郵政管理局
登記證第 3877 號
免貼郵票

好讀出版有限公司　編輯部收

407 台中市西屯區何厝里大有街 13 號

電話：04-23157795-6　傳眞：04-23144188

沿虛線對折

購買好讀出版書籍的方法：

一、先請你上晨星網路書店http://www.morningstar.com.tw檢索書目或直接在網上購買

二、以郵政劃撥購書：帳號15060393 戶名：知己圖書股份有限公司並在通信欄中註明你想買的書名與數量

三、大量訂購者可直接以客服專線洽詢，有專人爲您服務：客服專線：04-23595819轉230 傳眞：04-23597123

四、客服信箱：service@morningstar.com.tw